数字分配

DIGITAL DISTRIBUTION

数字化对收入差距的影响研究

THE IMPACT OF DIGITALIZATION ON INCOME DISPARITY

曾 胜 著

社会科学文献出版社

SOCIAL SCIENCES ACADEMIC PRESS (CHINA)

序　言

自 20 世纪 70 年代以来，我国在经济发展和社会繁荣稳定上取得了举世瞩目的成就。在短短四十多年的时间里，我国民众的物质和精神生活水平都得到了飞跃式提升。然而，随着经济转型的逐步深入，我国收入分配问题也愈加复杂。从 21 世纪初发展至今，我国收入基尼系数长期处于 0.4~0.5 之间（罗楚亮等，2021），收入增速放缓、阶层流动性降低、外生性风险增加等问题在我国陆续出现。基于此，研究探讨收入差距的形成机制成为我国缩小收入差距、完善收入分配制度和实现全体人民共同富裕必须回答的现实课题。

事实上，收入分配问题一直是学界关注的核心议题。众多社会学者和经济学者在收入分配领域不断深耕，为深化公众对收入分配问题的理解和认识作出了重大贡献。其中，收入差距问题作为收入分配领域的核心议题成为学界关注的焦点，收入差距的形成机理也成为学者重点研究的对象。梳理以往研究发现，收入差距的形成机理较为复杂，既有结构性因素，也有个体性因素，既有政治性因素，也有经济性因素。虽然收入差距的成因可以大致从政治体制因素和经济体制因素两方面予以解释，但如果忽略了收入差距形成时的社会环境，则很难厘清收入差距的形成机理。学者在研究过程中也意识到这一点，在探讨收入差距成因时特别关注市场化、地区或行业差异带来的影响。然而，目前的现实情况是：学界在探讨收入差距的成因时缺乏对数字化的关注。随着数字技术与人们的生产生活深度融合，个体、群体和组织都主动或被动地卷入数字世界，数字化成为当今社会的典型特征。由此可见，收入差距的形成发展是嵌入数字环境中的。但整体而言，学界围绕数字化对收入差距的影响探讨仍停留在理论和经验总结层面，缺乏实证研究的支持。以往研究仅为理解数字化对收入差距的影响提供了碎片化的知识，比如数字接入和使用对收入差距的影响，还缺乏对二者关系的全面梳理和把握。显然，探讨数字化在收入差距形成中的作用对于厘清数字化在收入分配过程中的结构性位置具有重要的理论意义。

本研究聚焦于微观层面，使用中国家庭追踪调查（CFPS）2014~2018年三期数据，实证研究和探讨数字化对在业民众（18~64岁）收入差距的影响效应。结合数字化发展特征和个体适应数字化的过程，我们将数字化分解为数字接入、数字素养和数字偏好三个维度，利用社会计量统计方法中的固定效应模型、倾向得分匹配双重差分法、再中心化影响函数（RIF回归）、无条件分位数回归等实证分析策略，分别实证分析和检验数字接入、数字素养和数字偏好在收入差距形成中的作用，以此反映数字化在收入差距中的结构性位置，在此基础上我们创新性提出"数字分配"这一概念，强调数字化对收入差距的作用。通过实证分析，我们得到以下结论。

第一，数字化和收入差距均存在时空差异、代际差异和阶层分化。实证分析结果表明，就业个体的数字化和收入差距存在明显的时空差异和个体差异。从时空差异来看，经济发展水平越高的地区，个体平均数字化水平越高，收入差距越小。随着数字技术的发展和时间的推移，个体平均数字化水平也随之提升，收入差距呈"U形"发展态势。从代际差异来看，年龄越小，个体平均数字化水平越高，收入差距越小；反之，个体平均数字化水平越低，收入差距越大。从阶层分化来看，个体所处的教育层级越高，其平均数字化水平越高，收入差距越小；反之，个体所处的教育层级越低，其平均数字化水平越低，收入差距越大。

第二，收入差距的形成存在数字接入效应。在以往研究中，学界大多分析和探讨数字接入对城乡、不同性别间收入差距的作用，较少关注数字接入对个体间收入差距的影响。本研究借助面板固定效应模型和倾向得分匹配双重差分法发现：数字接入会显著降低个体间收入差距水平，即使消除了地区效应、时间效应以及个体差异，数字接入依旧能显著缩小个体间的收入差距。此外，数字接入对收入差距的抑制作用在"数字中国"概念提出之后有所增大。异质性分析结果表明，数字接入能显著地缩小男性、体制外工作者和农业工作者之间的收入差距，对女性、体制内工作者和非农工作者之间的收入差距不存在显著影响。无条件分位数回归结果表明，随着收入差距分位点的提高，数字接入对收入差距的抑制作用逐渐扩大。整体而言，随着数字接入机会的均等化，数字接入成为缩小民众之间收入差距的重要手段。

第三，收入差距的形成存在数字素养效应。在以往的研究中，学界对数字素养与收入差距关系的探讨存在认识不清、测量不准和机制不明等问题。在数字应用场景日益多元和复杂的背景下，有必要继续探究数字素养与收入差距之间的关联。本研究借助双向固定效应模型、RIF 回归、无条件分位数回归和 Oaxaca-Blinder 分解发现：我国当前存在明显的数字使用沟。双向固定效应模型和稳健性检验结果表明，数字素养会显著地扩大民众间收入差距，只不过起主要作用的是发展型数字素养，而非休闲型数字素养。无条件分位数回归结果表明，当收入差距分位点位于60%以下时，发展型数字素养显著地缩小了民众间收入差距；当收入差距分位点位于60%以上时，发展型数字素养显著地扩大了民众间收入差距。Oaxaca-Blinder 分解表明，发展型数字素养的禀赋特征效应能显著地缩小男女两性间的收入差距，但会显著地扩大城镇地区与农村地区、城镇户籍与农村户籍以及不同受教育层级民众间的收入差距。发展型数字素养的收入结构效应能显著地扩大农业与非农业工作者之间、体制内与非体制内工作者以及不同教育层级个体间的收入差距。

第四，收入差距的形成存在数字偏好效应。在以往研究中，学界更多关注数字接入和数字使用与收入差距之间的关联，较少关注数字偏好在收入差距形成中的作用。本研究借助双向固定效应模型、RIF 回归、无条件分位数回归和 Oaxaca-Blinder 分解探讨数字偏好与收入差距之间的关联，以此映射收入差距形成中存在的数字知识效用。实证结果表明，传统媒介偏好和新兴媒介偏好均会缩小我国民众间存在的收入差距。无条件分位数回归结果表明，随着收入差距分位点的提高，传统媒介偏好和新兴媒介偏好对收入差距的缩小效应也随之扩大。整体来讲，数字偏好对收入差距的抑制作用呈"倒 U 形"发展趋势。Oaxaca-Blinder 分解结果表明，传统媒介偏好的禀赋特征效应能显著地缩小城镇户籍与农村户籍之间存在的收入差距。传统媒介偏好的收入结构效应能显著地缩小不同职业和不同教育层级民众间的收入差距。新兴媒介偏好的禀赋特征效应能扩大城镇地区与农村地区、城镇户籍与农村户籍以及不同教育层级民众之间的收入差距；长远考虑，新兴媒介偏好的收入结构效应能显著地缩小城镇地区与农村地区、城镇户籍与农村户籍、农业工作者和非农工作者、体制内工作者与体制外工作者以及不同教育层级民众之间的收入差距。

上述分析结果表明，数字化与收入差距之间存在错综复杂的关联。从长远来看，数字化有助于缩小民众间的收入差距；但从短期来看，数字化可能会扩大民众间的收入差距。因而，分门别类地探讨数字化在收入差距形成中的作用对学界来说显得尤为必要。本研究发现，收入差距的形成蕴含着强烈的数字分配意涵。从本质上讲，收入差距的形成和发展与数字分配之间存在紧密关联。数字接入分配差距、数字使用分配差距和数字知识分配差距成为收入差距形成的结构性力量。在数字时代，如果不尽可能消除数字分配差异，数字化给个体带来的收入差距问题很难得到真正解决。应当肯定数字化给收入差距带来的正外部性影响，但在数字分配不均衡的情况下，民众间的收入差距也会持续显现。为此，只有厘清数字化与收入差距之间的关联，才能有效发挥数字化对收入分配的积极影响，推动全体人民稳步迈向共同富裕。

目　录

第一章　共同富裕与数字化

第一节　研究缘起

一　问题的提出

党的二十届三中全会明确指出，要聚焦提高人民生活品质，完善收入分配和就业制度，健全社会保障体系，增强基本公共服务均衡性和可及性，推动人的全面发展、全体人民共同富裕取得更为明显的实质性进展[①]，为新时代新征程扎实推进全体人民共同富裕进一步指明了方向。共同富裕是指全体人民通过辛勤劳动和相互帮助，普遍达到生活富裕富足、精神自信自强、环境宜居宜业、社会和谐和睦、公共服务普及普惠，实现人的全面发展和社会全面进步，共享改革发展成果和幸福美好生活的一种社会状态[②]。党的十八大以来，党和国家将实现全体人民共同富裕摆在更加重要的位置上，在推进中国式现代化进程中，始终将实现全体人民共同富裕作为重大使命任务和重要制度安排。党的十九届五中全会明确提出"全体人民共同富裕取得更为明显的实质性进展"[③]。2021年发布的《中华人民共和国国民经济和社会发展第十四个五年规划和2035年远景目标纲要》（以

[①] 《中国共产党第二十届中央委员会第三次全体会议公报》，https://www.gov.cn/yaowen/liebiao/202407/content_6963409.htm，最后访问日期：2025年2月11日。

[②] 《共同富裕的实现路径》，http://www.qstheory.cn/qshyjx/2021-09/16/c_1127868588.htm，最后访问日期：2025年2月1日。

[③] 《中国共产党第十九届中央委员会第五次全体会议公报》，https://china.huanqiu.com/article/40U2VXHIp7P，最后访问日期：2025年2月1日。

下简称《纲要》）提出"坚持居民收入增长和经济增长基本同步、劳动报酬提高和劳动生产率提高基本同步，持续提高低收入群体收入，扩大中等收入群体，更加积极有为地促进共同富裕。"[①] 在中国共产党成立 100 周年大会上，习近平总书记指出："践行以人民为中心的发展思想，发展全过程人民民主，维护社会公平正义，着力解决发展不平衡不充分问题和人民群众急难愁盼问题，推动人的全面发展、全体人民共同富裕取得更为明显的实质性进展！"[②] 2021 年 8 月 17 日，中央财经委召开第十次会议，专题研究和探讨了如何在新时代实现全体人民共同富裕的问题，并强调："到'十四五'末，全体人民共同富裕迈出坚实步伐，居民收入和实际消费水平差距逐步缩小。到 2035 年，全体人民共同富裕取得更为明显的实质性进展，基本公共服务实现均等化。到本世纪中叶，全体人民共同富裕基本实现，居民收入和实际消费水平差距缩小到合理区间。"[③] 党的二十大进一步明确，中国式现代化是全体人民共同富裕的现代化，要着力促进全体人民共同富裕，坚决防止两极分化。[④]

显然，共同富裕是社会主义的本质要求，社会主义发展的最终目的就是要达到共同富裕。社会主义现代化发展要以人民对美好生活的向往作为出发点和落脚点，着力促进全体人民共同富裕，兼顾效率与公平。但是，促进全体人民共同富裕是一项系统性工程，需要不断总结经验、开拓创新，同时也要坚持科学思维和系统观念，促进生产力与生产关系全面改善。改革开放以来，我国经济发展取得了伟大的成绩，人民生活水平不断提高，收入水平大幅跃升，教育事业年年攀升，健康水平稳步提高，社会

[①] 《中华人民共和国国民经济和社会发展第十四个五年规划和 2035 年远景目标纲要》，https://www.gov.cn/xinwen/2021-03/13/content_5592681.htm，最后访问日期：2025 年 2 月 1 日。

[②] 《习近平：在庆祝中国共产党成立 100 周年大会上的讲话》，http://www.qstheory.cn/yaowen/2021-07/01/c_1127615372.htm，最后访问日期：2025 年 2 月 1 日。

[③] 《习近平：扎实推动共同富裕》，https://www.gov.cn/xinwen/2021-10/15/content_5642821.htm，最后访问日期：2025 年 2 月 11 日。

[④] 《习近平：高举中国特色社会主义伟大旗帜 为全面建设社会主义现代化国家而团结奋斗——在中国共产党第二十次全国代表大会上的报告》，https://www.gov.cn/xinwen/2022-10/25/content_5721685.htm，最后访问日期：2025 年 2 月 11 日。

保障体系愈加健全（张来明、李建伟，2016）。全国人民沐浴在改革发展的春风里，对未来过上更加美好和谐富裕的生活抱有更多的期待和向往，促进全体人民共同富裕也迈上新的台阶。然而，正如习近平总书记指出的："当前，我国发展不平衡不充分问题仍然突出，城乡区域发展和收入分配差距较大，促进全体人民共同富裕是一项长期任务。"（习近平，2020）如果要实现共同富裕，仍需花大力气缩小收入差距，并进一步完善收入分配制度。

根据国家统计局住房调查数据，我国民众收入基尼系数从 1978 年的 0.31 上升到 2007 年的 0.45。其中，农村居民收入基尼系数从 1978 年的 0.25 上升到 2007 年的 0.36，城镇居民收入基尼系数从 1978 年的 0.18 上升到 2007 年的 0.33（Ravallion and Chen，2007）。2019 年，国家统计局公布了 2003 年至 2008 年的全国居民收入基尼系数，结果显示 2003 年至 2008 年的全国居民收入基尼系数从 0.479 上升到了 0.491（国家统计局住户调查办公室，2019：451）。2008 年以后，我国居民收入基尼系数整体呈下降趋势。国家统计局估计结果显示，我国居民收入基尼系数从 2008 年的 0.491 下降到了 2024 年的 0.465（李实、万海远，2018：2；国家统计局，2024）。整体而言，我国收入差距呈现高位徘徊且相对稳定的态势（罗楚亮等，2021）。

可以预见，在财富差距①的持续推动下，我国收入差距在未来一段时间内并不会出现显著下降。李实和万海远（2018：61）认为，在经济新常态下，我国居民收入基尼系数可能会保持在 0.45~0.50 之间（见图 1-1）。因此，缩小收入差距和完善收入分配制度已经迫在眉睫，而厘清收入差距的形成机理将成为我国缩小收入差距、完善收入分配制度和实现共同富裕的关键。

我国收入差距的扩大与数字技术的发展几乎是同步的。信息通信技术（information communication technology，ICT）的发展是 20 世纪后期对人类影响最深远的事件之一（许庆红，2017）。随着信息通信技术的迭代创新

---

① 瑞信财富报告显示，2014 年我国最富 10% 人口所拥有的财富占全国财富比重达 64%，在过去 14 年间增长了 15.4 个百分点，居民财富差距过大已经成为学术界的共识。

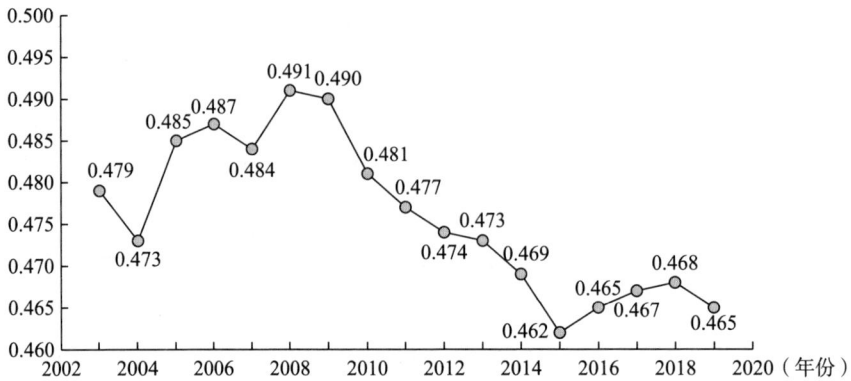

图 1-1　我国居民收入基尼系数

说明：数据来自中国研究数据服务平台（CNRDS）。

和互联网技术的深度发展，我国互联网目前已经全面普及并在全社会范围内广泛应用。在互联网与生活世界的深度耦合下，社会生产方式、工作消费模式，以及个体的思维习惯和认知图式都发生了系统性改变。生成式人工智能的不断发展，让精细化、精准化、可计算、可追溯、复杂性、数据碰撞、机器学习、人机耦合和仿真模拟等成为新的被社会广为接受的思想观念和认知图式（向静林，2021）。电子商务、社交媒体、搜索引擎、短视频、直播、虚拟现实、无人驾驶和智慧医疗等数字媒介与人们的生产生活深度捆绑，无论是个体，还是群体或组织，都主动或被动地卷入数字世界。中国互联网络信息中心（CNNIC）数据显示：截止到 2024 年 8 月，我国网民规模近 11 亿人，互联网普及率达到了 78%；我国手机网民规模达 10.96 亿人，占网民整体的 99.7%；我国即时通信网民规模达 10.78 亿人，占整体网民的 98%。此外，我国网络视频用户规模高达 10.68 亿人，占整体网民的 97.1%；其中，短视频用户规模达 10.50 亿人，占整体网民的 95.5%[①]。这些数据表明，我国互联网建设已经取得了突飞猛进的发展，数字化应用已经成为政府、市场和社会合理运行的重要载体和力量源泉。毫不夸张地说，我国已经进入名副其实的"数字社会"。

当前，国家从数字发展全局出发，提出了"数字中国建设"。2021 年

---

① 《第 54 次〈中国互联网络发展状况统计报告〉》，https://www.cnnic.net.cn/n4/2024/0829/c88-11065.html，最后访问日期：2025 年 2 月 15 日。

发布的《纲要》专门用很长的篇幅阐释了加快数字化发展和建设数字中国的任务和目标，对激活数据要素潜能，推进网络强国建设和加快数字经济、数字社会和数字政府建设进行了总体布局。习近平总书记曾指出："要发展数字经济……要推动互联网、大数据、人工智能和实体经济深度融合，加快制造业、农业、服务业数字化、网络化、智能化。"[①] 在党和国家的重视与大力支持下，我国数字化水平得到史无前例的提升。回顾互联网在我国的发展，1995 年瀛海公司的成立，大众接入互联网的通道才被真正打开，互联网用户规模才开始大幅增长。但截止到 2017 年底，占比97%以上的乡镇都具备了互联网接入条件，92%的乡镇接入了宽带（邱泽奇等，2016）。随着互联网接入数量的增多，越来越多的社会成员相互连接在一起，互联网的信息效应和技术效应也开始逐渐显现。

需承认的是，数字技术的更新变革对社会生活产生了广泛而深远的影响。目前，已经有大量研究围绕数字技术发展对社会生活的影响进行探讨。现有研究发现，无论个体行为决策还是主观认知判断，均深受数字技术的影响。数字技术的使用对个体生育意愿、居民主观幸福感、社会资本获取、人力资本供给、职业选择、教育投资、老年人生活、人际交往、社会信任和身心健康等方面的影响已经得到学界证实（陈卫民等，2021；聂爱云、郭莹，2021；杨钋、徐颖，2017；赵建国、刘子琼，2020；赵建国、王嘉箐，2021）。除此之外，研究还发现，数字技术发展会对我国的收入分配造成显著影响（贺娅萍、徐康宁，2019）。目前，学界对数字技术的收入效应大致存在两种观点：其一，数字技术发展可能会带来数字红利，缩小中国民众当前的收入差距（孙一平、徐英博，2021）；其二，数字技术发展会带来数字鸿沟，扩大中国民众当前的收入差距（Mohd Daud et al.，2021；文小洪等，2021）。虽然学界对数字技术的收入效应并未形成一致的看法，但毫无疑问，他们均认为数字技术发展与收入差距之间存在密切关联。近几年，关注数字技术对收入差距影响的学者越来越多（Naslund et al.，2017；Wong et al.，2015；Zhou et al.，2020）。但总体而言，学界在

---

① 《习近平出席全国网络安全和信息化工作会议并发表重要讲话》，https://www.gov.cn/xin-wen/2018-04/21/content_5284783.htm，最后访问日期：2025 年 2 月 11 日。

该领域的研究和探讨还处于起步阶段，不仅研究篇幅有限，研究内容和结论也略显单薄。对于学界来讲，数字技术发展与收入差距之间的复杂关联仍有进一步挖掘的空间，这对于明确数字化对收入差距的影响机理大有裨益。

关于收入差距的成因，大量研究集中于探讨政治体制和经济体制这两方面因素带来的影响。研究发现，户籍制度、税收制度、社会保障水平、市场化程度和政府负债水平等都是影响收入差距的重要因素。除此之外，受教育程度、职业特征、科技程度和劳动力转移等也是收入差距扩大的重要诱因（李代，2017；杨一纯、谢宇，2021；张羽、王文倩，2021）。在这些研究中，学者并未给予数字技术足够多的关注。换言之，尽管关于收入差距的研究开始增多，但学者对数字化与收入差距的关系认识仍不清楚。目前，以数字技术革新为基础的数字化作为全新的环境性因素和结构性力量，不断冲击着既有的阶层结构和收入分配模式。在收入差距持续扩大和数字技术不断迭代的时期，不能忽略数字化发展环境对收入差距形成和发展的突出贡献。在现实中，一些地区已经出现了数字鸿沟，这不仅显示了数字化发展方面的差距，也预示着该地区可能存在严重的收入分化（李怡、柯杰升，2021），并可能带来新的贫富差距（粟勤、韩庆媛，2021）。因而，要在数字时代实现全体人民共同富裕，必须深入研究和探索以数字技术为基础的数字化发展对收入差距带来的影响。2021年，习近平总书记在《求是》杂志上指出："我国发展不平衡不充分问题仍然突出，城乡区域发展和收入分配差距较大。新一轮科技革命和产业变革有力推动了经济发展，也对就业和收入分配带来深刻影响，包括一些负面影响，需要有效应对和解决。"（习近平，2021）这充分说明，探讨数字化对收入差距的影响既有理论价值也有实践意义，不仅有助于在学理层面厘清数字化与收入差距之间的复杂关联，也有助于在实践层面实现数字化赋能全体人民共同富裕。

基于我国数字化与收入差距的研究实际与发展现状，本书试图回答的问题是：在数字技术不断发展的时代，数字化与收入差距之间存在什么关联？如果存在关联，数字化发展会对收入差距形成发展带来何种影响？数字化在收入差距形成中处于何种位置？能否通过数字化赋能，缩小我国过大的收入差距？数字化如何参与收入分配过程？在数字化加速发展的背景下，这些问题都值得认真思考。

二 研究意义

近年来，我国数字经济飞速发展，其中以互联网、大数据、云计算、人工智能、区块链和物联网等为代表的新一轮数字技术与实体经济日趋融合，数字产业化和产业数字化加快发展，新市场新业态相继涌现。党和国家多次强调数字技术在我国社会经济发展过程中的战略位置。党的十八大之后，党中央先后实施系列网络强国战略和国家大数据战略，大力拓展网络经济空间，支持互联网的各类创新，着力建设数字中国和智慧社会。习近平总书记在中央政治局第三十四次集体学习时强调："数字经济发展速度之快、辐射范围之广、影响程度之深前所未有，正在成为重组全球要素资源、重塑全球经济结构、改变全球竞争格局的关键力量。"① 在"十四五"时期，中国式现代化建设也要以数字中国建设为牵引，引领科技变革，打造智慧社会。目前，数字技术已经与生活世界深度嵌合。数字赋能生活。线上预约挂号、移动支付、网络打车、智能家居、智慧办公和在线社交等场景在日常生活中随处可见。数字赋能企业。基于大数据、云计算、物联网、互联网和区块链等数字技术，企业能精准捕捉用户需求、充分优化资源配置、减少信息摩擦和交易成本，实现经济效能最大化。新冠疫情时期，部分实体经济经营主体利用数字化手段大力发展数字经济，进行产业数字化变革。得益于数字化转型，大部分企业得以平稳渡过生产和经营难关并实现营收逆势增长，数字产业化和产业数字化成为企业在数字时代提升效益的有力途径。更重要的是，以数字技术为支撑的数字化作为一种环境性因素和结构性力量，还会影响社会结构和收入分配。既有研究已经揭示，数字技术使用与居民收入和收入分配差距之间可能存在某种关联。数字化作为一种技术手段，既可能产生数字红利，也可能产生数字鸿

---

① 《推动我国数字经济健康发展 习近平作出最新部署》，http://www.xinhuanet.com/politics/leaders/2021-10/20/c_1127975334.htm，最后访问日期：2025年2月11日。

沟。但从研究进展来看，学界依旧处于初期探索阶段，既有研究还有待进一步丰富和拓展。数字化与收入差距之间究竟存在何种关联，学界尚未形成明确的认识和清晰的看法。因而，在数字技术深度俘获社会生活的数字时代，研究数字化在收入差距形成和发展中的作用具有非常重要的理论意义和实践价值。

第一，有助于精准有效发挥数字化优势和成功跨越数字鸿沟。当前，数字化深刻影响社会结构和收入分配格局已经是不争的事实。在数字中国建设过程中，就是要尽最大可能激发数字红利，规避数字鸿沟，精准把握数字化特性，减少不合理收入分配，缩小当前的收入差距。显然，探讨数字化与收入差距之间的关系，能有效把握收入分配过程中数字化的具体作用机制，这对于精准把握数字化特性和助力数字化健康发展大有裨益。

第二，有助于为我国缩小收入差距和完善收入分配制度提供新思路。当前我国发展不平衡不充分问题仍然突出，不同区域、城乡和行业之间的收入差距仍旧较大，缩小收入差距仍旧是实现全体人民共同富裕所面临的既现实又关键的问题。现有研究已经发现政治体制因素和经济体制因素对收入差距的形成具有巨大推动作用，但短期内通过完善政治体制因素和经济体制因素来缩小收入差距可能存在一定困难。相较之下，数字化作为社会发展的新引擎，在缩小收入差距问题上有着较大的潜力。因而，通过数字化赋能来缩小收入差距成为我国完善收入分配制度的应有之义。不过前提在于，我们需要对数字化与收入差距之间的关系有较为清晰的认识和理解。然而这方面的研究还有待丰富和拓展。本书尝试性地探索数字化对收入差距的影响可以为缩小收入差距和完善收入分配制度提供新的思路和做法。

第三，有助于动态把握数字化与收入差距之间的关系。当前，我国已经进入数字时代。数字经济、数字政府、数字社会是今后发展的主要趋势，数字经济与实体经济日趋融合，并已经嵌入社会生产生活的各领域和全过程。从本质上讲，数字红利和数字鸿沟是数字化手段运用的一体两面，即便在数字化基础设施相对完善的地方，也可能存在数字鸿沟。这意味着，数字化能否发挥正向效能关键取决于所使用的人。不同的人拥有的数字能力是存在差异的。对于不同类别的群体来说，数字化与收入差距之间的关系可能是不同的。换言之，对具有某一特征的群体而言，数字化可能存在正向功能，能有效缩小收入差距；而对具有另一特征的群体而言，数字化可能存在负向作用，能不断扩大收入差距。因而，我们需要运用分类思维动态地把握数字化与收入差距之间的关系，将某一特定群体的数字化劣势转化为数字化优势，充分发挥数字化正向效能，改善民众的数字能力，提升民众的数字资本。目前，利用数字化缩小当前的收入差距，使收入差距保持在合理区间也是学界持续努力的研究方向。本书分析数字化对不同特征群体收入差距的影响，将在某种程度上丰富学界对二者关系的理解，为扎实推动共同富裕和数字中国建设提供借鉴和参考。

第四，有助于建立数字化影响收入差距的解释框架。由于"数字化"这一概念出现的时间较短，学界目前还未来得及对数字化予以全面的梳理。从研究进展来看，学界目前对数字化的认识主要还停留在理论阐释层面，对数字化的实证研究仍旧较为缺乏。换言之，数字化对收入差距的影响虽然在理论层面得到了分析，但未能在实证研究层面予以证实。不过，也有学者研究了数字化发展对收入差距产生的潜在影响，只不过大多停留在探讨是否使用互联网对收入和收入差距的作用。从本质上讲，是否使用互联网虽然属于数字化范畴，但不等同于数字化，二者不能直接画等号。在微观个体层面，如果仅利用是否使用互联网来预测数字化程度，那么在某种程度上就简化了数字化的实质意涵。总体上讲，学界对数字化的认识和理解仍旧不太充分，数字化与收入差距之间的关系尚未厘清。因而，我们研究数字化与收入差距之间的关联，不仅有助于从实证层面拓展当前的研究边界，也有助于构建数字化影响收入差距的解释框架，从学理层面阐释数字化对收入差距的影响机理。

第二节　核心概念界定

一　收入

从价值属性来看，收入可以分为总收入和纯收入。按照李嘉图在《政治经济学及赋税原理》中的说法，总收入是指产品的全部价值，主要包括工资、利润和地租。但事实上，无论是组织还是个体，都更关心纯收入。纯收入最初是重农学派用来表达剩余价值的一种形式。由于起初把地租当作剩余价值的唯一形式，他们常常被一些别有所图的经济学家所利用。实际上，纯收入指的是产品价值超过它补偿预付资本即不变资本和可变资本的那一部分余额，即利润和地租。显然，纯收入是剩余价值的具体表现，包括地租和利润两种形式。资本主义生产的目的不是商品，而是剩余价值和利润。因此劳动本身只有在为资本创造利润或剩余价值的情况下才是生产的（洪远朋，2018：254）。

从收入主体来看，收入可以分为企业收入和个人收入。企业收入指的是企业以货币形式或非货币形式从各种来源取得的收入，具体包括销售货物收入、提供劳务收入、转让财产收入、股息和红利等权益性投资收益、利息收入、特许权使用费收入、租金收入、接受捐赠收入和其他收入等。企业收入的货币形式包括现金、存款、应收账款、应收票据、准备持有至到期的债券投资以及债务的豁免等；企业取得的收入的非货币形式，包括固定资产、生物资产、无形资产、股权投资、存货、不准备持有至到期的债券投资、劳务以及有关权益等（瞿继光、张晓冬，2018：52）。而个人收入指的是个人在一定时期内从各种来源得到的收入总和。按收入主体划分，个人收入包括农民收入、职工收入、城乡个体工商户收入、私营企业主收入、非营利机构收入等；按收入分配的生产要素标准划分，个人收入包括劳动收入和非劳动收入等；按收入来源划分，个人收入包括政府机构工作人员收入、事业单位职工收入、企业单位职工收入、居民家庭服务收入以及来自国外的收入等。根据新的国民核算体系，个人收入包括个人取得的工资收入、租金收入、利润收入、利息收入和业主收入，以及从政府、企业及非营利组织取得的转移收入（赵林如，2019：577）。

二 收入差距

收入差距是反映总体经济福利状况的指标，也是反映不同人群生活水平差异的重要指标。收入差距越大，意味着收入分配结构越不合理。一般而言，过大的收入差距往往意味着人力资本的浪费。当社会中存在过大的收入差距时，很大一部分人会处于失业状态，或者是从事报酬很低又没有技术含量的工作（经济合作与发展组织，2012：476）。从国家经济发展角度而言，学者对收入差距的研究有助于改善现有收入分配格局和生产要素流动状况，为实现全体人民共同富裕提供政策建议；从提升民生福祉角度来讲，学者关于收入差距的研究对于改善民众的生活水平和生活满意度大有裨益。目前，收入差距可以通过收入测算获得，根据收入差距的类别差异，既可选取宏观收入指标测算，比如地区人均收入，也可选取微观收入指标测算，比如家庭人均收入或个体人均可支配收入。美国的人口普查局通常会使用两种方法来衡量收入差距：第一种方法是按收入从低到高，计算每20%的家庭收入占总收入的份额；第二种方法是使用衡量收入差距最常用的指标——基尼系数（肖经建，2020：113）。而在我国，主要是利用第二种方法来衡量收入差距状况。通常来讲，一个国家的收入分配既不是完全平等的，也不是完全不平等的，而是介于两者之间。基尼系数由意大利经济学家基尼提出，用来反映收入不平等程度。基尼系数的经济含义为全部居民收入中用于不平均分配的百分比，其取值介于 0 和 1 之间，其中 0 表示收入分配绝对平均，而 1 则表示收入分配绝对不平均（李超民等，2015：165）。基尼系数越小，就表明收入差距越小。

三　数字化

从词源上理解，数字化是将众多复杂多变的信息转变为可以度量的数字和数据，再利用这些数字和数据建立适当的数字化模型，把它们转变为一系列二进制代码并进入计算机内部进行统一处理的过程。当然数字化还存在另一种解释，即把任何连续变化的输入，如图画的线条或声音，转化为一串分离的单元，并在计算机中用 0 和 1 表示的过程。实际上，这两种数字化解释殊途同归，表明数字化与信息化过程密不可分。随着信息革命的持续推进，信息中的数字化也越来越为研究人员所重视。有研究认为，数字化是指将信息转换成数字的过程，也就是将物体、图像、声音、文本或信号转换为一系列数字表达或者样本的离散集合形式，具体表现为数字文件、数字图像或声音等。在实践过程中，数字化的数据通常被转换为二进制的形式，以便于计算机进行处理，但严格来讲，任何把模拟源转换为各种类型数字格式的过程都可以被称作数字化（Guha，2016；McQuail，1987）。

目前，学界对数字化发展水平的量化研究比较少，并且缺乏较为一致的评估标准。有研究者用互联网使用率和互联网普及率来表征数字化水平，有研究者用数字经济来表征数字化水平，还有研究者用数字普惠金融程度来表征数字化水平。除此之外，还有研究者用数字基础设施、数字化应用和数字产业发展三个指标来综合测度数字化水平。整体而言，学界对数字化的看法众说纷纭，测量指标也不统一，仍需在未来研究中予以进一步厘清，并在此基础上加深对数字化的认识。在本研究中，根据数字化的发展特性和个体对数字手段的使用过程和运用程度，我们将数字化划分为数字接入、数字素养和数字偏好三个维度。其中，数字接入是指人们使用数字化手段的机会；数字素养是指人们使用数字化手段的资本和能力；而数字偏好是指人们使用不同数字媒介的惯习，代表人们对数字知识的掌握程度。

四　数字分配

在本研究中，数字分配指的是数字化参与收入分配的过程。长期以来，收入分配过程一直牵动全社会的心，学界也一直在关注收入分配的过程。纵观社会发展史，几乎每一次技术进步都会带来收入分配格局的调整。从某种程度上而言，工业技术扩大了不同特征人群之间的收入差距，收入分配结构也变得愈加不合理。改革开放以来，我国逐渐从计划经济体制转变为社会主义市场经济体制。在市场化改革的背景下，我国的市场活力得以释放，而市场也逐渐成为资源配置的决定性因素。在这个过程中，除了生产要素得以自由流动之外，技术变革发展的速度也明显加快。技术进步不仅使企业不断转型升级以适应新的市场要求，也使社会民众不断学习新的技能以适应社会发展需求。在我国，不同特征的群体在代际关系、受教育程度和职业类别等方面都存在显著差异，技术进步带来的边际效应在不同群体中也存在差异化的表现。因而，我们在数字化过程中仍能看到明显的收入分化。虽然收入差距的成因较为复杂，但技术始终是影响收入和收入分配的结构性因素。目前，数字化正全面渗透日常生活和经济生产全过程，个体、组织或团体都主动或被动地卷入数字化社会。民众能获得多少收入回报与数字化发展程度存在密切关联。在这样的背景下，本书创新性地提出了"数字分配"这一概念，希望以此表征收入分配过程中的数字化参与，反映数字接入、数字素养和数字偏好的分配与收入分配的内在关联。

第三节　收入差距的相关研究梳理

自 20 世纪 70 年代开始，世界范围内的收入差距就开始持续显现并隐隐有扩大的趋势（Morris and Western，1999）。在这个时期，中国也出现了类似的情况。从时间上来看，改革开放是中国收入差距扩大的分水岭。改革开放以前，中国由于受到平均主义以及计划经济体制的影响，民众收入差距很小。改革开放以后，邓小平在"南方谈话"中提出"让一部分人先富起来"的伟大号召，这虽然极大地激发了经济发展活力，但也在一定程度上扩大了收入差距（李实、万海远，2018：1）。近些年来，学界一直在关注收入差距问题。在这些研究中，学者对收入差距成因的探讨和解释都带有非常鲜明的时代印记，比如在我国实行社会主义市场经济体制初期，就有学者探讨市场化对收入差距的作用和影响。但整体而言，制度体制因素和经济体制因素仍旧是学界最常见的解释收入差距成因的路径。具体来看，学界对收入差距成因的解释大概可以归纳为以下三种解释路径。

一　收入差距的制度主义取向

制度主义取向强调制度性因素在收入差距形成过程中的重要作用。1992 年，党的十四大明确了经济体制改革的目标是建立社会主义市场经济体制。毫无疑问，经济体制改革带来的影响是广泛而深远的。计划经济时期形成的集团类别，比如地域、行业、所有制类型和工作单位等制度性因素，不仅定义了当时的收入分配规则，而且还成为自 1978 年以来收入分化快速增长和新的社会分层模式形成的制度性基础。1978～1988 年，集团间收入差异的增长远超集团内收入差异的增长。即使到 20 世纪 90 年代中期，仍有一半的收入增长能够被集团类别这样的制度性因素所解释（王天夫、王丰，2005）。这意味着，即便我国在开始市场化改革后，制度因素仍是影响收入差距的重要因素。虽然市场经济时期人力资本和社会资本的优势持续提升，但具有制度优势的群体明显能在劳动力市场中获得更多的收入和回报。技术或权威拥有者，可以获得更高的回报（林宗弘、吴晓刚，2010）。事实上，任何收入分配制度都对应着一种权力关系，由于基于行政再分配的权力和基于市场的权力分别有着不同的地位体系，这就决定了收入分配制度存在不同的报酬机制和结构体系（Rona-Tas，1994）。对于中国而言，基于行政再分配的权力力量毫无疑问是巨大的。这种权力不仅直接对居民收入分配产生影响，而且还通过干涉基于市场的权力而间接地影响居民收入分配。如城乡居民享有的各种机会存在显著差距。这也是农民工与城镇工人之间存在收入差距的重要原因（吴晓刚、张卓妮，2014；Pi and Zhang，2016）。

二　收入差距的市场主义取向

市场主义取向强调中国经济的市场化进程对收入差距产生的影响。我国从社会主义计划经济体制转向社会主义市场经济体制毫无疑问是一场巨大的经济转型，这次经济转型使我国的收入分配发生巨大变化，过去按照计划进行收入分配的逻辑转变为按照市场化机制进行收入分配。目前，学界围绕市场化与收入差距之间的关系已进行了诸多探讨，其试图回答的核心问题是：中国经历的市场化转型究竟对收入分配产生了何种影响？哪些因素在其中发挥着关键作用？市场化是一个较为宽泛的概念，特指在资源分配中国家力量作用消退和市场力量增强的动态过程（贺光烨、吴晓刚，2015）。实际上，收入差距形成发展的成因是比较复杂的，不仅有市场化机制的作用，而且有非市场化机制的作用。同时，收入差距的产生和形成还掺杂着特定的制度与结构因素。但是，在制度与结构因素的机制效应中，也存在市场化机制的作用和影响。总而言之，市场化在收入差距的形成发展过程中扮演着主要角色（陈光金，2010）。研究表明，市场化水平的提高和城乡二元经济结构的改善会明显抑制我国城乡居民收入差距扩大的趋势。但既有研究发现，二者的交互项对我国城乡居民收入差距却呈现显著的正向推动作用。换言之，市场化水平和城乡二元经济结构的交互作用会扩大我国城乡居民收入差距。只有正确统筹和协调市场化发展与二元经济结构的关系，才能有效抑制城乡居民的收入差距（曾卓然，2019）。市场化除了对城乡居民间的收入差距造成影响之外，还会影响不同性别群体间的收入差距。市场化可能会扩大不同性别群体间的收入差距，使女性在劳动力市场中处于更加不利的地位（贺光烨、吴晓刚，2015）。虽然女性拥有的社会资本能带来一定的收入回报，但在市场经济的发展过程中，女性所拥有的社会资本带来的收入回报优势逐渐被消解，而男性拥有的社会资本所带来的收入回报优势却丝毫未受影响，这直接导致女性与男性收入差距进一步扩大（陈煜婷、张文宏，2015）。同时劳动力市场还存在的一个客观事实是：虽然女性与男性在受教育年限方面基本趋同，但他们拥有的社会资本存量却存在显著差异。女性所拥有的社会资本总量明显低于男性，其中，因女性社会资本欠缺可解释的性别收入差距占比高达 13%（程诚等，2015）。显然，当前女性群体中存在"社会资本欠缺"和"社会资本存量被市场化消解"的双重劣势，导致女性与男性收入差距在市场转型过程中呈扩大趋势。除了社会资本之外，职业特征也是解释市场化影响不同性别群体间收入差距的重要维度。前期经济基础和行业分布的差异，导致各个地区和行业的市场化程度并非均质分布。差异化的地区发展和各具特色的行业分布，致使女性在劳动力市场中也呈现出不均匀的分布样态。从现实情况来看，大部分女性常分布于收入回报不高的行业或部门，职业特征成为理解市场化影响收入差距的重要机制（何泱泱等，2016；李实、马欣欣，2006；吴晓刚、张卓妮，2014；杨一纯、谢宇，2021；Helland et al.，2017）。

三　收入差距的个体主义取向

个体主义取向强调人力资本对于提升收入回报的重要作用。吴晓刚在早年曾探讨过劳动力进入市场对个人收入的影响效应。研究发现，早期进入市场对个人收入没有影响，但后期进入市场不仅会对个人收入产生影响，而且这种影响效应还与人们的市场进入倾向呈负相关关系（吴晓刚，2008）。那些本来在国有部门干得好的人，进入市场的倾向性是比较低的，可他们一旦选择进入市场，就会从中获益。众所周知，市场转型为个人收入增长提供了重要契机。虽然个人能否抓住契机与自我选择机制有关，但很明显，自我选择机制与人力资本之间是存在明显关联的。倪志伟在20世纪90年代提出的市场转型理论认为，中国从计划经济再分配制度转向以市场为导向的再分配制度的过程中，再分配权力拥有者的收益将会减弱，而私营企业主和人力资本拥有者将会获得市场的青睐（Nee，1989；Nee and Cao，1999）。但是哪些人会拥有更多的人力资本呢？学界认为，人力资本与文化水平之间存在正向关联。换言之，如果个体拥有较高的文化水平，则该个体一般也会拥有较高的人力资本。在市场转型之前，中国曾出现过一段时间的"脑体倒挂"现象，即体力劳动者的经济收入反而高于脑力劳动者，人力资本拥有量的差异并未通过经济收入体现出来。很明显，人力资本作用在市场转型之前被明显地抑制住了。但在市场转型以后，人力资本对经济收入的促增效应被前所未有地激发出来，人力资本差异成为利益分化的重要因素，而此后的研究也均证实了这一点。虽然市场部门对劳动力分割所产生的影响不容忽视，但人力资本仍是决定收入分配的主要因素（王甫勤，2010），而之所以女性和男性之间存在较大的收入差距，很大程度上也是因为女性拥有的人力资本少于男性，这在前文已经得到证实（邓峰、丁小浩，2012）。除此之外，人力资本对农户收入的促增效应也非常明显。有学者利用农村样本对人力资本的收入效应进行验证后发现，健康、基础教育、技能培训和工作体验等人力资本因素会显著地提升农户的收入水平，总贡献率高达38.57%（程名望等，2016）。那人们是如何提升人力资本水平的呢？长期以来，教育是获取人力资本的有效途径。有研究指出，尽管来自不同收入水平家庭的子女初始能力差距不大，但家庭的教育选择和公共教育政策却使最终的人力资本差距逐渐扩大，并导致代际收入差距扩大（杨娟等，2015）。显然，受教育程度提升对收入增长具有显著的正向效应（Castro Campos et al.，2016）。但是，教育作为人力资本积累的重要途径也可能成为强化收入差距的重要工具。有学者曾指出，国家一直将教育扩张视为个体从低收入群体向高收入群体转移的有效途径，但受市场需求的影响，教育扩张反倒扩大了收入差距（Yang and Gao，2018）。

四 小结

以上三种解释路径是我们对收入差距成因的大致归纳和总结，学界还有一些其他观点和看法。有研究者认为，对收入差距成因的解释主要有个人主义取向和结构主义取向这两种路径（王甫勤，2010）。有学者主张把"阶级"带回到研究视野中，强调阶级结构转型对收入差距形成发展的作用和影响（林宗弘、吴晓刚，2010）。但无一例外，这些研究都未能脱离政治制度和经济制度的归因逻辑。1955 年，库兹涅茨提出经济增长与收入分配差距之间存在"倒 U 形"关系的假说（Kuznets，1955）。此后，不同学者对该结论进行了多次验证（邵红伟、靳涛，2016；林宗弘、吴晓刚，2010），问题的关键在于如何界定各经济生产要素与收入差距之间的复杂关联（冯鹏程、杨虎涛，2021；郭庆旺、吕冰洋，2012）。经济增长和生产要素变化与经济转型息息相关，从本质上讲，各经济生产要素对收入差距的影响亦可归因于政治制度和经济制度因素。事实上，影响收入差距的因素除了前文提及的因素之外还有很多。既有研究发现，城市化、税收、基础设施建设、人口老龄化等因素都是影响我国收入差距的重要因素（董志强等，2012；李敏、于津平，2021；刘晓光等，2015；马胜楠，2021；王建康等，2015；徐建炜等，2013；姚玉祥，2021；Gupta et al.，2002）。我们在梳理学界关于收入差距成因的相关文献时，并未穷尽所有研究。但总的来看，如果继续沿着制度体制改革和经济结构调整的逻辑进行探索，则基本上能涵盖当前关于收入差距成因的绝大多数研究。

第四节 研究思路、内容与方法

一 研究思路

2021 年党的十九届五中全会通过的《纲要》在 2035 年远景目标部分

明确指出："人民生活更加美好，人的全面发展、全体人民共同富裕取得更为明显的实质性进展。"① 从此，实现全体人民共同富裕真正从理念上升到行动。2021 年 5 月 20 日，中共中央和国务院联合印发《关于支持浙江高质量发展建设共同富裕示范区的意见》，赋予了浙江重要的示范改革任务。国家此举希望浙江先行先试、作出示范，为全国推动共同富裕提供省域范例。党的二十届三中全会对促进全体人民共同富裕作出进一步指示，为"十四五"时期扎实推进共同富裕提供了行动指南。共同富裕包含"富裕"和"共享"两大核心要义。改革开放四十多年来，我国经济发展取得历史性突破，人民的物质生活水平得到跨越式提升。在改革开放的持续激励下，我国一跃成为世界第二大经济体。然而，随着经济社会快速发展，我国发展的不平衡不充分问题愈加突出。当前，我国社会的主要矛盾已经转变为人民日益增长的美好生活需要和不平衡不充分的发展之间的矛盾。因此，缩小收入差距显然具有现实必要性。

当前学界关于收入差距的研究已经非常丰富。但是，大部分研究探讨的是政治制度和经济制度因素对收入差距的影响，比如户籍制度、税收制度、社会保障制度、受教育程度、职业特征、市场化水平等。很明显，当前关于收入差距成因的研究，一定程度上忽视了当前的社会环境——数字环境。自 20 世纪 90 年代开始，我国就开启了数字化进程。如今，数字化与人们的生产生活深度融合，成为影响社会认知、社会行为和社会心理的结构性因素。收入分配过程离不开社会环境，在不同的制度环境中，收入分配存在不同的模式和逻辑。在大数据、云计算、区块链、机器学习和人工智能等数字技术不断发展和广泛应用的数字时代，数字化与收入分化或收入差距扩大之间必定存在某种关联。然而，学界目前对数字化与收入差距的关系仍旧缺乏足够的认识。近年来，虽然学界不断涌现与数字化和收入差距相关的研究，但已有研究仍显得片面化和碎片化，很难对数字化与收入差距的关系进行整体把握。鉴于此，本研究采用实证研究范式，分析

---

① 《中华人民共和国国民经济和社会发展第十四个五年规划和 2035 年远景目标纲要》，ht-tp：//www. moe. gov. cn/jyb＿xwfb/xw＿zt/moe＿357/2021/2021＿zt01/yw/202103/t20210315＿519738. html，最后访问日期：2025 年 2 月 14 日。

和探讨数字化与收入差距之间的复杂关系，不仅能从学理层面弥补现有研究的不足，也能从实践层面助力实现全体人民共同富裕。

本研究的核心目的是实证研究和探讨数字化在收入差距的形成与发展中的作用。囿于数据可及性和篇幅限制，本研究仅从微观个体层面，探讨数字化在收入差距形成和发展过程中所发挥的作用。具体来讲，本研究采用 CFPS 2014~2018 年三期数据构建面板数据，分析数字化与收入差距之间的关系。我们试图回答的核心问题是：数字化与收入差距之间存在何种关联？随着数字技术的发展，数字化的不同特征维度对收入差距分别会产生何种影响？是线性还是非线性影响？如果不同特征维度的数字化会对民众收入差距产生影响，那么它们在不同特征群体收入差距形成过程中发挥着何种作用？为此，首先，我们利用实证模型估计不同特征维度的数字化对收入差距的影响；其次，我们对模型估计结果进行内生性分析和稳健性检验；最后，我们探讨了数字化影响收入差距的平均边际效应，并对不同特征组别收入差距的形成进行贡献分解，细致地考察数字化的具体作用和机理。与此同时，本书基于上述分析和探讨，尝试构建数字化影响收入差距的解释框架，以加深对数字化与收入差距之间关系的理解和认识。

二 研究内容

既有研究所探讨的内容涵盖经济社会学和发展社会学两大领域。结合现有研究基础，本书遵循"理论阐释—效应分析—贡献分解"以及"研究假设—实证分析—结论和讨论"的逻辑展开研究。在各章的具体研究过程中，首先，我们会阐明研究的意义和价值；其次，结合以往研究，我们对其进行理论分析并提出研究假设；再次，我们利用具有代表性的面板数据，对研究假设进行实证分析和检验；最后，我们基于实证分析的结果总结研究发现，并对研究结论、研究贡献、研究不足和未来研究推进方向进行说明。

第一章是问题提出及研究思路介绍部分。在该章中，首先，我们对本研究的背景及意义进行简要说明；其次，我们对研究涉及的核心概念进行界定；再次，我们对收入差距的成因及影响机制进行梳理和回顾；最后，

数字分配：数字化对收入差距的影响研究

我们对本书的研究思路、研究内容和研究方法进行详细介绍。

第二章是文献回顾部分。在该章中，首先，我们对数字化的发展演进过程及其特征进行梳理和介绍；其次，我们结合现有研究，梳理和回顾数字化对社会认知、社会行为和社会心理造成的影响，凸显数字化对社会个体的全面影响；再次，在既有研究基础上，我们对数字化在收入分配过程中的地位和作用进行梳理和回顾，以了解数字化与收入差距之间存在的复杂关联；最后，我们对数字化参与收入分配过程的相关理论进行梳理和介绍，以期为构建合适的解释框架奠定基础。

第三章是现状阐释部分。在该章中，我们利用 CFPS 2014～2018 年三期数据构建面板数据，对我国数字化和收入差距的发展现状进行整体分析和阐释。首先，我们对数字化与收入差距进行操作化定义；其次，我们对数字化与收入差距的总体现状进行分析和描述；再次，我们对数字化与收入差距发展的时间特征和空间分布分别进行分析和描述；最后，我们分别对数字化与收入差距的年龄特征和阶层特征进行阐释和说明。

第四章至第六章是研究的主体部分。第四章的核心是探讨数字化的第一重表征数字接入对收入差距的作用和影响。在该章中，首先，我们对数字接入与收入差距的关系进行理论分析，并在此基础上提出了相应的研究假设；其次，我们对本章所涉及的数据、变量和分析方法进行了介绍和说明；再次，我们对数字接入影响收入差距的实证分析结果进行解读和阐释，以期勾勒数字接入与收入差距之间的复杂关联。最后，我们对数字接入影响收入差距的复杂机理进行了总结讨论，并作出了相应的解释。

第五章的核心是探讨数字化的第二重表征数字素养对收入差距的作用和影响。在该章中，首先，我们对数字素养与收入差距之间的关系进行理论分析，并在此基础上提出了相应的研究假设；其次，我们对该章所涉及的数据、变量和分析方法进行了说明，并对实证分析模型进行了设定；再次，我们对数字素养与收入差距的关系进行实证分析，有针对性地探讨了数字素养在收入差距形成过程中的作用；最后，我们进行回顾和总结，并尝试作出解释。

第六章的核心是探讨数字化的第三重表征数字偏好对收入差距的作用

和影响。在该章中，结合以往研究，我们利用不同媒介数字偏好构建数字知识的替代变量，并在此基础上进行相关探索和研究。具体来讲，首先，我们对数字偏好与收入差距之间的关系进行理论分析，并在此基础上提出相应的研究假设；其次，我们对该章所涉及的数据、变量和分析方法进行了说明，并对实证分析模型进行了设定；再次，我们对数字偏好与收入差距的关系进行了实证分析，有针对性地探讨了数字偏好在收入差距形成过程中的作用，并以此映射数字知识在收入分配过程中的作用；最后，我们进行回顾和总结，并尝试作出解释。

第七章是本研究的结论和讨论部分。在该章中，首先，我们对研究结论进行呈现和阐释，力求言简意赅地总结本研究的发现；其次，我们围绕研究发现进行相关讨论，总结和概括数字化影响收入差距的解释框架，并对数字化影响收入差距的机制进行说明；最后，我们进行了研究展望，一方面，我们总结本研究的创新和贡献；另一方面，我们对本研究的局限进行说明，并对未来研究进行展望。本研究的整体框架见图1-2。

三　研究方法

本书将数字化对收入差距的影响作为研究对象，为了实现研究目标，本书采用了多种方法进行探究，具体如下。

第一，事件史分析法。为了有效厘清数字化对收入差距的影响，我们有必要深入理解和认识数字化。因而，我们在进行文献梳理时，运用事件史分析法概述性地对数字化的形成、发展和演变历程，以及数字化发展的阶段性特征进行了梳理回顾。

第二，理论分析方法。本书的核心目的是探讨数字化在收入差距形成和发展中的作用。如果想弄清数字化影响收入差距的具体机理，我们必须依托现有理论对其进行阐释。在本研究中，我们利用人力资本理论、数字资本理论和媒介使用满足理论尝试性地分析了数字化影响收入差距的路径。显然，此举有助于我们加深对数字化与收入差距间关系的理解和把握。

第三，实证分析方法。本研究利用计量统计分析方法进行实证分析。

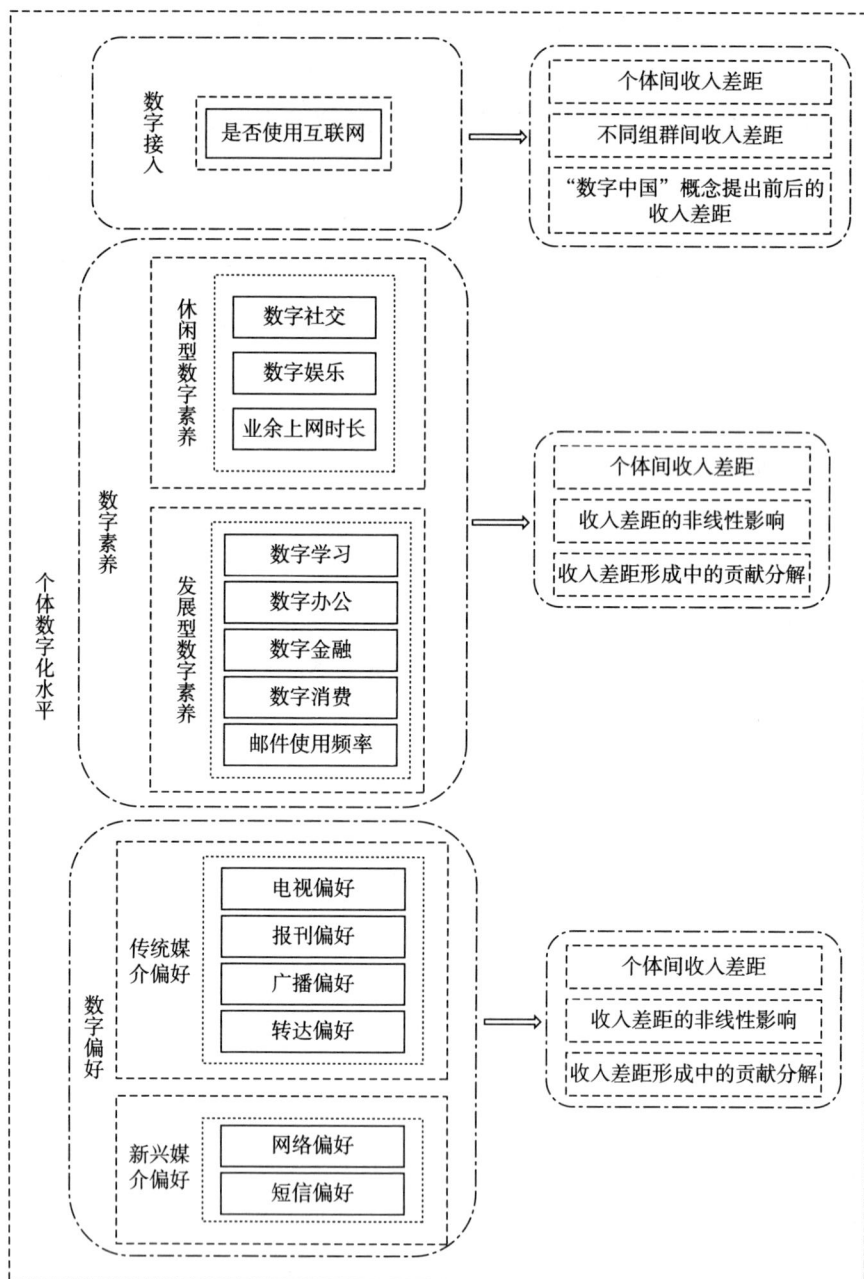

图 1-2　本研究的整体框架

在本研究中，我们利用微观调查数据实证分析和检验了数字化与收入差距之间的关联。具体来讲，在研究主体部分，我们利用实证研究方法分别检验了数字接入、数字素养和数字偏好与收入差距之间的关联。在这个过程中，我们严格遵循量化实证研究逻辑，通过规范和标准的计量统计分析进行结果估计。

第四，比较分析方法。首先，我们比较了数字接入、数字素养和数字偏好对收入差距的不同作用；其次，我们比较了休闲型数字素养和发展型数字素养对收入差距的影响差异，以及传统媒介偏好和新兴媒介偏好对收入差距的影响差异；最后，我们比较了不同特征群体收入差距形成中数字化的作用差异。总而言之，比较分析方法贯穿研究的始终，使研究得以顺利展开。

第二章 数字分配：理解收入差距的新路径

第一节 数字分配的时代激活

一 数字化发展的时间加速

数字化的形成与现代通信技术的发展密切相关，特别是无线通信网络的高速发展。从 1G 到 5G，通信网络逐步朝着摆脱有线限制、以用户为中心转变。强大的通信技术使人们瞬间交互的广度和深度迅速发展，构成推动数字化进程的重要技术基础（王文、刘玉书，2020：42）。但是，究竟数字化的发展应该从什么时间开始算？要想清楚地回答这一问题，必须先对"数字化"这一概念有比较清楚的认识和理解。通过梳理文献可以看到，"数字化"概念最先由自动化领域专家进行阐释。2007 年初，国内自动化领域专家向《电气时代》期刊反映，业界日常交流过程中经常遇到"数字化"、"自动化"、"信息化"与"智能化"概念界定不清的问题。因而，该刊在 2008 年的第一期中特约中国自动化学会专家咨询工作委员会林军对上述几个概念进行了专门梳理。他指出，"数字化"、"自动化"、"信息化"与"智能化"之间既有区别又有联系。所谓数字化（digitalization），一般是指借助计算机信息处理技术，将声、光、电、磁等信号转换成数字信号，将语音、文字和图像等信息转换成数字编码，在此基础上进行传输和处理的过程。从某种程度上而言，从数字计算机诞生之日算起，人类就已经进入数字化时代了（林军，2008）。

虽然林军对数字化的相关概念进行了梳理，但他对数字化的解读未免有些窄化，数字化的内涵远不止于此。限于内容安排，这里不作过多解读。从最宽泛的意义上讲，以计算机革命为标志的第三次工业革命基本上可算作数字化进程的起步阶段。但严格来讲，数字化进程应该可以从以互联网变革为标志的第四次工业革命算起。也就是说，我国的数字化进程在20世纪90年代才算真正起步。从改革开放到20世纪90年代初，基本上只能算作数字化发展的前期准备阶段。从20世纪90年代开始，我国的互联网才开始进入大规模建设和商用化阶段。在这个时期，我国建成了公用计算机互联网，并开始为全国提供商业化接入服务，数字化进程才算真正起步。数字化在我国的形成和发展，除了与信息通信技术的发展有关之外，还有几个比较重要的原因：其一，前三十年计算经济的发展为中国在数字化时代的跃迁奠定了扎实的基础；其二，中国的制度优势与组织学习能力契合信息技术革命的要求；其三，男女平等政策强力持续推进，为数字化时代提供了重要的前进动力；其四，中国抓住了"反计算霸权"这一信息技术革命的关键力量（王文、刘玉书，2020：51~57）。也就是说，数字化在我国的发展演变，既有组织制度和社会发展的原因，也有国际竞争带来的压力。截止到目前，以数字技术变革为基础的数字化引发了轰轰烈烈的数字革命，数字化成为引领创新驱动发展的先导性力量。无论是国际竞争还是国内发展，都离不开数字化的参与。不断推陈出新的数字化已经与人们的日常生活高度融合，机器人、基因技术、大数据、云计算、万物互联和物联网、机器学习与人工智能等各种技术应用场景随处可见，国家的计算力也大幅增强。在数字化的加持下，国家经济社会发展的步伐明显加快。为进一步加快数字化发展，党和国家相继出台系列支持政策。在2006年，中共中央办公厅和国务院办公厅共同印发《2006—2020年国家信息化发展战略》①；在2013年，工业和信息化部印发《信息化和工业化

---

① 《中共中央办公厅 国务院办公厅关于印发〈2006—2020年国家信息化发展战略〉的通知》，https://www.gov.cn/gongbao/content/2006/content_315999.htm，最后访问日期：2025年2月14日。

深度融合专项行动计划（2013—2018 年）》[①]；在 2016 年 7 月，中共中央办公厅和国务院办公厅共同印发《国家信息化发展战略纲要》[②]；在同年 12 月，国务院印发《"十三五"国家信息化规划》[③]；在 2019 年，国务院办公厅印发《国家政务信息化项目建设管理办法》[④]。2021 年发布的《纲要》用专门的篇幅提出了"建设数字中国"[⑤]。可以预见，在党和国家的大力支持下，我国的数字化水平将得到大幅提升。与蒸汽机、电气、电子技术等对人类生产方式的变革不同，数字化是对人本身的变革，人的思维、认知、情感乃至道德在数字化进程中基本上都会受到巨大的影响。在数字时代，"数字公民"不断涌现，并成为推动社会全面变革和进步的重要力量。

二 数字化功能的多元竞合

近几年，学者围绕数字化发展与转型展开了比较丰富的研究和讨论，这为人们深化对数字化的理解和认识奠定了扎实的基础。与前数字化时代相比，数字化时代有特殊的表现。在数字化时代，计算机和网络已经逐渐取代传统的书写和运输工具，成为对信息进行加工和运输的主要载体。任何信息对象，无论是数字、文字或符号，还是声音、图形或图像，都可利用"比特"来实现信息的加工和传输。基于网络传播的特点，数字化信息具有明显的开放性。不仅如此，人们还可以相当主动地接受和消费信息（蔡曙山，2001）。尼葛洛庞帝（Nicholas Negroponte）（1997：269）认为数字化存在四个强有力的特质，分别是"分散权力、全球化、追求和谐和赋

---

① 《工业和信息化部关于印发信息化和工业化深度融合专项行动计划（2013—2018 年）的通知》，https://www.gov.cn/zwgk/2013 - 09/05/content_2481860.htm，最后访问日期：2025 年 2 月 14 日。

② 《中共中央办公厅 国务院办公厅印发〈国家信息化发展战略纲要〉》，https://www.gov.cn/zhengce/202203/content_3635222.htm，最后访问日期：2025 年 2 月 14 日。

③ 《国务院关于印发"十三五"国家信息化规划的通知》，https://www.gov.cn/gongbao/content/2017/content_5160221.htm，最后访问日期：2025 年 2 月 14 日。

④ 《国务院办公厅关于印发国家政务信息化项目建设管理办法的通知》，https://www.gov.cn/zhengce/zhengceku/2020-01/21/content_5471256.htm，最后访问日期：2025 年 2 月 14 日。

⑤ 《中华人民共和国国民经济和社会发展第十四个五年规划和 2035 年远景目标纲要》，https://www.gov.cn/xinwen/2021-03/13/content_5592681.htm，最后访问日期：2025 年 2 月 11 日。

予权力"。数字化作为一种权力规则，直接冲击现有的权力秩序，并重构新的关系规则。

但是，数字化在不同领域的功能和特征是存在差异的，我们不能笼统地对数字化的功能及特征予以概括。数字化存在于生活的时时处处，我们从方方面面都能感受到它（迪亚斯，2020：1）。在经济领域，数字化具有促进连通性、提高匹配性、累积增值性和外部经济性等特征，能够在促进产业发展方面发挥重要作用。同时，数字化还具有创新性、渗透性和带动性等优势，能够打通上下游产业链，加速与传统企业的融合（杜庆昊，2021）。在发展平台经济时，数字化还具有去中心化、双向匿名评价、实时定位和在线监控等特性，能有效链接潜在供给与需求，提高资源供给与需求之间的匹配精准度和匹配效率，扩大供给者与消费者的选择空间，大幅降低产品和服务的价格，提高产品和服务的质量和安全性，进而促进平台经济的发展（张茂元，2021）。随着数字化与经济发展的深度融合，数字经济也日渐兴盛。目前，数字产业化和产业数字化已经成为数字经济发展的核心（肖旭、戚聿东，2019）。有学者指出，数字经济有效融合了"规模经济"和"范围经济"，颠覆了企业的盈利模式；同时，数字经济通过机制创新改变了市场结构，使买卖双方在近乎完全竞争的市场上完成交易；此外，数字经济还扩展了经济计划配置资源的边界，促进了政府与市场的融合（杨新铭，2017）。很明显，数字化在经济领域有着巨大的发挥空间。在发展效用上，数字化在经济领域的发展拓宽了当前的消费半径，减少了交易摩擦和成本，同时也促进了资源分配。除此之外，还有一个非常明显的特征，即数字化使得经济领域涌现出大量的新兴职业。当前，在供给层面以人工智能、大数据工程技术人员、数字化管理师、供应链管理师等为代表的数字技术和企业高质量发展类新职业应运而生；在需求层面以网约配送员、互联网营销师、调饮师、健康照护师和食品安全管理师等为代表的满足人民日益增长的美好生活需要的与健康、食品安全相关的新职业也相继出现。这意味着，在新一轮数字技术与实体经济相互融合的过程中，我国出现了大量的"数字劳工"。依托数字经济的发展，我国经济循环呈现出生产智能化、流通网络化和消费数字化的新特征（丁述磊、张抗私，2021）。

事实上，数字经济只是数字社会的侧面反映。有学者对数字社会的含义进行了界定，认为信息社会、互联网社会和智能社会等概念普遍具有阶段性、局部性甚至空泛性。因而，我们利用数字社会的概念对数字技术发展形态进行总体性概括是比较合适的（陈刚、谢佩宏，2020）。但从狭义上理解，数字社会可以特指数字生活，即数字化对日常生活带来的深远变革。正如雅斯贝斯（2008：6）所言："群众生活必需品的供应并不是按照一个统一的计划进行的，而是一个极为复杂的系统的结果。在这个系统中，合理化与机器化将无数来源不同的因素汇合成巨大的洪流。这样得到的总结果不是一种把人当作低级动物的奴隶经济，而是一种由独立人格形成的经济。"实际上，所有人都已经被数字化了。无论我们是否愿意，也无论我们是否已经意识到，我们都已带有数字化转型的"基因"，只是不同的个体程度有所不同而已。没有人能假装在反数字化的庇荫下生活，也没有人能对摆在我们面前的现实视而不见、置身事外。（迪亚斯，2020：10）尼葛洛庞帝（1997：15）也曾说过："计算与计算机无关，而与生活有关。"在万物互联中，人与物的数据的产生都是自动的，从而可以对人的行为偏好与物的运动倾向形成较为客观的数据化表象，然后通过意义互联在具体的语境和局域中获得理解（段伟文，2015）。数字化具有超越性，不仅使人类沉浸于感觉的体验中，而且也由之延展到现实生活，并直接改变了人类的日常生活规则（赵建超，2021）。如今，数据分析、移动社交和云计算已经构成数字生活的基础，同时，在几者的合力作用下，形成了我们所体验和感受到的数字个体、数字互动、数字广告、数字健康和数字消费等（迪亚斯，2020：10~13）。有学者用"流量社会"来定义当前的社会形态，并借此强调移动数据流量与社会生活的嵌入与耦合。很明显，这与强调数字时代中社会的可计算性不谋而合。"流量社会"完全可以视为数字社会的特定表现和反映，生产的即时性和日常生活的商品化这一流量社会的典型特征也成为数字生活的本质表现之一（余伟如，2020）。人们时时刻刻都在通过在线社交、娱乐和消费等方式产生大量信息数据，而关联企业也借由数字化手段精准地对接和服务个体的日常生活需求，实现服务供给和需求的无缝连接。显而易见，数字技术与日常生活的深度捆绑给人们带来了极大的便利。

不过，数字化也给社会带来了新的风险和挑战。比如，随着数字化与社会生活的深度融合，利用数字化手段从事非法活动和隐私泄露的事件越来越多，而这给当前的社会治理带来了严峻的挑战。但是，数字化作为赋能手段，也为社会治理转型升级提供了新的机遇、条件和契机。如今，数字政府建设成为推动国家治理体系现代化的重要环节。数字政府是信息化政府、管理网格化政府、办公自动化政府和政务公开化政府。基于数字化的客观性、科学性、精确性和可追溯性等特性，数字政府建设使得政府决策更加科学化、社会治理更加精确化、公共服务更加高效化、政府治理更加民主化（周文彰，2020）。

第二节　数字分配的路径依赖

多年前，尼葛洛庞帝（1997：13）就曾说道："从原子到比特的飞跃已经势不可当、无法逆转。"当我们的工作生活完全围绕比特展开时，我们就进入了数字时代。数字化的发展给我们带来了诸多好处，比如数据压缩和纠正错误，尤其是在非常昂贵或者杂音充斥的信道（channel）上传递信息时，这就显得非常重要了。但如前文所述，数字技术的不断革新使数字化以史无前例的速度渗透进我们的工作生活中，并深刻影响着我们的认知、行为、心理和健康等方方面面。无论我们是主动进入还是被动进入数字社会，毫无疑问，我们的工作生活都与数字化深深捆绑。目前，学界已经开始关注数字化给社会带来的变革和影响。但从整体来看，目前关于数字化的研究是比较匮乏的。一方面，学界主要是从宏观理论层面探讨数字化给社会带来的变革和影响，较少有研究从实证层面探讨数字化对社会产生的作用和影响；另一方面，学界在关注数字技术对社会的作用时，主要从实证层面探讨是否使用互联网和互联网使用频率对社会的影响。但需要指出的是，是否使用互联网和互联网使用频率与数字化之间并不能直接画等号。从本质上讲，是否使用互联网和互联网使用频率只是数字化发展的两个维度。尽管只有较少的研究从实证层面探讨了数字化对社会的作用和影响，但从与数字化相近的实证研究中，能在某种程度上窥探到现实社会中数字化的强大力量和作用。我们不难发现，而且可以基本断定的是：数字时代已然到来，数字化与日常生活已经深度融合，并且已经对社会个体进行了全面俘获。鉴于直接探讨数字化对社会的影响的研究不多，我们在文献梳理时主要从与数字化相近的研究入手，希望从侧面反映数字化对社会个体的俘获。

一　社会认知的数字俘获

在数字时代，随着计算机使用的日益普遍，人们的社会认知结构和模式也经由心理结构的改变而不断发生变化。研究发现，数字化已经全面俘获个体的社会认知（Firth et al.，2019；Sparrow and Chatman，2013）。从词源上看，社会认知指的是个体对社会性客体和社会现象及其关系的感知和理解。根据对象的差异，社会认知可以分为自我认知、人际认知、群际认知以及以社会决策为核心的社会事件认知（李宇等，2014），而其中个体的信任、人际交往和社会认同等都是社会认知的重要表现形式。目前，个体的信任、人际交往和社会认同与数字化之间存在某种关联已经得到学界的证实。研究表明，数字化与信任、人际交往和社会认同之间都存在显著关联。对于信任而言，以互联网使用为表征的数字化会从整体上影响个体的信任水平。具体来看，人们的社会信任、机构信任和政府信任都会受其影响。有学者利用微观数据发现，互联网使用会显著负向影响居民的社会信任，但是，劳动收入、受教育年限和社会阶层预期会对二者的关系产生调节作用。当个体拥有较高的劳动收入、受教育程度和社会阶层预期时，互联网使用对个体社会信任的负向影响会变小（赵建国、王嘉箐，2021）。有研究指出以互联网使用为表征的数字化会负向影响政治信任，很大程度则源自个体对海外"另类媒介"① 的接触程度和网上公共事务的参与程度。当接触海外"另类媒介"或参与网上公共事务相对比较频繁时，个体的政治信任水平则会相应降低（游宇等，2017；张明新、刘伟，2014）。当然

---

① "另类媒介"指国外宣扬与我国主流意识不同甚至完全相反的声音这类媒介。

也有学者持反对态度，认为以互联网使用为表征的数字化会通过影响政治表现评价、政府权威和内部效能来提升个体政治信任水平（Lu et al.，2020）。不难看出，以互联网使用为表征的数字化会潜移默化地改变个体的心理结构、认知范式和信息加工偏好，使得个体的认知状况和模式产生系列变化。如果人们没有正确使用互联网，则很容易造成认知塌陷或信任危机。

事实上，数字化既会产生积极影响，也会导致消极后果。因而，数字技术使用过程也是不断反思数字化的过程。人类文明发展到今天，数字化交往可以说是人类交往史上的巨大进步。数字化交往使人们在交往过程中获得了一种全新的体验。一方面，数字化不仅能突破时空限制，拓展现代人际交往面，开拓人们的视野；另一方面，数字化也能基于连接性、匿名性、去中心性和无直接利害冲突性等特征，在"虚拟空间"中隐藏自己的身份，即时和无差别地与他人进行互动和交流（姬广绪、周大鸣，2017；宋巨盛，2003；姚登权，2011）。很明显，数字技术的发展，引起了人们的生存方式，尤其是交往方式的变革。在数字化加持下，人际交往呈现出交往主体"自由"和"异化"背反、交往手段文字和图像并重、交往形式现实和虚拟交错、交往情感归属感和孤独感变奏、交往思维创造力增强和丧失共存等特征（周静，2019）。但并非所有学者都认可此观点。有学者表示，以互联网使用为表征的数字化没有从根本上改变人际交往的启动和发展模式，但在场域、个人隐私和信任机制等领域却极大地改变了人际交往的秩序（李桐、罗重一，2018）。虽然学界存在不一致的观点，但不可否认，人际交往秩序和模式在数字技术的深度参与下已经进行重组。

另外，数字化的匿名性除了能扩大人际交往范围之外，对社会认同也会产生正向效能。有学者表示，基于数字化的匿名性和去个性化特征，数字化对团体认同和凝聚力的产生也存在显著的正向功能（周骥腾、付堉琪，2021；Spears，2021）。研究者在青年群体中发现，移动社交媒体的使用会提升青年的自我认同。换言之，随着移动社交媒体使用频率的提升，青年群体的自我认同也随之提升。对于移民群体而言，这一效应会更加凸显（Wang et al.，2021；van Eldik et al.，2019）。除了社交媒体使用之外，以互联网使用为表征的数字化也会影响青年的阶层认同，进而形塑青年的主观阶层认知。互联网使用越频繁，青年的阶层认同感知越高，主观阶层认知也会越高（黄丽娜，2016）。不过，数字化具有两面性，除了对社会认同产生积极作用之外，也可能产生消极影响。有学者认为，虽然数字平台的出现为个体表达提供了自我呈现空间，但数字平台上存在多样化的网络虚拟群体和详尽且深入的负面信息，产生个体社会认同的各个心理环节都深受影响，进而会降低个体的社会归属感和认同度（王文彬、吴海琳，2014）。此外，数字环境也会对社会认同造成负面影响。目前，网络社会规范还存在不稳定的特征，而这极易导致社会认同的分化（陈虹等，2016）。目前来看，无论是信任水平、人际交往还是社会认同，其发展演变都与数字化发展深度捆绑。在数字技术的革新过程中，数字化已经完成对社会认知的全面俘获。

二　社会行为的数字俘获

正如安东尼·吉登斯所说，研究行为不可忽视行为所处的场域，因为行为的发出者需要基于其所身居的场域来诠释和维系行动的意义，只有当具有明确的互动场景，对"所期待"的行为方式有特别严格的规范判断时，谈论角色才有价值（吉登斯，1998：85）。随着数字技术的深刻变革，人们进行生产、生活实践的生存场域也会发生独特变化，这使得人们的社会行为进一步受到重塑（王仕民、黄诗迪，2020）。作为技术媒介和连通枢纽，数字化正在逐步探索和开辟更接近真实行为和互反馈情境的机制，促使经济理论研究重点从资源配置、要素流动转移到人的行为。现代社会的发展进步，很大程度上得益于数字技术的不断迭代变革。在数字时代，数字化发展为人们创设了全新的实践场域。无论是数字用户抑或非数字用户，都不可避免地主动或被动地卷入由数字化建构的社会空间中。目前国家正大力发展的人工智能大抵是特定空间对数字化手段的创新性运用。在新的实践场域，人们的社会行动不仅被重新定义，而且可以从烦琐复杂的社会中解放出来。面对现实复杂情境中的决策，数字化能在根源层面，沿动态演变的过程逐层打开社会行动黑箱，理顺群体决策乱麻，同时贯通微观宏观层次，遍达全程关键节点，破解复杂决策的密码（王国成，2021）。

换言之，数字化作为技术支撑手段，深度参与了社会行动的决策过程。从某种意义上讲，马克思所言的"人类行动的解放"在数字时代得到了最为切近的诠释，人们至少有机会摆脱简单劳动的束缚。不过在某些特定时间，社会行动并不会主动拥抱数字技术的发展革新。无论是个体行动还是集体行动，都在一定程度上存在失范的风险。正因如此，社会行动的秩序规范成为数字化发展的重要功能。抽象地讲，数字化具有规训功能，能在一定程度上减少失范行为的发生概率，规范特定社会空间的活动秩序。个体无论是主动卷入抑或被动卷入，都生活在由数字技术构建的规训空间。有学者利用2006~2015年的省级面板数据，实证检验了数字化对环境治理绩效的影响。结果发现，数字化具有明显的"增效"作用，能显著提升环境治理绩效（庞瑞芝等，2021）。虽然数字化对环境治理绩效的作用在不同区域间存在异质性，但是数字化对社会行动存在明显的引导和规制意图。

从本质上讲，以数字技术变革为基础的数字化只是一种手段，数字化在人们日常生活实践中究竟发挥什么样的作用还要取决于使用的人。对于社会治理主体而言，数字化更多的是发挥规训功能，即引导普通民众践行符合日常生活逻辑和道德规范的行动；对于普通大众而言，数字化更多的是发挥激活功能，即助力社会个体更好地满足自我的合理需求。如今，无论是主动还是被动，社会主体都被卷入数字化建设的轨道中。社会主体行动效能发挥空间很大程度上与其数字化水平是相匹配的。当前，数字化已经成为行动主体在现代社会出奇制胜的有力法宝。

目前，大量研究已经探讨了数字化对不同行动主体的作用和意义，深入剖析了数字化对社会行动的俘获意义。具体而言，对于农民来讲，数字技术向农村地区推进使"传统农民"向"数字农民"转变。目前，数字基础设施建设和互联网普及率在农村地区都已经达到非常高的水平，农民的数字素养水平也得到相应提升。在这个过程中，农民参与数字购物、数字医疗、数字生活服务和数字出行的行为越来越频繁（苏岚岚、彭艳玲，2021）。在数字直播浪潮下，农民直播带货也屡见不鲜。可见，农民的行动逻辑与数字技术的发展逻辑是一脉相承的。对于老年群体而言，媒介传播在数字时代对老年群体的再社会化起着关键作用。如果将体育锻炼作为老年群体再社会化的预测指标的话，人们会发现互联网使用与老年群体的锻炼频率和锻炼强度之间呈现显著的正相关关系。随着老年人互联网使用频率逐渐增强，老年人的学习状况也会越来越好，进而老年人的体育锻炼频率也会越来越高（王世强等，2021）。目前，越来越多的老年人开始拥抱数字经济。研究发现，随着互联网使用频率的提高，老年人的就业参与程度也会显著提升（吕明阳等，2020）。但整体来讲，当前的数字使用环境是不利于老年人的，老年人在数字使用过程中还存在各种问题。大多数老年人是被动卷入数字时代的，日常生活场景中的数字化应用使他们在非数字化社会的行动经验不再适用，而新的行为习惯和模式又难以建立。因而，国家正在大力进行数字适老化改造，使老年人也能享受同其他年龄群体相似的数字服务。对于育龄群体而言，数字化也存在明显的抑制作用。研究发现，以互联网使用为表征的数字化会显著影响育龄群体的人口再生产行为。互联网使用频率越高，育龄群体的生育意愿越低，尤其是对于已经有生育史的个体更加明显（王小洁等，2021）。对于年轻群体而言，数字化发展既是机遇又是挑战。在数字经济时代，互联网技术已经成为人类不可或缺的重要组成部分。互联网催生的新业态和商业模式是利用数字技术对数字经济时代新需求和新供给的高效匹配，不仅拓宽了就业渠道，而且满足了个体工作方式灵活性的需求，原则上个体可以根据自己的价值偏好和工作指向自主地选择工作内容和工作时长，这对于平衡工作和家庭，实现自由劳动大有裨益。但也应看到，在数字时代的算法控制下，人们很容易陷入"数字陷阱"不能自拔，社会行动的自我实现和自我满足常常被异化为对自我的剥削（韩民春、韩青江，2020；杨伟国、王琦，2018；Bauernschuster et al.，2014）。数字化对社会行为的形塑作用体现在许多方面，比如数字化与消费行为和政治行为都存在密切关联（孙根紧等，2020；王玥、孟婉荣，2020；周应恒、杨宗之，2021；臧雷振等，2013）。随着数字技术的变革，人们的社会行动背后也逐渐呈现数字化的身影，数字行动已经成为社会行动的重要特征。换言之，人们的社会行动已经被数字化俘获，数字化成为现代社会赋能个体社会行动的重要手段。

三　社会心理的数字俘获

社会行动的发生与社会生活实践场域存在密切关联。但从发生机制上看，社会行动的发生主要源自社会生活实践场域对个体社会心理结构的型构和改变。不难发现，人们的社会心理首先受到数字技术变革的影响。随着数字技术的普及和推广，数字社交、数字购物、数字娱乐等新型社会交往和消费娱乐方式成为现代社会日常生活的基本逻辑。依托于互联网平台，身体缺场、摆脱时空界限的社交从想象变为社会现实。研究表明，网络交往的特殊性质，如匿名性、缺乏产生社交不适感的视觉指标、身体缺场性等，会促进人们不自觉进行自我表露。网络能够满足人们在传统的线下社交环境中无法满足的社会和情感需求。在身体缺场的网络环境中，人们可以在网络中随意改变身份，扮演另一个人（罗青等，2013）。同时，基于自我需求和个人偏好，人们可以在网络中进行精致地自我呈现，短暂逃离现实生活的压力。显然，数字技术的深入发展为人们提供了情感交流的空间场域，对于调适社会情绪、调节社会压力和调整社会心态具有重要的作用。

近年来，有学者探讨互联网技术发展对人们的幸福感、满意度和心理健康等方面的影响。研究表明，互联网使用能显著提升城镇居民和农村居民的幸福感水平，并且随着互联网技能的提升，幸福感提升效应更大。机制分析发现，互联网使用通过提升社会认同，丰富日常生活，提高社会网络质量，促进网络政治参与，拉近社会距离和降低社会疏离感等途径，有效提升了居民的主观幸福感。同时，由于城乡之间存在互联网发展差异，在互联网发展程度较高的城镇地区，幸福感存在明显的边际递减效应。有研究发现农村地区的幸福感提升效应是明显强于城镇地区的（陈鑫、杨红燕，2021；张京京、刘同山，2020；祝仲坤、冷晨昕，2018）。不过也有研究得到了相反的结论，认为以互联网使用为表征的数字化对居民主观幸福感会产生显著的负面影响。他们认为，在积极心理学中，幸福感是建立在个人对自身的信念评估基础上的，如果个人对自身的信念评估是负面的，那么互联网对幸福感的影响应该也是趋于负面的（Çikrıkci，2016；

Diener et al.，2000；Kraut and Burke，2015）。对于居民健康而言，以互联网技术为表征的数字化对居民健康存在显著的正向影响。互联网作为一种信息渠道和社交工具，在居民的社会交往、信息获取和休闲娱乐等方面发挥着重要作用，而居民在这些方面的改善对于提升健康水平是极有帮助的。研究表明，相比不使用互联网的群体，使用互联网的居民自评非常健康的可能性会上升3.9%，没有身体疼痛的可能性会上升2.7%，情绪改善的可能性会上升0.75%，遭遇伤病和住院的可能性分别会下降1.3%和1.1%（徐延辉、赖东鹏，2021；杨克文、何欢，2020）。人们常说的健康既包括身体健康又包括心理健康，从某种程度上而言，以互联网技术为表征的数字化是通过改善人们的心理健康状况而作用于身体健康的。换言之，互联网技术对于人们的心理重建和复原具有非常重要的作用。研究表明，互联网使用对老年人心理健康具有明显的促进作用（王鹏，2014；Yuan，2021）。这一研究结论与美国学者的研究结论基本一致（Cotten et al.，2014），均认为互联网使用与老年人心理健康之间存在显著的正向关联。随着互联网逐渐向老年群体渗透，互联网的健康效应在老年群体中也逐渐显现出来。但是，目前的数字环境对老年人还不够友好，导致互联网技术的正向积极效应在老年群体中并未有效地显现出来。因而，学习技能对于老年人成功拥抱数字环境显得尤为重要。如果老年人有较强的学习能力，就能快速地学习数字技能并在现实生活中有效利用。一般而言，文化程度较高的老年群体相应地也会拥有较高的数字使用能力。对这部分群体而言，他们能从外界不断学习新理念和新技能并快速地适应社会环境。研究已经发现，学习能力在互联网使用和老年人心理健康之间发挥着重要作用（赵建国、刘子琼，2020）。

比较直观的是，以互联网技术为表征的数字化对民众的满意度存在显著影响。在数字经济时代，数字化已经实现了对工作场域的全面渗透，而利用数字化手段提升员工工作效能就成为产业数字化的重点任务之一。既有研究发现，基于工作目的使用数字化手段时，数字化会通过影响收入、教育、职业类型、自主性和时间压力等多个方面进一步影响员工的幸福感和满意度（Castellacci and Vinas-Bardolet，2019）。在传播媒介领域，随着数字技术的迭代创新，经由传统媒介和新媒介融合而成的"数字媒介"开始逐渐兴起。传统媒介在数字时代进行转型升级后，不断焕发新的生机和活力。有研究表明，传统媒介在数字时代依旧显著正向影响公众对社会的道德评价，这在很大程度上源自传统媒介的数字化改革。只不过，以互联网技术为基础的数字化对满意度的影响在不同群体之间是存在差异的。对于老年人而言，对数字化的满意度显然是比较高的。研究表明，老年人使用互联网不仅能提高其自评健康、心理健康和社会适应水平，也能促进和提升老年人的社会参与度和生活满意度（靳永爱、赵梦晗，2019）。互联网使用能显著减少老年人患抑郁症的概率，这对于提升老年人的精神健康水平和生活满意度显然具有重要意义（Cotten，2014）。除此之外，互联网使用还能通过提升老年人的社会参与度来影响老年人的生活满意度（杜鹏、汪斌，2020）。对于青少年群体而言，研究发现社交媒体会显著负向影响他们的身体满意度。注重外表的青少年使用社交媒体越频繁，越容易产生较低的身体满意度（Jarman et al.，2021）。显而易见，数字化带来的不仅是社会行为的改变，也是社会心理的深刻变革。如今，从个体社会心理到社会心态，都已经被数字化全面俘获。

第三节　数字分配的过程参与

自改革开放以来，中国取得了令世人瞩目的伟大成就，用几十年时间走完了发达国家几百年走过的工业化历程。在这个过程中，除了我们所熟知的市场化、工业化和城市化等动因之外，数字化也是不可忽视的动力和引擎（吴晓刚，2021）。20世纪90年代，我国数字化发展才刚刚起步。截止到目前，我国数字化发展也才短短三十多年的时间，却已经全面渗透到生活的各个领域，并深刻影响和改变着人们的生产生活方式。在新一轮科技革命下，数字化与实体经济深度融合，成为促进经济增长、结构转型和产业升级的新动力。一方面，它影响着生产资料的演进，改变着传统的生产关系和生产方式；另一方面，它影响着分配方式的变迁，深刻影响着既有的收入分配格局（韩文龙、陈航，2021）。在未来可预见的日子里，数字化将成为调整收入分配格局，推动经济社会高质量发展的关键引擎。众所周知，缩小收入差距和完善收入分配制度已经成为新时代新征程重要的战略任务安排。从收入差距的形成动因来看，除了政治体制和经济体制等因素外，近些年不断发展的数字化或许是影响收入差距的新的环境性因素和结构性力量，这为我们理解当下的收入差距提供了新的视角。目前，数字化已经完成对社会个体的全面俘获，无论是主动还是被动，人们无时无刻不生活和工作在被数字化包围的社会场域中。因而，我们有理由相信，数字化会影响人们的收入，并进一步影响收入分配过程。在这部分，我们将探讨数字化对收入和收入差距的影响，借此揭示数字化对收入分配过程的全面介入，我们称这个过程为"数字分配"。目前，学界主要关注以互联网使用为表征的数字化对收入和收入差距的影响。从现有研究中，我们总结了有关数字分配的几种观点。

一 积极论：收入分配中的数字红利

持积极论的学者认为，数字化对经济收入增长具有显著的正向影响。早在 20 世纪 90 年代，就有研究发现，个人电脑的使用能带来平均 25%～30% 的额外工资收入（Krueger，1993）。该研究基本上可算作学界关注信息技术对收入产生影响的奠基之作。此后，学者纷纷开始关注信息技术发展对收入带来的潜在影响。目前，学者普遍认为信息技术发展会提高劳动者的工资收入（Goldin and Katz，2007）。只不过，电脑的使用和普及只能算作数字化建设的初级阶段，而以互联网技术的发展变革为代表的数字技术发展才真正意味着数字化进程的开始。自 20 世纪 90 年代引进互联网技术以来，我国就出台了一系列政策促进互联网技术的发展。2000 年左右，国内学者开始关注以互联网使用和普及为代表的数字化对收入带来的影响。有学者利用 2010 年和 2014 年中国家庭追踪调查数据进行分析后发现，互联网使用可以带来额外的收入回报。其中，有学者研究指出互联网使用可以带来 12.1% 的额外收入回报。当个体将互联网作为学习、工作的重要辅助工具或者获取信息的主要渠道时，在同等情况下可获得更多收入溢价。有研究者分析指出互联网使用可以带来 23.99% 的额外收入回报（华昱，2018；

蒋琪等，2018）。在此基础上，有学者利用 CFPS2010、2012、2014、2016 四个年度的微观数据进行实证分析后发现，互联网使用和使用互联网开展学习、工作、社交对个体收入流动性也具有显著的促进作用，同时随时间推移呈现出作用增强的特征（韩长根、张力，2019）。除了利用中国家庭追踪调查数据之外，有学者利用中国综合社会调查数据也得到了相似的结论。研究发现，互联网使用可以使个体收入增加 40%，工具变量回归结果表明互联网使用可以使个体劳动收入增加 45.5%（李飚，2019）。在考虑抚幼负担的负向调节后，有研究仍发现互联网使用具有显著的增收效应，在经过一系列稳健性检验后，该结论仍然成立（吕祥伟、张莉娜，2021）。虽然不同学者估计的收入效应存在差异，但普遍得到了较为一致的结论，即以互联网使用为代表的数字化水平对收入具有显著的积极影响。

由于人们在获得和使用信息与通信技术的机会上存在差异，互联网技术的收入效应对不同特征的群体而言也是存在差异的（李怡、柯杰升，2021）。对于不同户籍的劳动者而言，城镇户籍劳动者使用互联网获得的额外工资回报很明显要高于农村户籍劳动者。研究表明，二者除了在人力资本水平和互联网使用内容方面存在差异外，掌握的网络信息渠道也存在差别（华昱，2018；毛宇飞等，2021；文小洪等，2021）。对于不同年龄和受教育程度的人而言，高学历者和新生代群体在互联网使用过程中获得的回报更多，而认知能力在其中起着非常重要的作用（华昱，2018；蒋琪等，2018）。对于女性而言，互联网使用能显著提高其收入水平，且对未婚女性的收入影响更大（曹景林、姜甜，2020；冯喜良等，2021；吴磊等，2021）。研究发现，如果从劳动技能特质入手，互联网使用对低技能群体的收入补偿作用更大，而对中高技能群体的影响则不显著（李飚，2019）。对于农户而言，互联网使用也能显著提高其收入水平。相较于不使用互联网的农户家庭，使用互联网的农户家庭收入提高的比例约为 21.2%。同时，与户主年龄较大、距离县城较近和种植粮食作物的家庭相比，互联网使用对户主年龄较小、距离县城较远和种植经济作物家庭的增收效应更明显（孙华臣等，2021）。整体而言，学界普遍认可以互联网使用为代表的数字化可以提高农户收入，尽管学界在互联网使用对农户收入的异质性影响方面尚未达成一致。通过上述文献梳理可以发现，互联网使用带来的收入增长在女性群体、农村地区、低技能群体中更加明显。换言之，以互联网使用为代表的数字化具有缩小收入差距的作用。伴随着数字化发展，数字产业化和产业数字化加速推进，数字经济已然成为促进国民经济增长的关键力量。数字经济不仅可以直接缩小城乡收入差距，还能通过促进劳动力流动而间接地缩小城乡收入差距，表现出"数字红利"（刘军，2021）。其中，数字普惠金融是数字经济的重要组成部分，也是数字化的重要表征。研究发现，数字普惠金融的发展总体上会改善民众收入差距状况，它不仅能有效缩小城乡间的收入差距，而且也能有效缩小地区间的收入差距（贾娟琪，2019；张呈磊等，2021；张彤进、蔡宽宁，2021；周利等，2020）。相较传统普惠金融，数字普惠金融能显著地改善所在地区的城乡收入差距，短期内还存在显著的全局溢出效应，对邻近地区城乡收入差距也有积极影响（陈啸、陈鑫，2018）。这意味着，以互联网使用和数字经济发展为代表的数字化在收入分配过程中是存在"数字红利"的。

二　消极论：收入分配中的数字鸿沟

虽然以互联网技术发展和数字经济发展为代表的数字化对收入的增长具有促进作用，但并不意味着数字化对缩小收入差距具有积极作用。事实上，数字化与收入分配之间的关系是极为复杂的，不能简单地认为数字化会缩小收入差距，并合理调节收入分配。整体而言，数字化能够促进经济增长，在学界已经达成了基本的共识。但我们关注的是，数字化发展对收入的促进作用是否有利于缩小当前的收入差距，使收入差距保持在合理区间范围，促进社会公平正义。目前，数字化究竟会扩大还是缩小收入差距开始引起学界的广泛关注和讨论，不同学者主要探讨了互联网技术使用和数字经济发展对收入差距的影响。现有研究发现，收入分配过程中存在明显的"数字鸿沟"。换言之，数字化对收入差距不存在抑制作用，从某种程度上而言，它并不能有效缩小当前的收入差距。在数字时代，人们利用移动设备和互联网等数字技术的能力和机会都是存在差异的，这就导致人们分化为"数字富裕者"和"数字贫乏者"

（这里是相对的概念）两大群体。很大程度上，这两大群体存在明显的阶层差异，数字资本通过与其他资本的有效转化，使这两大群体的经济资本差异不断扩大（李升，2006）。实际上，关于数字鸿沟的研究是比较早的。早在 20 世纪 80 年代，数字鸿沟的研究就开始涌现。1995 年，美国《洛杉矶时报》就首次使用了"数字鸿沟"一词。数字鸿沟主要指的是在不同区域、不同行业、不同阶层或不同性别群体中存在的数字差异。整体而言，数字鸿沟包括数字机会差异、数字使用差异和数字知识差异三个层次。目前学界已经证实，数字鸿沟与收入差距扩大是存在某种内在联系的。

有学者认为，中国是一个发展中国家，长期以来面临着二元经济结构问题，在数字时代，数字革命并未像预期那样使贫富差距缩小，反而通过马太效应拉大了城乡收入差距。实证结果也证实了这一观点，学者发现城乡收入差距会与城乡数字鸿沟同方向变动，城乡数字鸿沟每扩大 1%，城乡收入差距就会拉大 0.013%（刘骏，2017）。互联网使用能够给人们带来 14% 的额外收入回报，其中能够给城镇居民带来 20% 的额外收入回报，但给农村居民带来的额外收入回报却不明显（谭燕芝等，2017）。数字化之所以会扩大城乡收入差距，很大程度上源于数字机会差异。在经济发展水平较高的城镇地区，互联网和宽带设备等基础设施获取便利、价格实惠，生活在该地区的民众能便捷地使用互联网；相反，在经济发展较为落后的农村地区，互联网和宽带设备等基础设施获取困难、价格昂贵，生活在该地区的民众在使用互联网上面临较多障碍。显然，在数字接入程度较高的城镇地区，人们能便捷地将数字资本转变为人力资本并对收入产生显著的促进作用，而在数字接入程度较低的农村地区，人们拥有的数字资本较少并很难将其转变为人力资本。因而，互联网使用对农村居民的促增效应很难超过城镇居民（贺娅萍、徐康宁，2019）。这意味着，人力资本差异是影响城乡收入差距的重要因素。因此，如果在地区互联网基础设施建设趋同的情况下，培育互联网人力资本，增强互联网应用能力，将会有效缩小城乡收入差距（张家滋等，2021）。这说明，中国的数字化水平是存在技术偏向的，即呈现"有偏技术进步"。换言之，数字技术对不同特征人群的影响存在明显的异质性。有研究指出，中国的数字变革存在明显的技术偏向，其与收入中的劳动份额呈负相关关系。劳动份额的下降意味着不平等的增加，因而存在技术偏向的数字技术进步是不可避免的，这就导致收入差距扩大在我国成为一个结构性问题（Zhang et al.，2017）。有学者实证分析了互联网使用对农村居民收入和收入差距的影响，发现互联网使用拉大了不同性别、不同受教育水平的农村居民之间的收入差距（刘晓倩、和韩青，2018）。由于农户在人力资本、社会资本、物质资本等方面广泛存在异质性，经转化成为不同水平的"互联网资本"后，网络市场规模的叠加效应催生出农户之间更为显著的数字红利差异（Howard，1995）。此外，在互联网发展程度、社会信任水平及市场化程度较高的地区，互联网使用对农户收入差距的影响也更为显著（刘任等，2022）。因而，数字能力差异与个体自身拥有的数字资本存在密切关联，而数字资本与人力资本、社会资本和物质资本的高低是密不可分的，当拥有较多数字资本时，人们的数字能力就会越强，对收入的促进作用就更强。总而言之，这些学者均相信：数字鸿沟和有偏技术进步对当前的收入差距产生了影响，进而也影响了当前收入分配格局。我们在研究过程中，显然不能忽略数字鸿沟对收入分配造成的影响。

三　阶段论：收入分配中的数字层级

截止到目前，学界依然没有对数字化与收入差距之间的关系形成一致的看法。一方面，学界对数字化与收入差距之间关系的探讨尚不充分，对二者存在的内在关联还没有清楚的认知；另一方面，数字化与收入差距之间的关系本身就较为复杂，学界尚不能从有限的研究中得出确切的结论。学界目前的基本判断为数字化与收入差距之间存在显著关联，但数字化究竟是扩大还是缩小收入差距尚没有明确的定论。对于大部分学者而言，他们更多的是探讨数字化对收入差距是否有影响；如果有影响的话，是存在数字红利还是数字鸿沟。但有少部分学者发现，数字化对收入差距的影响过程存在明显的数字层级。这意味着，数字化在影响收入差距的过程中可能既存在数字红利也存在数字鸿沟。在某个特定的时期，数字化有利于缩小民众收入差距，使收入分配朝着更加合理的方向发展；而在另一个特定时期，数字化可能会扩大民众收入差距，使收入分配格局朝着不合理的方向发展。

有学者基于省级面板数据，探讨了以互联网普及为表征的数字化对城乡收入差距的影响，发现以互联网普及为代表的数字化与中国城乡收入差距之间并非简单的线性关系，而是呈现先增大后降低的"倒U形"关系。目前，中国已经处于"倒U形"曲线的拐点右侧，即处于利用数字技术不断缩小城乡发展不平衡的机遇期（程名望、张家平，2019）。罗超平等（2021）在研究中也得到了相似的结论，他们发现以互联网使用为代表的数字化对城乡收入差距存在显著的"倒U形"影响。从变动趋势来看，数字化对收入差距的影响与"库兹涅茨曲线"的变化趋势是极为相似的。在数字化发展早期阶段，数字技术使用会扩大收入差距，但在数字化发展进入成熟阶段，数字技术使用会成为缩小收入差距的重要工具。此外，有学者发现数字化与人力资本之间存在"倒U形"关系（Canh et al.，2020）。这也就意味着，数字化会通过非线性地影响人力资本而间接地影响收入差距。

除此之外，数字层级还体现在数字化对收入差距的影响存在门槛效应。也就是说，数字化对收入差距的影响是存在一定的条件的，收入分配的数字效应并不适用于所有情形。研究表明，受教育程度和城镇化水平是数字化影响收入差距的门槛因素。在受教育程度和城镇化水平不高的地区，数字化会扩大收入差距。只有当受教育程度和城镇化水平发展到一定程度时，数字化才能对收入差距产生显著抑制作用（贾娟琪，2019；罗超平等，2021；杨森平等，2015）。有学者探讨了互联网对农户收入差距的影响，发现以互联网使用为代表的数字化能缩小农户间的收入差距。但是，这种影响效应只有当家庭互联网普及率和网络费用都提高到一定程度后才会发生（张永丽、李青原，2021）。显然，数字化对收入差距的扩大效应主要是在数字化发展早期出现的，如果数字化发展达到一定程度，我们就有理由相信数字化会对收入差距产生抑制作用。在数字化发展早期，区域、城乡、阶层或性别间的收入差距扩大主要是数字接入差异导致的。由于不同特征人群的数字接入程度存在差异，其数字机会也存在差异。显然，数字机会会影响其数字资本的获取能力并扩大业已存在的收入差距。当数字化发展到了一定程度并且数字发展环境优化到一定程度时，如具有较高的信任水平、城镇化水平和受教育程度之后，不同区域、城乡、阶层或性别间拥有的数字机会基本上不会存在太大的差异。在这种情形下，数字化手段能明显成为缩小收入差距的有力工具。显然，数字机会是数字化影响收入差距的关键因素。如果想缩小数字化初期带来的收入差距，除了大力发展数字化之外，还应加大对教育的投入力度，进一步提升"数字贫民"的数字机会并增加其数字资本（冯喜良等，2021；黄旭，2021；贾娟琪，2019；程名望、张家平，2019）。由此可见，数字化与收入差距之间存在非常复杂的关联，数字化对收入差距的作用在不同时期也是不同的，应该使用辩证的眼光看待数字化与收入差距之间的关联。尤其需要注意的是，学者在研究收入差距和完善收入分配的过程中要充分考虑"数字层级"的结构性作用。

第三章 数字化与收入差距的
特征描述

第一节 数字化与收入差距的测量

一 数据来源与样本选择

本书使用的数据来自中国家庭追踪调查（CFPS）数据。CFPS 由北京大学中国社会调查中心（ISSS）组织实施，重点关注中国居民的经济和非经济福利，是包括经济活动、教育成果、家庭关系与家庭动态、人口迁移和健康等在内的诸多研究主题的一项全国性、大规模、多学科的社会跟踪调查项目。CFPS 通过长期追踪个体、家庭和社区三个层次的数据，全方位观察和记录了中国在社会、经济、人口、教育及健康等方面的特征和发展趋势。CFPS 的基线调查时间为 2010 年 4 月至 2011 年 2 月。为了维护样本和测试调查，调查中心在 2011 年 7 月至 2012 年 2 月进行了小规模的追访。在此之后，平均每两年进行一次调查。其中，首轮调查时间为 2012 年。目前，调查中心已经发布了六轮调查数据（最新发布的是 2022 年中国家庭追踪调查数据）。为有效控制成本并提升样本代表性，CFPS 采用了多阶段（multi-stage）、内隐分层（implicit stratification）和人口规模成比例（probability proportional to size，PPS）的系统概率抽样方式，分三个阶段分别抽取了行政区/县、行政村/村委会、家庭户。前两个阶段的抽样框使用了官方行政区划资料制成的区/县名录和村/居名录，第三个阶段的末端抽样框使用了通过实地绘制地图获得的家户地址。通过对"5 个大省"（包括上海、辽宁、河南、甘肃和广东）的过度抽样和再抽样以及"1个小省"（其他 26 个省、自治区和直辖市）的简单抽样，共同构成了具有全国代表性的总样本（谢宇等，2014）。

根据研究的需要和数据的可及性，本书以个人作为研究的基本单位，主要选取了 CFPS 2014~2018 年三期的追访样本。CFPS 2014 为第二轮追踪调查，集中面访的时间为 2014 年 7 月至 11 月。CFPS 2014 调查结束后，共完成了 13946 户家庭样本和 37147 份个人样本的采集。CFPS 2016 为第三轮追踪调查，集中面访的时间为 2016 年 7 月至 11 月。CFPS 2016 调查结束后，共采集了家庭层面有效样本 14763 户和个人有效样本 45319 份。CFPS 2018 为第四轮追踪调查，集中面访的时间为 2018 年 6 月至 2019 年 5 月。当 CFPS 2018 全部调查结束后，共完成约 15000 个家庭的访问和 44000 份个人问卷的采集。由于本书的核心变量是综合计算得到的数字化和收入差距指标，因而数据的实际整理过程主要围绕这两个核心变量展开。具体来讲，数据的整理过程如下。首先，本书的核心被解释变量是收入差距，因而我们比较关心直接影响收入差距的个人收入。个人收入主要来自个体的工资性收入，这也意味着个人必须有一份稳定的工作。因此，基于收入特征，本书仅研究年龄在 18~64 岁之间的在业民众。其次，由于部分个体的收入存在极端值，极值存在于数据中很可能会扰乱数据的正常分布，并且其收入状况也不具有代表性。因而，我们对收入最高和最低 1% 的样本进行了缩尾处理。再次，个人收入会受到价格因素的影响，这就使得个人收入状况在纵向年份之间不可比。为了排除价格因素的干扰并使个人收入状况具有可比性，我们依据居民消费价格指数（CPI）对个人收入变量进行了消胀处理。在具体平减过程中，我们以 2014 年为基期，分别计算 2016 年和 2018 年的收入平减指数，在此基础上，我们计算得到了消胀后的个人实际收入。最后，为了尽可能减少误差，我们将个人实际收入进行对数处理，之后分别在区县和村居层面测算了利用不同指标衡量的收入差距水平。为了保证结果的可靠性和数据的完整性。一方面，我们删除了样本量不超过 10 的区县；另一方面，我们删除了区县和村居数据中存在缺失的样本。与此同时，我们还删除了其他关键变量的异常值和缺失值，最终共获得了 29772 个有效的观测样本。其中，涵盖了 2014 年 16037 个观测样本、2016 年 5332 个观测样本和 2018 年 8403 个观测样本的信息。

二　数字化指标操作定义

数字化作为一个带有"数字革命"隐喻色彩的抽象概念，将社会发展历程同数字技术变革有机关联起来，为理解分析数字社会的行为特征提供了重要视角。数字化蕴含着时间观，映射着技术变革的时空趋势。近些年来，国内外越来越多的学者开始立足于数字技术变革的时代背景，探讨数字技术发展给人类社会带来的影响以及对社会关系的变革。显然，数字化并非新概念。但是，数字化诠释更多地仍停留在理论界对其进行的抽象概括。所谓仁者见仁、智者见智，数字化在当前更多是处于学者的"自我建构"阶段。虽然学界也涌现了一些新的研究成果，但数字化发展仍面临难以精准评估的困境。当前，学界对数字化的实证研究是较为匮乏的，更多停留在宏观层面。在以往研究中，有学者将互联网普及率和人均互联网宽带接入端口数作为数字化的衡量指标（Habibi and Zabardast，2020）。有学者利用数字基础设施、数字化应用和数字产业发展三个指标来综合测度数字化发展水平（庞瑞芝等，2021）。但是在微观实证层面，很少有学者对数字化进行综合测量。目前，学者更多是从互联网使用角度出发来解读数字化给社会心理和社会行为带来的深刻变革。尽管这些学者在数字化研究方面做出了有益尝试，但仍需更多的学者投入数字化的实证研究中来。鉴于数据可及性及研究具体需要，本书仅在微观层面构建数字化的测量指标，并从数字接入、数字素养、数字偏好三个维度出发进行综合测量。其中，数字接入包括是否使用手机、是否移动上网、是否使用电脑上网等指标。数字素养包括休闲型数字素养和发展型数字素养。休闲型数字素养包括使用互联网进行社交的频率、使用互联网进行娱乐的频率、业余上网时长、使用互联网进行社交的重要性、使用互联网进行娱乐的重要性等指标，发展型数字素养包括使用互联网进行学习的频率、使用互联网进行办公的频率、使用互联网从事商业活动的频率、线上购物消费、邮件使用频率、使用互联网进行学习的重要性、使用互联网进行办公的重要性、使用互联网从事商业活动的重要性等指标，二者主要表征个体使用数字化的深度和能力。数字偏好包括传统媒介偏好和新兴媒介偏好。传统媒介偏好包括使用电视获取信息的重要性、使用报纸或期刊获取信息的重要性、使用广播获取信息的重要性、通过他人转告获取信息的重要性等指标，新兴媒介偏好包括使用互联网获取信息的重要性、使用手机短信获取信息的重要性等指标，二者主要表征个体在数字时代对不同媒介的偏好程度，以此映射个体的数字知识状况（见表3-1）。

表3-1　数字化指标构建说明

指标	维度		说明
数字化	数字接入		是否使用手机、是否移动上网、是否使用电脑上网（是＝1，否＝0）
	数字素养	休闲型数字素养	使用互联网进行社交的频率（赋值1~7，频率越高值越大）、使用互联网进行娱乐的频率（赋值1~7，频率越高值越大）、业余上网时长（取对数）、使用互联网进行社交的重要性（根据重要性程度赋值0~5，0为不重要，5为非常重要）、使用互联网进行娱乐的重要性（根据重要性程度赋值0~5，0为不重要，5为非常重要）
		发展型数字素养	使用互联网进行学习的频率（赋值1~7，频率越高值越大）、使用互联网进行办公的频率（赋值1~7，频率越高值越大）、使用互联网从事商业活动的频率（赋值1~7，频率越高值越大）、线上购物消费（取对数）、邮件使用频率（根据登录天数赋值，天数越多频率越高）、使用互联网进行学习的重要性（根据重要性程度赋值0~5，0为不重要，5为非常重要）、使用互联网进行办公的重要性（根据重要性程度赋值0~5，0为不重要，5为非常重要）、使用互联网从事商业活动的重要性（根据重要性程度赋值0~5，0为不重要，5为非常重要）
	数字偏好	传统媒介偏好	使用电视获取信息的重要性、使用报纸或期刊获取信息的重要性、使用广播获取信息的重要性、通过他人转告获取信息的重要性（根据重视程度赋值1~5，重视程度越高赋值越大）
		新兴媒介偏好	使用互联网获取信息的重要性、使用手机短信获取信息的重要性（根据重视程度赋值1~5，重视程度越高赋值越大）

具体来说，我们对数字化相关的变量做了如下处理：首先，我们将是否使用手机、是否移动上网、是否使用电脑上网设为虚拟变量。在具体分析中，我们用0表示不使用手机、不移动上网、不使用电脑上网，用1表

示使用手机、移动上网、使用电脑上网。其次，我们对个体使用互联网进行社交、娱乐、学习、办公、从事商业活动的频率进行了重新编码。其中，1 表示从不使用；2 表示几个月使用 1 次；3 表示一个月使用 1 次；4 表示一个月使用 2~3 次；5 表示一周使用 1~2 次；6 表示一周使用 3~4 次；7 表示几乎每天使用。再次，我们对业余上网时长和线上购物消费在删除缺失值的基础上进行了对数处理。此外，我们对邮件使用频率，使用电视获取信息的重要性、使用报纸或期刊获取信息的重要性、使用广播获取信息的重要性、通过他人转告获取信息的重要性、使用互联网获取信息的重要性、使用手机短信获取信息的重要性等指标的缺失值进行了删除。最后，我们对数字化相关变量进行操作化处理后，得到数字接入、数字素养和数字偏好这三个综合变量。

三　收入差距的操作定义

与数字化研究不同，收入差距问题自 20 世纪五六十年代开始就已经成为学界的经典研究议题。随着学界对收入差距研究的深入，收入差距的评估标准也日益稳健和成熟。目前，学界已经涌现出多种测度收入差距的指标。每种指标各有利弊，学者在实际研究过程中基于不同的研究意图选用了不同的测度指标。在本书中，为了保证研究的严谨性，我们对学界目前常用的几个测度收入差距的指标进行简要的介绍，同时说明本书选取的测度收入差距的关键指标。

（一）基尼系数

基尼系数是由意大利学者基尼在 1912 年出版的《变异性与易变性》一书中首次提出的一种离散度的度量指标。目前，基尼系数已经成为国际上通用的衡量一个国家或地区居民收入差距的指标（尹雪华等，2021）。基尼系数是比例数值，一般介于 0 到 1 之间。其中，数值为 0 意味着居民之间存在绝对平均的收入分配；数值为 1 则意味着居民之间存在着绝对不平均的收入分配。这说明，该国家或地区的收入在某一时段内都集中于一个人手中，其他人并没有收入。通常来讲，基尼系数一般不会出现取值为 0 或 1 的极端情况。按照联合国开发计划署等组织的规定：基尼系数低于

0.2 意味着居民收入分配高度平均；基尼系数在 0.2~0.29 之间意味着居民收入分配比较平均；基尼系数在 0.3~0.39 之间表明收入分配相对合理；基尼系数在 0.4~0.49 之间则意味着收入差距较大；而基尼系数在 0.6 以上则表明居民收入差距过大，问题极为严重。从判定标准中可以看出，基尼系数越小意味着收入分配越平均，收入差距越小；基尼系数越大意味着收入分配越不平均，收入差距越大。同时，基尼系数除了展示数值外，还可借由洛伦兹曲线等价呈现。

（二）泰尔指数

泰尔指数是荷兰经济学家泰尔在 1967 年提出的，旨在利用信息理论中的熵概念来计算收入差距的统计指标。根据泰尔指数的定义规则，其主要是用来衡量一组经济指标在不同时间、区域和层次范围内的差异。从数值呈现来看，泰尔指数大于等于 0，其数值越小则意味着收入差距越小。与基尼系数相比，泰尔指数有其独特的优势。虽然基尼系数是国际上通用的反映居民收入差距的指标，但该指标通过各个收入组之间差距的加总平均而得出，无法反映各个收入组的动态变化过程（刘劭睿等，2021）。相比之下，泰尔指数可以将总体收入差距分解为组内收入差距变动和组间收入差距变动。因而，泰尔指数能有效反映收入的组间组内变动趋势。

（三）变异系数

变异系数（coefficient of variation）又称"离散系数"，是概率分布离散程度的归一化量度，其定义为标准差和之比。在以往研究中，变异系数常被用作收入差距的衡量指标（高远东等，2021）。

（四）平均对数离差

平均对数离差是用样本数据的对数值相对于其平均值的绝对距离来衡量数据的离散程度。在多数情况下，为了缩小收入之间的绝对差异，避免个别极端值的影响，研究者常会将收入进行对数处理以满足分析需求。同理，为有效刻画收入差距，有学者尝试用平均对数的离差形式进行衡量（王中华、岳希明，2021）。

（五）Kakwani 指数

Kakwani 指数是衡量个体客观相对剥夺程度的统计指标。根据相对剥夺的定义，当参照群体内的个体满足以下条件时就会感到相对剥夺：①他没有某物；②他希望拥有某物；③他发现自己或者其他人在过去或现在的某个时刻拥有某物；④他认为自己应该拥有某物。由于相对剥夺是以个体为研究对象而定义的，因而相对剥夺指标通常被用来衡量个体间的差距或不平等（任国强、黄云，2017）。当参照群体内的个体在收入上感到相对剥夺时，则意味着个体间存在过大的收入差距问题。20 世纪 60 年代相对剥夺概念一问世，学界就开始探讨如何才能有效地测度相对剥夺。目前，学界已经涌现诸多具有代表性的测度指标，比如 Yitzhaki 指数、Kakwani 指数和 Podder 指数等（黄云等，2019）。其中，Kakwani 指数是最常用的测量相对剥夺的指标之一，也是衡量相对公平的底线标准。Kakwani 指数的取值范围为 $-2 \sim 1$。当 Kakwani 指数的取值大于 0 时，意味着低收入群体占比低于其初始收入占比；当 Kakwani 指数小于 0 时，意味着低收入群体占比高于其初始收入占比；而当 Kakwani 指数等于 0 时，则表明低收入群体占比与其初始收入占比是等比例的（金双华等，2020）。

总体而言，学界关于收入差距的研究较为丰富，对收入差距的测量也比较成熟。除上述部分所提及的衡量指标外，收入差距还可通过方差、收入分位距和收入比进行衡量。结合以往研究，同时为了克服测量误差，我们将个人总收入进行对数处理并测算利用不同指标衡量的收入差距。

第二节　数字化与收入差距的总体特征

一　增长与分化：时间加速下的数字化

第 54 次《中国互联网络发展状况统计报告》① 显示：截止到 2024 年 8 月，我国网民使用手机上网比例达 99.7%；使用台式电脑、笔记本电脑、电视和平板电脑上网的比例分别为 34.2%、32.4%、25.2% 和 30.5%。这意味着，我国已经成为名副其实的数字大国，数字用户正在以肉眼可见的

---

① 《第 54 次〈中国互联网络发展状况统计报告〉》，https://www.cnnic.net.cn/n4/2024/0829/c88-11065.html，最后访问日期：2025 年 2 月 15 日。

速度持续增长。中国互联网络信息中心发布的报告具有很强的指导意义和参考价值，为了更加全面系统地梳理和总结数字化在我国的发展现状，我们从数字接入、数字素养和数字偏好三个角度出发，对数字化在微观层面的表现进行了刻画描述。我们用于描述统计的数据来源于CFPS2014~2018年三期数据中的18~64岁在业民众相关信息。整体而言，就业人员作为社会建设的主体力量，其数字化发展程度基本上能直观地反映我国数字化的发展现状。

（一）数字接入程度高，数字用户规模巨大。

表3-2呈现了所使用样本的数字接入发展现状。其中，是否使用手机、是否移动上网、是否使用电脑上网是虚拟变量，由于前述部分已经详细地介绍了这两个变量的操作化过程，在这里不再过多描述。数字接入是根据是否使用手机、是否移动上网、是否使用电脑上网题项合成的综合变量，表征我国民众接入互联网的机会和概率。其中，0表示不使用手机且不上网；1表示使用手机但不上网；2表示不使用手机但上网；3表示使用手机且上网。简言之，得分越高，意味着数字接入程度越高。从表3-2中的数据来看，数字接入的均值为1.92，标准差为1.08，中位数为1.00，最小值为0.00，最大值为3.00。这表明，我国数字接入程度已经达到较高的水平。虽然我们使用的样本横跨五年的时间（2014~2018年），但数字接入程度仍高达64%（均值/最大值）。这也意味着，我国数字用户规模在近几年迅速扩张。如果将数字接入分成两个阶段，可以分为手机接入阶段和网络接入阶段。手机接入阶段包括不使用手机且不上网和使用手机但不上网两种情形，网络接入阶段包括不使用手机但上网和使用手机且上网这两种情形。从表3-2中可以看出，目前仍有许多民众（51.1%）处于手机接入阶段。也就是说，有的民众还没有手机，有的民众虽然有手机，但没有上网。从数据来看，民众有手机但不上网的比例较高，占手机接入阶段群体的88.2%。有近半数民众（48.9%）已经进入网络接入阶段。其中，不使用手机但上网的比例相对较小，几乎可以忽略不计。对绝大多数上网民众而言，使用手机且上网才是主流选择。从这也可以看出，通过手机终端接入互联网是当前数字化应用的主流模式。整体而言，我国手机普及率高

达 93.8%，网络普及率达到 48.9%。从现有发展趋势看，我国民众已经成为名副其实的"数字公民"。

表 3-2　数字接入发展现状

变量名	观测值	均值	标准差	最小值	中位数	最大值
数字接入	29772	1.92	1.08	0.00	1.00	3.00
手机接入阶段	15223	0.88	0.32	0.00	1.00	1.00
不使用手机且不上网	1792	0.00	0.00	0.00	0.00	0.00
使用手机但不上网	13431	1.00	0.00	0.00	1.00	1.00
网络接入阶段	14549	3.00	0.46	2.00	3.00	3.00
不使用手机但上网	31	2.00	0.00	2.00	2.00	2.00
使用手机且上网	14518	3.00	0.00	3.00	3.00	3.00
手机使用普及率	29772	0.94	0.24	0.00	1.00	1.00
网络使用普及率	29772	0.49	0.50	0.00	0.00	1.00

（二）民众之间的数字素养存在较大差异

表 3-3 向我们呈现了所使用样本的数字素养发展现状。如前所述，基于数字使用内容的差异，我们将数字素养分为休闲型数字素养和发展型数字素养。如果民众使用互联网进行社交和娱乐，或者在业余时间上网，我们就将其归于休闲型数字素养。如果民众使用互联网进行学习、办公或者从事商业活动，我们就将其归于发展型数字素养。同时，消费能力和邮件收发情况在某种情况下也能反映个体的发展型数字素养程度。因而，我们将邮件使用频率和数字消费也作为发展型数字素养的二级指标。不过，数字社交、数字娱乐、数字学习、数字办公和数字金融并非仅包括民众使用互联网进行社交、娱乐、学习、办公和从事商业活动的频率，民众对使用互联网进行社交、娱乐、学习、办公和从事商业活动的重要性认知也可以作为权重被纳入其中。如果民众不使用互联网，那么这些维度的得分将为0。休闲型数字素养和发展型数字素养就是对其下辖的这些指标在标准化处理的基础上，通过主成分分析综合计算得出的。

表 3-3　数字素养发展现状

变量名	观测值	均值	标准差	最小值	中位数	最大值
休闲型数字素养	29771	0.00	1.54	-1.24	-1.24	10.86
发展型数字素养	29772	0.00	1.72	-1.04	-1.04	21.33
数字社交①	29771	10.44	13.43	0.00	0.00	35.00
数字娱乐②	29771	8.92	11.90	0.00	0.00	35.00
业余上网时长（分钟）	29772	357.62	578.63	0.00	0.00	10080.00
数字学习③	29772	6.10	10.68	0.00	0.00	35.00
数字办公④	29772	7.07	12.60	0.00	0.00	35.00
数字金融⑤	29772	4.42	8.44	0.00	0.00	35.00
邮件使用频率（天/周）	29772	0.63	1.70	0.00	0.00	7.00
数字消费⑥（元）	29772	1571.30	6501.42	0.00	0.00	300000.00

注：休闲型数字素养和发展型数字素养在指标标准化的基础上通过主成分分析计算得出，其数值没有实际意义，仅表示相对大小；①数字社交指使用互联网进行社交的能力和深度；②数字娱乐指使用互联网进行娱乐的能力和深度；③数字学习指使用互联网进行学习的能力和深度；④数字办公指使用互联网进行办公的能力和深度；⑤数字金融指使用互联网从事商业活动的能力和深度；⑥数字消费指线上购物消费支出。

从表 3-3 可以看出，数字素养在民众间仍存在较大差异。分析结果表明，休闲型数字素养综合得分的标准差为 1.54，最小值为-1.24，而最大值为 10.86，这意味着休闲型数字素养在民众之间存在明显的差异。从发展型数字素养来看，其标准差为 1.72，最小值和最大值分别为-1.04 和 21.33。这表明，发展型数字素养在民众之间的分布仍不均匀且差异较大。样本数据结果意味着我国民众的数字素养存在较大的差异。具体来看，数字社交的均值为 10.44，标准差为 13.43，最小值和最大值分别为 0.00 和 35.00，这意味着数字社交素养在民众间存在明显的差异。数字娱乐的均值为 8.92，标准差却高达 11.90。这也表明，数字娱乐素养在民众间仍存在较大差异。从业余上网时长来看，我国民众每周平均上网时间为 357.62 分钟，标准差为 578.63，而最小值和最大值分别为 0.00 和 10080.00。这意味着我国民众的业余上网时长也存在较大差异。从数字学习来看，其均值为 6.10，标准差为 10.68，意味着不同民众利用互联网进行学习的能力也存在较大差距。不仅如此，数字办公和数字金融的均值和标准差也存在较大差距，这意味着二者在民众间的差异也非常大。从邮件使用频率来看，其均值为 0.63，这意味着民众平均每周登录邮箱的频率不到一天，而其标准差为 1.70，表明民众在邮件使用频率上也存在较大差异。从数字消费来看，每年民众利用互联网进行消费的平均支出为 1571.30 元，但标准差高达 6501.42，最小值为 0.00，而最大值为 300000.00，这表明数字消费在民众间也存在较大差距。综合来看，发展型数字素养下辖二级指标的均值与标准差的绝对差值整体要高于休闲型数字素养下辖二级指标的均值与标准差的绝对差值。这表明发展型数字素养在民众间的分布差异相较休闲型数字素养更大。

（三）传统媒介偏好和新兴媒介偏好并重

表 3-4 向我们呈现了所使用样本的数字偏好特征。基于前期因子分析的结果，我们将数字偏好分为传统媒介偏好和新兴媒介偏好。数字偏好意在表征民众对不同媒介的重视和偏好程度，也在某种程度上反映了民众对数字应用的意见、态度和看法。随着数字技术的发展和普及，我国已经进入万物互联、互通的数字化时代。当前，大数据、物联网和人工智能的应用在日常生活中随处可见。传统产业和媒介在数字化的浪潮下也在不断转型升级，成为数字时代的新宠儿，并重新焕发出新的生机和活力，比如报刊的网络出版，电视的智能化应用和广播的网络传播等。总的来讲，无论是传统媒介还是新兴媒介，都是数字化的重要表征，集中反映了民众的媒介偏好和数字知识水平。

表 3-4 数字偏好特征

变量名	观测值	均值	标准差	最小值	中位数	最大值
传统媒介偏好	29759	2.41	0.78	1.00	2.25	5.00
新兴媒介偏好	29770	2.66	1.27	1.00	2.50	5.00
电视偏好[①]	29770	3.28	1.32	1.00	3.00	5.00
报刊偏好[②]	29770	1.88	1.16	1.00	1.00	5.00
广播偏好[③]	29770	1.77	1.15	1.00	1.00	5.00
转达偏好[④]	29759	2.72	1.30	1.00	3.00	5.00
网络偏好[⑤]	29770	2.70	1.65	1.00	3.00	5.00

变量名	观测值	均值	标准差	最小值	中位数	最大值
短信偏好[6]	29770	2.61	1.41	1.00	3.00	5.00

注：①电视偏好指使用电视获取信息的偏好程度；②报刊偏好指使用报纸或期刊获取信息的偏好程度；③广播偏好指使用广播获取信息的偏好程度；④转达偏好指通过他人转告获取信息的偏好程度；⑤网络偏好指使用网络获取信息的偏好程度；⑥短信偏好指使用手机短信获取信息的偏好程度。

从表3-4的估计结果可以看出，传统媒介偏好的均值为2.41，标准差为0.78，中位数为2.25，最小值和最大值分别为1.00和5.00。这表明，民众的传统媒介偏好没有表现出太大差异，人们对传统媒介的重视程度为中等水平。相对而言，新兴媒介偏好的均值为2.66，标准差为1.27，中位数为2.50，而最小值和最大值分别为1.00和5.00。这意味着，民众更加偏好新兴信息传播渠道，对新兴媒介的重视程度处于中上水平。单独从数字偏好的二级指标来看，电视偏好的均值为3.28，标准差为1.32，而中位数为3.00，表明民众对电视的偏好程度处于中上水平，且不同个体之间在电视的偏好程度上存在较大差异。民众对网络的偏好程度也处于中上水平，网络偏好的均值为2.70，中位数为3.00，而最小值和最大值分别为1.00和5.00。但从标准差可以看出，网络偏好在不同民众之间也存在较大差异。相对而言，民众对报刊和广播的偏好程度处于较低水平。报刊偏好的均值仅为1.88，中位数只有1.00。这表明，大部分民众认为报刊在数字化时代已经不那么重要。对于广播偏好而言更是如此，广播偏好的均值仅为1.77，中位数为1.00，而最小值和最大值分别为1.00和5.00。这也说明，只有少部分民众认为广播在数字化时代是比较重要的信息渠道和传播媒介，对于大多数人而言，广播显得无足轻重。从标准差也可以看出，不同个体的广播偏好差异较大。值得注意的是，尽管基于通信技术的发展，即时通信工具的使用极大地便利了人们的沟通和交流，但手机短信作为移动交流的原点仍为多数人所重视。截止到目前，仍有大量关键信息是通过手机短信进行传达的。结果显示，短信偏好的均值为2.61，中位数为3.00，而最小值和最大值分别为1.00和5.00。这表明，民众对短信的偏好程度仍处于中上水平。在数字时代，短信仍具有独特的生机和活力。此外，虽然数字传播在当今社会已经成为主流，但大部分人仍认为他人转告是较为重要的信息传播渠道。这说明，数字时代仍不能摒弃人与人之间的交往。

二 平稳化显现：职场中的收入差距

收入差距是本书的核心被解释变量。如前所述，学界目前测量收入差距的方法有很多种。为了保证结果真实可靠，本书选取了多个指标来衡量收入差距水平，具体包括基尼系数、泰尔指数、变异系数、平均对数离差和 Kakwani 指数。从某种程度上而言，我国的收入差距水平可以通过这几个指标进行相互佐证。目前，基尼系数是学界衡量收入差距水平应用最广泛的指标。为了提高结果的精准度，需要尽可能地缩小基尼系数的计算范围。由于省级层面数据过于宏观，而村居层面数据太过于微观，本书参考朱德云等（2021）的做法，选择在区县层面计算收入基尼系数。本书根据各区县内样本个体的当年收入，计算得到了 176 个区县的收入基尼系数值。同样，泰尔指数作为衡量宏观层面收入差距水平的指标，也不宜在村居层面展开测度。因而，泰尔指数也是根据各区县内样本个体的当年收入计算获得。我们研究的主要是个体层面的收入差距，仅从区县层面对收入差距展开测度显得较为粗糙。因而，我们也选择在村居层面计算了所使用样本的变异系数、平均对数离差和 Kakwani 指数。这三个指标都可以有效地衡量个体在村居层面的收入差距水平。其中，Kakwani 指数是学界衡量个体收入差距程度时应用最广泛的指标之一。

表 3-5 向我们呈现了所使用样本收入差距的基本特征。结果表明，样本数据的基尼系数均值为 0.180，中位数为 0.147，最大值为 0.362。这意味着，在劳动力市场中，我国的收入分配状况整体较为合理，收入差距较小。由于本书未纳入拥有自家农业生产经营收入、自家个体经营收入和其他自雇类工作的样本。因而，我们所使用的样本并不能代表整个劳动力市场的收入差距状况，仅能直观地反映劳动者的收入差距状况。从表 3-5 可以看出，通过样本收入对数测算得到的泰尔指数也反映了和收入基尼系数相似的特征。其中，泰尔指数的均值为 0.108，最小值、中位数和最大值分别为 0.001、0.071 和 0.264。无论是从收入基尼系数的最大值还是从泰

尔指数的最大值出发，都表明仍有部分地区的在业民众存在较高水平的收入差距。根据从村居层面计算得到的收入差距指标来看，不同村的个体收入差距是存在较大差异的。比如有的村个体收入变异系数仅为 0.262，而有的村个体收入变异系数却高达 0.965。整体而言，个体在村居内部的收入差距是较小的，相对剥夺指数较低。从某种意义上讲，个体收入差距水平的高低与我们所选取的参照群体有很大的关系。如果个体与同质性较高的群体进行比较，收入差距水平则相对较低；但如果个体与异质性较高的群体进行比较，则收入差距水平相对较高。总体而言，当在业民众与生活在同一区县或同一村居的其他受雇成员进行比较时，收入差距状况整体较为良好。

表 3-5　收入差距的基本特征

变量名	观测值	均值	标准差	最小值	中位数	最大值
基尼系数	29772	0.180	0.134	0.019	0.147	0.362
泰尔指数	29772	0.108	0.105	0.001	0.071	0.264
变异系数	28627	0.366	0.301	0.000	0.262	0.965
平均对数离差	29772	0.099	0.104	0.000	0.046	0.294
Kakwani 指数	29772	0.155	0.218	0.000	0.034	0.781

注：基于以往学者的做法，本书的收入差距均基于个人总收入对数进行测算，收入差距指数均反映民众相对收入差距程度。

第三节　数字化与收入差距的时空特征

一　数字化的整体发展与阶段分化

（一）数字接入程度随时间推移逐渐加深

表 3-6 向我们呈现了所使用样本数字化的时间特征。此部分，我们同样依照此前的逻辑，从数字接入、数字素养和数字偏好三个角度出发来说明数字化发展水平。从数字接入来看，2014 年的数字接入均值为 1.52。这表明，在业民众更多地停留在手机接入阶段，互联网的覆盖程度还较低。

与此同时，标准差为 1.04，这预示着数字接入程度在民众间存在较大差异。换言之，当一部分民众还停留在手机接入阶段时，有一部分民众已经率先接入了互联网。到了 2016 年，民众的数字接入状况出现了明显改善。从数据结果来看，民众数字接入的均值已达到 2.28。这预示着，民众从整体上进入互联网接入阶段。只不过受制于移动上网终端的普及程度，并非所有民众都能用手机上网，有的民众还停留在使用电脑上网阶段。到了 2018 年，民众的数字接入状况又有了进一步改善。样本数据结果显示，数字接入的均值为 2.43，说明民众互联网覆盖范围较此前又有了进一步扩大。从 2016 和 2018 年的标准差变化来看，民众间的数字接入差异随着时间推移和社会发展也在不断缩小。整体而言，从 2014 年到 2018 年，我国民众的数字接入经历了从手机接入到互联网接入的过程，目前正朝着更深层次的数字接入方向发展。

表 3-6　数字化的时间特征

变量名	年份	观测值	均值	标准差	最小值	最大值
数字接入	2014	16037	1.52	1.04	0.00	3.00
	2016	5332	2.28	0.98	0.00	3.00
	2018	8403	2.43	0.91	0.00	3.00
休闲型数字素养①	2014	16036	-0.55	1.21	-1.24	4.03
	2016	5332	0.34	1.53	-1.24	8.22
	2018	8403	0.84	1.66	-1.24	10.86
发展型数字素养②	2014	16037	-0.47	1.27	-1.04	6.17
	2016	5332	0.23	1.78	-1.04	12.57
	2018	8403	0.74	2.09	-1.04	21.33
传统媒介偏好	2014	16037	2.44	0.77	0.25	5.00
	2016	5328	2.40	0.78	1.00	5.00
	2018	8396	2.37	0.81	1.00	5.00
新兴媒介偏好	2014	16037	2.28	1.24	1.00	5.00
	2016	5332	2.92	1.18	1.00	5.00
	2018	8403	3.20	1.13	1.00	5.00

注：①休闲型数字素养在标准化基础上通过主成分分析法计算得出，其具体数值仅表示相对大小，没有实际意义；②发展型数字素养在标准化基础上通过主成分分析法计算得出，其具体数值仅表示相对大小，没有实际意义。

（二）数字素养发展加快，但分布愈加不均衡

我们从休闲型数字素养和发展型数字素养分别对数字素养进行阐述和说明。从表3-6中可以看出，2014年休闲型数字素养的均值为-0.55，而标准差为1.21。这表明，民众的休闲型数字素养整体上仍处于平均分之下，同时休闲型数字素养在民众间的差异极大。虽然少部分群体会利用互联网进行休闲和娱乐，以及利用业余时间进行上网，但对于大部分民众而言，尚不具备利用互联网进行社交和娱乐的条件和能力。从客观条件来讲，2014年的数字技术发展程度不高，民众的网络接入程度较低，更不用说利用互联网进行社交和娱乐了。不过到了2016年，休闲型数字素养较2014年有了明显好转，均值由负转正，说明民众的休闲型数字素养能力有所提升。但对于大部分民众而言，休闲型数字素养水平仍然较低。从标准差和最大值可以看出，民众间的休闲型数字素养在2016年差异极大，在民众休闲型数字素养水平整体较低的情况下，有的民众的休闲型数字素养高达8.22。随着我国数字发展环境的持续改善，2018年民众的休闲型数字素养均值已经有明显提高。这意味着，2018年民众的休闲型数字素养较前几年有明显的改善和提升。继续分析发现，休闲型数字素养的标准差、最小值和最大值在2018年分别为1.66、-1.24和10.86。显而易见，休闲型数字素养在民众间分布并不均衡。整体而言，从2014年到2018年，我国民众的休闲型数字素养得到了根本性改善。但值得注意的是，休闲型数字素养在民众间的分布状况随时间的推移也愈加不均衡。

另外，表3-6表明，发展型数字素养在2014~2018年也经历了飞跃式发展。相对而言，我国民众的发展型数字素养在2014年最低，其均值为-0.47；到了2016年，我国民众的发展型数字素养均值为0.23。这说明，从2014年到2016年，我国民众的发展型数字素养有了明显的提升。到了2018年，我国民众的发展型数字素养均值为0.74，更是在2016年的基础上取得了突飞猛进的发展。整体而言，随着时间的推移，我国民众的发展型数字素养水平得到了快速提升。继续分析发现，我国民众发展型数字素养标准差在2014年、2016年和2018年分别为1.27、1.78和2.09；而我国民众发展型数字素养的最大值在2014年、2016年和2018年分别为

6.17、12.57 和 21.33。这意味着，在最小值都一致的前提下，发展型数字素养在民众间的分布状况随时间的推移变得更加不均衡。

（三）传统媒介偏好降低，新兴媒介偏好提升

从表 3-6 中可以看到，我们将数字偏好分为传统媒介偏好和新兴媒介偏好来分别进行说明和阐述。整体来讲，传统媒介偏好从 2014 年到 2018 年呈现下降趋势，而新兴媒介偏好从 2014 年到 2018 年却呈现上升趋势。具体来看，我国民众的传统媒介偏好均值在 2014 年、2016 年和 2018 年分别为 2.44、2.40 和 2.37。显然，民众对传统媒介的偏好程度随时间推移呈不断下降态势。我们从传统媒介偏好在不同年份的标准差、最小值和最大值来看，传统媒介偏好在民众间的分布随时间的推移变得更加不均衡。

相反，民众对新兴媒介的偏好程度随时间推移和数字技术发展呈上升趋势。从表 3-6 中可以看出，2014 年，民众的新兴媒介偏好均值仅为 2.28；2016 年和 2018 年，民众的新兴媒介偏好均值就分别增长至 2.92 和 3.20。另外，我们从新兴媒介偏好在不同年份的标准差、最小值和最大值来看，新兴媒介偏好的分布差异随时间推移呈缩小态势。

二　数字化的地区分割与发达地区偏向

（一）数字接入程度自东向西呈递减趋势，且农村低于城镇

表 3-7 向我们呈现了所使用样本在数字接入方面的空间分布特征。结果显示，数字接入程度自东部地区向西部地区呈递减趋势。具体来看，数字接入程度在东部地区、中部地区、西部地区和东北地区的均值分别为 2.08、1.96、1.71 和 1.86。这意味着，数字接入程度与地区经济发展水平呈明显的正相关关系。经济发展水平越高的地区，民众的数字接入程度越高。从标准差、最小值和最大值来看，数字接入在东中西部以及东北地区的分布无明显差异，但数字接入分布在同一地区间存在较大差异。从城乡来看，农村地区民众的数字接入程度明显低于城镇地区。T 检验结果显示，二者存在显著差异（$t=-17.6$，$p<0.05$）。这说明，农村地区和城镇地区之间仍存在较大的数字接入沟。

表3-7 数字接入的空间分布特征

划分标准	范围	观测值	均值	标准差	最小值	最大值
区域	东部	10107	2.08	1.06	0.00	3.00
	中部	7262	1.96	1.08	0.00	3.00
	西部	8349	1.71	1.08	0.00	3.00
	东北	4054	1.86	1.07	0.00	3.00
城乡	农村	14995	1.64	1.07	0.00	3.00
	城镇	14777	2.20	1.02	0.00	3.00

（二）数字素养自东向西呈递减趋势，且农村低于城镇

表3-8向我们呈现了所使用样本在休闲型数字素养方面的空间分布特征。数据结果显示，民众的休闲型数字素养呈现出明显的区域差异。具体来看，民众的休闲型数字素养自东部地区向西部地区呈递减趋势。其中，东部地区民众的休闲型数字素养平均得分为0.26，中部地区民众的休闲型数字素养平均得分为0.01，而西部地区和东北地区民众的休闲型数字素养平均得分分别为-0.27和-0.11。这说明，经济发展水平越高的地区，民众的休闲型数字素养水平越高。从标准差、最小值和最大值的分布来看，不同地区民众的休闲型数字素养分布都存在较大差异，民众间休闲型数字素养的分布是不均衡的。如果根据城乡进行划分的话，农村地区民众的休闲型数字素养平均得分明显低于城镇地区民众。结果显示，农村地区民众的休闲型数字素养平均得分为-0.35，而城镇地区民众为0.35，城镇地区民众的休闲型数字素养水平高于农村地区民众。

表3-8 休闲型数字素养的空间分布特征

划分标准	范围	观测值	均值	标准差	最小值	最大值
区域	东部	10107	0.26	1.63	-1.24	8.22
	中部	7262	0.01	1.51	-1.24	10.86
	西部	8348	-0.27	1.41	-1.24	7.71
	东北	4054	-0.11	1.52	-1.24	7.71
城乡	农村	14994	-0.35	1.40	-1.24	10.86
	城镇	14777	0.35	1.59	-1.24	8.22

表 3-9 向我们呈现了所使用样本在发展型数字素养方面的空间分布特征。结果显示，发展型数字素养在区域之间存在明显差异。具体来看，民众的发展型数字素养自东部地区向西部地区呈递减趋势。其中，东部地区民众的发展型数字素养平均得分为 0.34，中部地区民众的发展型数字素养平均得分为 -0.03，而西部地区和东北地区民众的发展型数字素养平均得分分别为 -0.27 和 -0.19。这说明，经济发展水平越高的地区，民众的发展型数字素养水平越高。从标准差、最小值和最大值的分布来看，不同地区民众的发展型数字素养分布都存在较大差异，民众间发展型数字素养的分布是不均衡的。如果根据城乡进行划分的话，农村地区民众的发展型数字素养平均得分明显低于城镇地区民众。农村地区民众的发展型数字素养平均得分为 -0.45，而城镇地区民众为 0.46。这表明，城镇地区民众的发展型数字素养水平高于农村地区民众。

表 3-9　发展型数字素养的空间分布特征

划分标准	范围	观测值	均值	标准差	最小值	最大值
区域	东部	10107	0.34	2.01	-1.04	13.18
	中部	7262	-0.03	1.63	-1.04	21.33
	西部	8348	-0.27	1.41	-1.24	7.71
	东北	4054	-0.19	1.48	-1.04	6.91
城乡	农村	14995	-0.45	1.28	-1.04	10.32
	城镇	14777	0.46	1.97	-1.04	21.33

整体来看，休闲型数字素养和发展型数字素养的空间分布特征均显示，社会经济发展水平越高的地区，休闲型数字素养和发展型数字素养的综合得分越高。简言之，休闲型数字素养和发展型数字素养与地区经济发展水平存在明显的正相关关系。因而，我们可以得到一个综合的结果，即民众的数字素养程度随地区经济发展水平的提高而逐步提高。

（三）传统媒介偏好和新兴媒介偏好存在不同的空间分布规律

表 3-10 向我们呈现了所使用样本在传统媒介偏好方面的空间分布特征。数据结果显示，传统媒介偏好在区域之间不存在明显的差异。传统媒介偏好在东部地区、中部地区、西部地区和东北地区的均值分别为 2.42、

2.37、2.45 和 2.39。虽然不同地区的民众对传统媒介的偏好程度看似只存在细微差别，但方差结果显示，传统媒介偏好在不同区域间存在显著差异，民众的传统媒介偏好显示出特定的规律。如果按照城乡进行划分会发现，传统媒介偏好在城乡之间仍存在明显的差异。数据结果显示，农村地区传统媒介偏好的均值为 2.39，而城镇为 2.43。显然，农村地区民众的传统媒介偏好略低于城镇地区。

表 3-10　传统媒介偏好的空间分布特征

划分标准	范围	观测值	均值	标准差	最小值	最大值
区域	东部	10102	2.42	0.77	1.00	5.00
	中部	7260	2.37	0.75	1.00	5.00
	西部	8348	2.45	0.80	0.25	5.00
	东北	4051	2.39	0.82	1.00	5.00
城乡	农村	14990	2.39	0.78	0.25	5.00
	城镇	14771	2.43	0.78	1.00	5.00

表 3-11 向我们呈现了所使用样本在新兴媒介偏好方面的空间分布特征。样本数据显示，新兴媒介偏好在不同区域之间是存在明显差异的。其中，东部地区的新兴媒介偏好均值为 2.80，中部地区为 2.68，西部地区为 2.55，而东北地区为 2.50。这意味着，民众的新兴媒介偏好存在明显的空间分布差异。自东部地区向西部地区，民众的新兴媒介偏好呈递减趋势。如果按照城乡进行划分的话，我们会发现新兴媒介偏好存在明显的城乡差异。其中，农村地区民众的新兴媒介偏好明显低于城镇地区，均值分别为

表 3-11　新兴媒介偏好的空间分布特征

划分标准	范围	观测值	均值	标准差	最小值	最大值
区域	东部	10107	2.80	1.27	1.00	5.00
	中部	7262	2.68	1.25	1.00	5.00
	西部	8349	2.55	1.26	1.00	5.00
	东北	4054	2.50	1.27	1.00	5.00
城乡	农村	14995	2.41	1.25	1.00	5.00
	城镇	14777	2.91	1.23	1.00	5.00

2.41 和 2.91。从新兴媒介偏好的标准差、最小值和最大值分布来看，不同区域和城乡民众的新兴媒介偏好存在较为明显的分布差异。这意味着，新兴媒介偏好在同一地区不同民众间的分布是不均衡的。

三 收入差距的阶段性缩小与整体扩大

表 3-12 呈现了所使用样本收入差距的时间变化趋势。从区县层面计算的基尼系数和泰尔指数显示，从 2014 年到 2016 年，我国收入差距水平出现了明显下降。到 2018 年，我国民众的收入差距水平又出现小幅上升。具体来看，2014 年的基尼系数和泰尔指数的均值分别为 0.291 和 0.194，2016 年的基尼系数和泰尔指数的均值分别下降至 0.045 和 0.004。到了 2018 年，基尼系数和泰尔指数的均值又开始回升，分别上涨至 0.053 和 0.010。从时间变化趋势来看，我国收入差距水平呈现"U 形"的变化样态。从村居层面计算得到的变异系数、平均对数离差和 Kakwani 指数来看，我国民众的收入差距水平也大致呈现与收入基尼系数和泰尔指数相似的变化趋势，只不过变化幅度不似基尼系数和泰尔指数那么明显。从样本数据来看，2014 年的变异系数、平均对数离差和 Kakwani 指数的均值分别为 0.588、0.176 和 0.251。到 2016 年，变异系数、平均对数离差和 Kakwani 指数的均值分别下降至 0.079、0.003 和 0.037。到 2018 年，变异系数、平均对数离差和 Kakwani 指数又开始小幅上升，其均值分别上涨至 0.106、0.012 和 0.045。很明显，无论是根据区县层面数据计算的基尼系数和泰尔指数，还是根据村居层面数据计算的变异系数、平均对数离差和 Kakwani 指数，都表明收入差距水平在 2014~2018 年出现了"U 形"的变动趋势。为了更加直观地展现我国在业民众收入差距在这五年的变化趋势，我们使用折线图和核密度函数图分别进行了呈现。

表 3-12 收入差距的时间变化趋势

测量指标	2014 年		2016 年		2018 年	
	均值	标准差	均值	标准差	均值	标准差
基尼系数	0.291	0.079	0.045	0.008	0.053	0.015

续表

测量指标	2014 年		2016 年		2018 年	
	均值	标准差	均值	标准差	均值	标准差
泰尔指数	0.194	0.067	0.004	0.001	0.010	0.007
变异系数	0.588	0.229	0.079	0.032	0.106	0.076
平均对数离差	0.176	0.083	0.003	0.002	0.012	0.023
Kakwani 指数	0.251	0.249	0.037	0.050	0.045	0.096

图 3-1 是收入差距的时间变化趋势。从图中可以很明显地看到，无论是根据区县层面数据测算出的基尼系数和泰尔指数，还是根据村居层面数据测算出的变异系数、平均对数离差和 Kakwani 指数，均呈现了"U 形"的变化特征。由于样本仅囊括三期数据，横跨五年时间，因而收入差距水平的"U 形"变动趋势不太明显。如果我们利用多个年份的样本数据进行测算，会看到更加明显的收入差距变化趋势。从总体上讲，图 3-1 可以反映样本在业民众的收入差距在 2014~2018 年的变动趋势。相比之下，核密度函数图比折线图能更加直观地反映收入差距水平在不同年份的分布状况。图 3-2 和图 3-3 为基尼系数和变异系数的核密度函数结果。可以看到，从 2014 年到 2016 年，我国收入差距呈现明显的缩小态势。到了 2018年，收入差距相较之前又有所扩大。

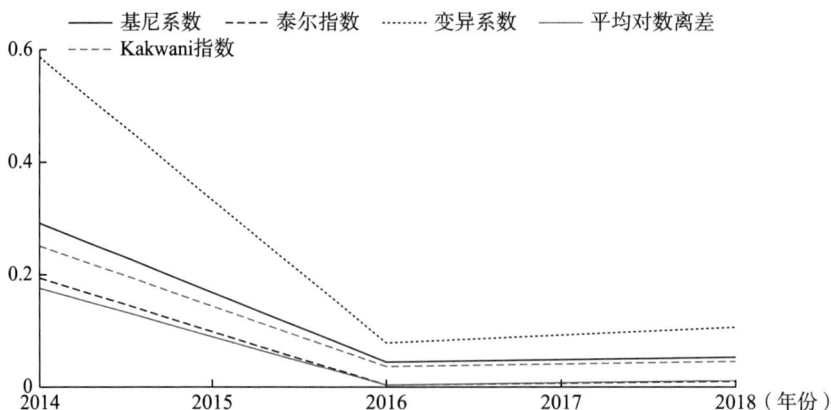

图 3-1　收入差距的时间变化趋势

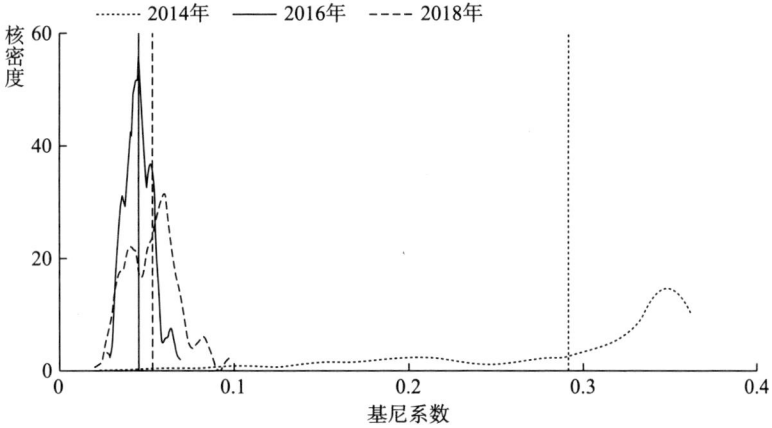

图 3-2　基尼系数的核密度函数结果

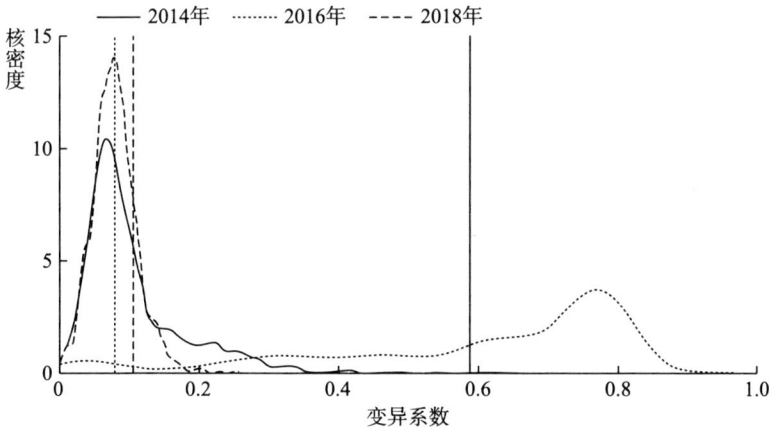

图 3-3　变异系数的核密度函数结果

四　收入差距的地区分割与城乡分野

表 3-13 向我们呈现了所使用样本收入差距的空间分布特征。样本数据显示,在业民众的收入差距水平自东部地区向西部地区呈递增的态势。综合 2014 年、2016 年和 2018 年三个年度的数据,东部、中部、西部和东北地区的基尼系数分别为 0.149、0.187、0.210 和 0.184。除此之外,泰尔指数、变异系数、平均对数离差和 Kakwani 指数均反映出相同的规律。整体而言,我国在业民众的收入差距水平自东部地区向西部地区呈递增的趋

势。我们如果按照城乡进行划分的话，会发现农村地区的收入差距水平显著高于城镇地区。如果我们依据个人收入对数测算收入差距水平的话，农村地区的基尼系数、泰尔指数、变异系数、平均对数离差和 Kakwani 指数分别为 0.215、0.137、0.462、0.127 和 0.196，而城镇地区的基尼系数、泰尔指数、变异系数、平均对数离差和 Kakwani 指数分别为 0.145、0.078、0.264、0.070 和 0.113。上述结果意味着，地区经济发展水平与收入差距存在反向同构关系。换言之，经济发展水平越高的地区，民众之间的收入差距越小，反之越大。

表 3-13 收入差距的空间分布特征

测量指标	按区域划分				按城乡划分	
	东部	中部	西部	东北	农村	城镇
基尼系数	0.149	0.187	0.210	0.184	0.215	0.145
泰尔指数	0.081	0.112	0.138	0.108	0.137	0.078
变异系数	0.295	0.373	0.440	0.371	0.462	0.264
平均对数离差	0.081	0.105	0.113	0.101	0.127	0.070
Kakwani 指数	0.128	0.163	0.178	0.158	0.196	0.113

注：上述结果均是基于个人收入对数测算的不同收入差距指标均值。

图 3-4 代表所使用样本收入差距的空间分布特征。可以明显地看到，我国收入差距呈现鲜明的地区分布特征。具体来讲，所使用样本的收入差距水平自西向东递减。同时，所使用样本的收入差距水平自农村向城镇呈递减趋势。这表明，在业民众的收入差距水平与地区经济发展水平存在很强的关联。随着地区经济发展水平的改善，该地区民众的收入差距过大问题也会随之改善。

为了更加清楚和直观地呈现所使用样本的收入差距在各地理空间范围内的分布状况，我们还制作了按照区域和城乡划分的基尼系数的核密度函数图（见图 3-5、图 3-6）。可以清楚地看到，所使用样本的核密度函数结果表明基尼系数自西向东逐渐降低，以及从农村地区向城镇地区逐渐降低。显然，地区经济发展水平与收入差距水平之间呈负相关关系。

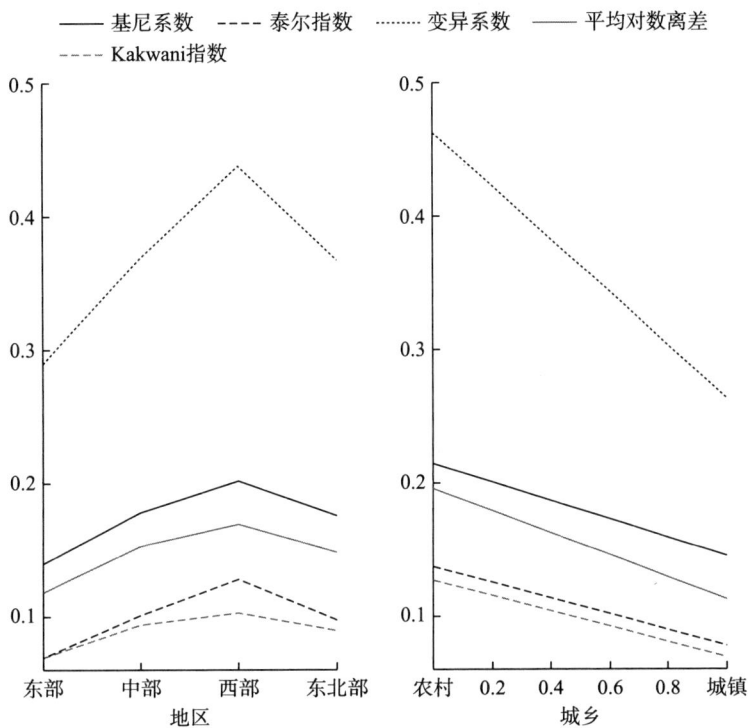

图 3-4　收入差距的空间分布特征

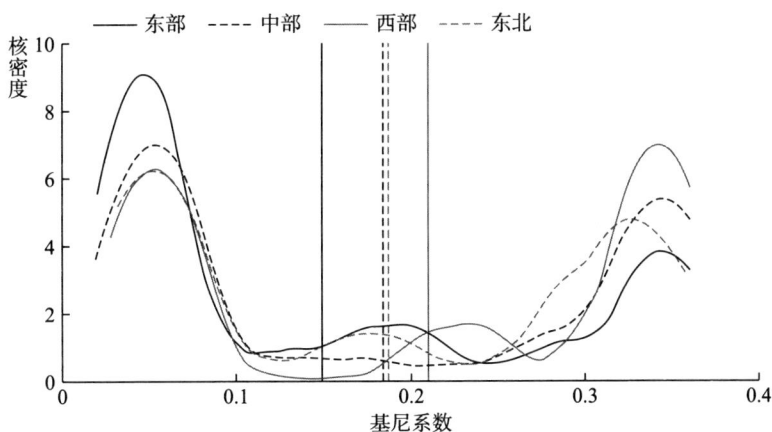

图 3-5　基尼系数的核密度函数结果（按区域划分）

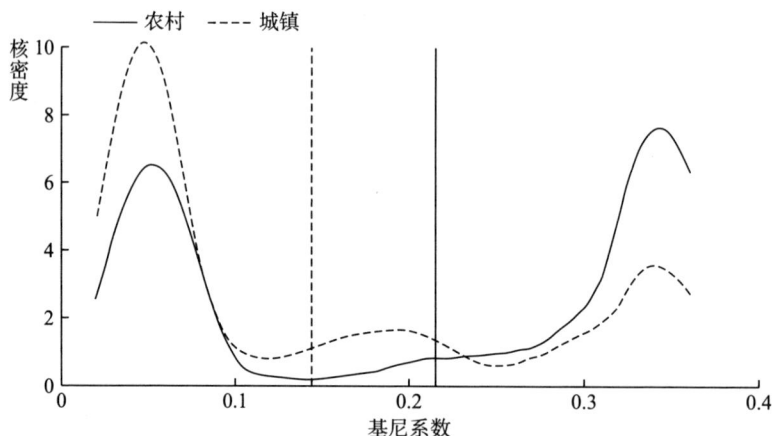

图 3-6　基尼系数的核密度函数结果（按城乡划分）

第四节　数字化与收入差距的个体特征

以往研究表明，个体的数字化程度和个体间的收入差距除了受到结构性因素影响之外，还与个体特质存在非常紧密的关联。为了全面刻画我国民众的数字化程度和收入差距状况，我们除了在宏观层面对民众数字化程度和收入差距状况的时空特征进行分析和呈现之外，还从微观层面出发对数字化程度和收入差距状况的个体特征进行分析。由于之前文献梳理发现，个体的数字化水平和收入差距状况均与人力资本存在密切关联，因而，我们有理由相信，个体拥有的人力资本状况是影响数字化程度和收入差距状况的重要因素。个体的年龄和阶层特征是影响人力资本拥有量的重要维度。鉴于此，此部分主要根据个体的年龄和阶层特征对数字化和收入差距状况进行描述分析。

一　数字化的代际差异与青年人偏向

（一）数字接入程度存在代际差异，青年人最高，老年人最低

表 3-14 向我们呈现了所使用样本数字化的年龄分布特征。在此部分，数字化的处理方式和此前一样。我们从数字接入、数字素养和数字偏好三个方面出发分别对数字化的年龄特征予以说明。按照世卫组织对年龄的划

分标准以及样本的年龄分布状况，我们将样本分成三个年龄组别：青年人
（18~44 岁）、中年人（45~59 岁）和老年人（60~64 岁）。样本结果显
示，数字接入存在明显的代际差异，其中，青年人的数字接入程度最高，
而老年人最低。具体来看，我国青年在业民众的数字接入平均得分为
2.32，而中年在业民众和老年在业民众的数字接入平均得分分别为 1.44 和
0.90。这说明，青年人已经步入手机上网阶段，中年人正在从手机接入向
手机上网阶段过渡，而大部分老年人还停留在手机接入阶段。显而易见，
我国在业民众的数字接入程度存在较大的代际差异，数字接入存在代际有
偏性。

表 3-14　数字化的年龄分布特征

变量名	年龄（岁）	观测值	均值	标准差	最小值	最大值
数字接入	18~44	16844	2.32	0.98	0.00	3.00
	45~59	10089	1.44	0.97	0.00	3.00
	60~64	1912	0.90	0.73	0.00	3.00
休闲型数字素养[①]	18~44	16843	0.57	1.61	-1.24	10.86
	45~59	10089	-0.71	1.08	-1.24	6.01
	60~64	1912	-1.12	0.53	-1.24	4.36
发展型数字素养[②]	18~44	16844	0.52	1.95	-1.04	21.33
	45~59	10089	-0.65	1.04	-1.04	8.45
	60~64	1912	-0.96	0.46	-1.04	5.13
传统媒介偏好	18~44	16842	2.40	0.78	1.00	5.00
	45~59	10084	2.43	0.79	0.25	5.00
	60~64	1908	2.44	0.79	1.00	5.00
新兴媒介偏好	18~44	16844	3.08	1.16	1.00	5.00
	45~59	10089	2.18	1.19	1.00	5.00
	60~64	1912	1.54	0.94	1.00	5.00

注：①休闲型数字素养在标准化基础上通过主成分分析法计算得出，具体数值不表示实际大
小，仅表示相对大小，负数仅表示与 0 的偏离程度；②发展型数字素养在标准化基础上通过主成
分分析法计算得出，具体数值不表示实际大小，仅表示相对大小，负数仅表示与 0 的偏离程度。

（二）数字素养存在代际差异，青年人最高，老年人最低

表 3-14 表明，我国不同年龄组别民众的休闲型数字素养从高到低分

别为青年人、中年人和老年人。具体来看，青年人的休闲型数字素养平均得分为 0.57，而中年人和老年人休闲型数字素养平均得分分别为 -0.71 和 -1.12。这说明，青年人使用互联网进行社交、娱乐，以及业余时间上网的能力比中老年人更强。在数字社会，中老年人对休闲型数字素养的掌握程度显然不如青年人。究其缘由，这不仅与代际数字接入程度的差异有关，还与个体的兴趣爱好和学习适应能力有关。一方面，青年人本身拥有较高的数字接入程度，而且拥有快速适应数字社会的学习能力；另一方面，青年人本身就是网民的主力军，倾向于使用网络进行休闲娱乐。这就意味着，青年人具有使用互联网进行社交、娱乐和业余时间上网的机会优势与能力优势。相反，中老年人在数字接入和网络使用上本身就处于弱势，其社交、娱乐主要集中于线下。因而，其休闲型数字素养相对较低，使用互联网进行社交和娱乐的机会与能力相对处于劣势。

另外，从年龄分布特征来看，发展型数字素养存在明显的代际差异。其中，发展型数字素养在青年人、中年人和老年人中的平均得分分别为 0.52、-0.65 和 -0.96。这意味着，青年人的发展型数字素养在三个年龄组中是最高的。换言之，青年人使用互联网进行学习、办公和从事商业活动，以及使用互联网收发电子邮件和线上购物消费的能力是最强的。相较之下，中年人的发展型数字素养次之，最后是老年人。此外，数据结果显示，青年人发展型数字素养的标准差为 1.95，而最小值和最大值分别为 -1.04 和 21.33。这意味着，发展型数字素养在青年人中的分布是相对不均衡的。相比之下，发展型数字素养的分布差异在中老年人中则相对较小。

（三）数字偏好具有代际差异

样本数据表明，传统媒介偏好在青年人、中年人和老年人中的平均得分分别是 2.40、2.43 和 2.44。这说明，随着年龄的增长，我国在业民众对传统媒介的数字偏好程度是上升的，但不存在明显差异。整体而言，我国在业民众都认为传统媒介在数字时代不再像此前那样重要。相比之下，新兴媒介偏好表现出明显的代际差异。其中，青年人的新兴媒介偏好是最高的，中年人次之，老年人最低。具体来看，新兴媒介偏好在青年人、中年人和老年人中的平均得分分别为 3.08、2.18 和 1.54（见表 3-14）。结果表明，青年人整体认为新兴媒介在数字时代是相对比较重要的，而中年人和老年人则认为其不如传统媒介重要。事实也确实如此。中老年人大多出生并长期生活在传统社会，传统社会观念和行为习惯已经在人们心中根深蒂固。虽然现代社会的发展为中老年人的生活带来了诸多便利，但也不断冲击着老年人固有的行为习惯和思维方式。中老年人的注意力和对新兴事物的接受度是有限的，这使其很难从固有的生活方式和行为习惯中抽离出来。事实上，数字化在近十年的时间里才得以飞速发展，即便目前的社会生活场景已经全面数字化，中老年人依旧难以适应当前的数字环境，大多数中老年人的社交方式和通信方式依旧停留在数字接入的初期阶段。由于社会交往的同质性，数字接入和使用的能力差异并未给他们的生活带来实质性的困扰。这也会弱化他们对新兴媒介的重要性认知。总体而言，传统媒介偏好出现"亲老年化"特征，新兴媒介偏好呈现"亲年轻化"特征。

另外，为了更好地呈现数字化的年龄变化趋势，我们还制作了所使用样本数字化相关的折线图。从图 3-7 中可以看到，数字接入、休闲型数字素养、发展型数字素养、新兴媒介偏好具有明显的"亲年轻化"特征，而传统媒介偏好具有明显的"亲老年化"特征。随着年龄的增长，在业民众的数字接入、休闲型数字素养、发展型数字素养和新兴媒介偏好都会随之降低，而传统媒介偏好呈现不降反升的趋势。整体而言，我国在业民众数字化水平的代际差异明显。

二　数字化的阶层分化与高阶层偏向

（一）数字化存在明显的教育层级差异

在社会学中，受教育程度是社会分层的重要维度，也是社会地位的重要表征。时至今日，教育依然在阶层流动过程中扮演着举足轻重的作用。在此部分，我们想通过描述不同教育层级的数字化分配，来反映数字化的阶层分布特征。表 3-15 向我们呈现了所使用样本数字化的教育层级特征。

首先，我国民众的数字接入存在明显的教育层级差异。受教育程度为初中及以下、高中、大专及以上的民众数字接入程度均值分别为 1.63、2.36 和 2.55。这说明，随着民众受教育程度的提升，民众的数字接入均值

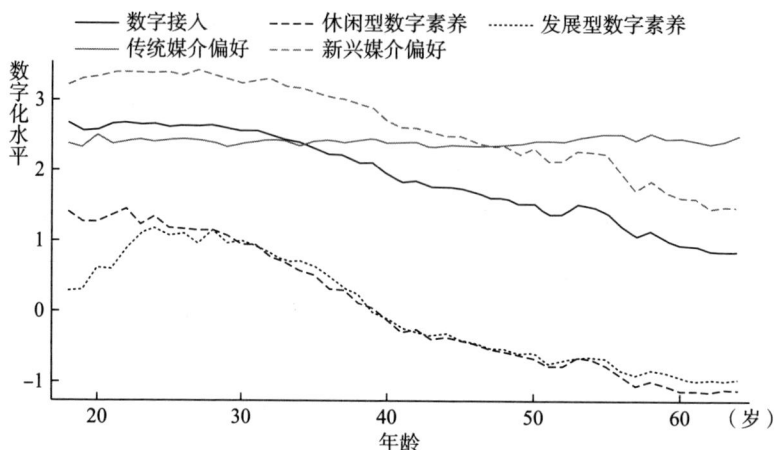

图 3-7　数字化的年龄分布特征

说明：因不同的数字化维度所属不同的评价体系，因而不同数字化维度之间不能横向比较。

也随之提升。样本数据显示，拥有大专及以上受教育程度的民众在数字接入方面已经达到很高的水平。这表明，教育层级越高，民众接入互联网的概率就越大。

表 3-15　数字化的教育层级特征

变量名	受教育程度	观测值	均值	标准差	最小值	最大值
数字接入	初中及以下	19436	1.63	1.04	0.00	3.00
	高中	4996	2.36	0.95	0.00	3.00
	大专及以上	5340	2.55	0.93	0.00	3.00
休闲型数字素养	初中及以下	19435	−0.42	1.33	−1.24	10.86
	高中	4996	0.55	1.60	−1.24	7.71
	大专及以上	5340	1.01	1.56	−1.24	8.22
发展型数字素养	初中及以下	19436	−0.64	0.96	−1.04	10.18
	高中	4996	0.46	1.74	−1.04	13.18
	大专及以上	5340	1.89	2.23	−1.04	21.33
传统媒介偏好	初中及以下	19427	2.38	0.78	0.25	5.00
	高中	4994	2.50	0.79	1.00	5.00
	大专及以上	5340	2.45	0.77	1.00	5.00

变量名	受教育程度	观测值	均值	标准差	最小值	最大值
新兴媒介偏好	初中及以下	19436	2.37	1.23	1.00	5.00
	高中	4996	3.13	1.15	1.00	5.00
	大专及以上	5340	3.28	1.15	1.00	5.00

其次，我国民众的数字素养存在明显的教育层级差异。具体来看，受教育程度为初中及以下、高中和大专及以上的民众在休闲型数字素养方面的平均得分分别为-0.42、0.55和1.01。整体而言，随着受教育程度的提升，民众的休闲型数字素养也随之提升。对于发展型数字素养而言，也是如此。样本数据结果显示，受教育程度为初中及以下的民众在发展型数字素养方面的平均综合得分为-0.64，而受教育程度为高中和大专及以上的民众在发展型数字素养方面的平均得分为0.46和1.89。很明显，随着受教育程度的提升，民众的发展型数字素养也随之提升。

最后，我国民众的数字偏好在不同受教育程度人群中的分布存在复杂的表现。具体来看，我国民众的传统媒介偏好不存在明显的教育层级特征。其中，受教育程度为初中及以下的民众在传统媒介偏好方面的平均得分为2.38，而受教育程度为高中和大专及以上的民众在传统媒介偏好方面的平均得分分别为2.50和2.45。这说明，无论民众的受教育程度如何，都普遍认为电视、广播和报刊等传统信息传播渠道不再那么重要。同时，不同受教育程度的民众对传统媒介重要性的看法不存在非常明显的差异。虽然民众的传统媒介偏好得分靠近中位数，但仍属于相对不重要的范畴。相反，民众的新兴媒介偏好随着受教育程度的提升而提升。其中，受教育程度为初中及以下的民众在新兴媒介偏好方面的平均得分为2.37，而受教育程度为高中和大专及以上的民众在新兴媒介偏好方面的平均得分分别为3.13和3.28。这意味着，受教育程度与新兴媒介偏好存在正向同构关系，民众的受教育程度提升的同时，其新兴媒介偏好也逐渐提升。结果显示，虽然受教育程度为初中及以下的民众仍旧认为现代社会中的新兴媒介重要性程度较低，但受教育程度为高中和大专及以上的民众则明显认为新兴媒介在现代社会中是比较重要的。

整体而言，我国在业民众的数字化水平存在较为明显的教育层级差异。受教育程度较高的民众，其数字化水平也相对较高；反之，受教育程度较低的民众，其数字化水平也相对较低。

为了更加直观地呈现数字化的教育层级特征，我们还制作了数字化的教育层级特征柱状图（见图 3-8）。柱状图结果显示，民众的数字化水平与受教育程度存在明显的正相关关系。民众的受教育程度越高，其数字化水平越高；民众的受教育程度越低，其数字化水平越低。从数字接入、数字素养和数字偏好在不同教育层级的分布来看，民众的数字化水平在不同教育层级之间存在明显的差异。

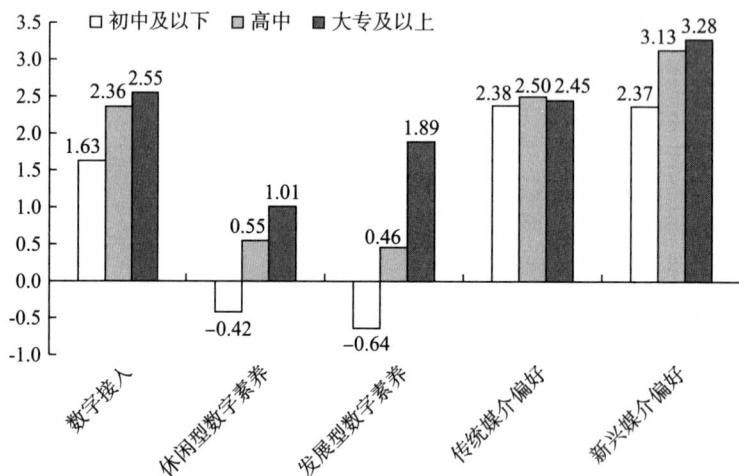

图 3-8　数字化的教育层级特征

说明：因不同的数字化维度属于不同的评价体系，因而不同数字化维度之间不能横向比较。

（二）数字化存在明显的职业差异

表 3-16 向我们呈现了所使用样本数字化的职业特征。结果显示，对于从事农业工作的民众来说，其数字接入均值为 1.16。这意味着，该群体存在明显的网络接入不足，虽然手机使用较为普遍，但利用手机或电脑上网的比例还比较低。从具体数值来看，从事农业工作的民众还处于从手机接入向网络接入的过渡阶段。相较之下，从事非农工作的民众则已经整体上进入网络接入阶段。具体来看，从事非农工作的民众平均数字接入程度为 2.26。很明显，数字接入在从事农业工作和非农工作群体之间存在较大

差异。另外，从体制来看，数字接入程度在体制外工作者和体制内工作者之间也存在较大差异。T 检验结果显示，数字接入程度在体制内者和体制外工作者之间的差别存在统计学意义上的显著性（ $t = -19.79$ ， $p < 0.01$ ）。具体来看，体制外工作者数字接入平均得分为 1.79。这说明，虽然有部分体制外工作者已成功接入互联网，但仍有部分体制外工作者还停留在手机接入阶段。而体制内工作者在数字接入方面的平均得分为 2.49。很明显，体制内工作者已经在整体上进入网络接入阶段。从样本数据来看，不使用手机但上网的体制内工作者比例仅占总体制内工作者的 0.11%，而使用手机且上网的体制内工作者比例占总体制内工作者的 74.63%。显而易见，体制内工作者相较体制外工作者率先接入互联网，成为具备数字接入机会的优势群体。从横向比较来看，虽然体制外工作者和体制内工作者在数字接入方面存在较为明显差异，但也仅表现为数字接入程度的区别。相比之下，农业工作者和非农工作者在数字接入方面存在的差异更大。结果显示，农业工作者的数字接入程度最低。究其缘由，这既可能与其能力禀赋有关，也可能与行业有关。

表 3-16　数字化的职业特征

变量名	农业工作		非农工作		体制外工作		体制内工作	
	均值	标准差	均值	标准差	均值	标准差	均值	标准差
数字接入	1.16	0.87	2.26	0.99	1.79	1.08	2.49	0.89
休闲型数字素养	-0.91	0.90	0.41	1.59	-0.14	1.51	0.63	1.53
发展型数字素养	-0.89	0.60	0.40	1.90	-0.22	1.57	0.98	1.99
传统媒介偏好	2.37	0.78	2.43	0.78	2.39	0.77	2.53	0.81
新兴媒介偏好	1.93	1.11	2.99	1.20	2.53	1.26	3.23	1.13

表 3-16 表明，从事农业工作的民众和从事非农工作的民众在休闲型数字素养和发展型数字素养上存在较大差异。整体而言，从事非农工作的民众的休闲型数字素养和发展型数字素养均高于从事农业工作的民众。其中，从事农业工作的民众的休闲型数字素养平均得分为 -0.91，而从事非农工作的民众为 0.41；从事农业工作的民众的发展型数字素养平均得分为 -0.89，而从事非农工作的民众为 0.40。很明显，从事非农工作的民众的数字素养高于从事农业工作民众的数字素养。工作体制在某种程度上也是塑造个体阶层差异的结构性力量。因而，我们同样比较了不同体制下工作的

民众在数字素养方面的差异。表 3-16 表明，体制内工作者的休闲型数字素养和发展型数字素养均高于体制外工作者。具体来看，体制外工作者的休闲型数字素养平均得分为-0.14，而体制内工作者为 0.63；体制外工作者的发展型数字素养平均得分为-0.22，而体制内工作者为 0.98。这表明，体制内工作者使用互联网进行社交、娱乐和业余时间上网，以及使用互联网进行学习、办公和从事商业活动的能力更强。一方面，这与其工作的性质有关；另一方面，也与其自身的能力和素质有关。

表 3-16 显示，从事农业工作的民众和从事非农工作的民众在传统媒介偏好方面不存在显著差异。这表明，无论是从事农业工作的民众，还是从事非农工作的民众，大部分都认为传统媒介不再那么重要。虽然传统媒介在人们日常生活中仍具有作用，但毫无疑问，其重要性在数字技术发展变革的进程中不断降低。具体而言，从事农业工作的民众的传统媒介偏好平均得分为 2.37，从事非农工作的民众的传统媒介偏好平均得分为 2.43。相较之下，从事体制外工作和从事体制内工作的民众在传统媒介偏好方面则存在明显的差异。数据结果表明，大部分从事体制外工作的民众倾向于认为传统媒介不再那么重要，而大部分从事体制内工作的民众则认为传统媒介依然比较重要。这表明，虽然体制内工作的民众在数字接入和数字素养方面存在优势，但仍看重传统媒介在日常生活中的价值和作用。横向比较来看，新兴媒介偏好具有明显的职业差异。首先，新兴媒介偏好在从事农业工作的民众和从事非农工作的民众之间存在显著的差异。其中，从事农业工作的民众的新兴媒介偏好平均得分为 1.93，而从事非农工作的民众为 2.99，前者明显低于后者。这意味着，大部分从事农业工作的民众认为新兴媒介不是那么重要，而大部分从事非农工作的民众则认为新兴媒介是比较重要的。其次，新兴媒介偏好对于在不同体制下工作的民众而言也存在非常显著的差异。具体来看，在体制外工作的民众的新兴媒介偏好平均得分为 2.53，而在体制内工作的民众的新兴媒介偏好平均得分为 3.23，前者明显低于后者。

整体来讲，从数字化不同维度在不同职业的表现来看，数字化存在明显的职业差异。具体而言，体制内工作者和非农工作者的数字化程度较高，体制外工作者和农业工作者的数字化程度较低。显而易见，数字化与职业之间存在相关关系。

三　收入差距的代际差异与老年人偏向

表 3-17 向我们呈现了所使用样本收入差距的年龄分布特征。结果显示，收入差距水平随着年龄的增长而缓慢上升。具体来看，区县层面测算的基尼系数和泰尔指数均值从 18~44 岁这一年龄组的 0.170 和 0.100 分别上升到了 60~64 岁年龄组的 0.233 和 0.150。在村居层面测算的变异系数、平均对数离差和 Kakwani 指数均值从 18~44 岁年龄组的 0.341、0.090 和 0.121 分别上升到了 60~64 岁年龄组的 0.494、0.143 和 0.287。为了更加清楚地呈现收入差距的年龄变化趋势，本书制作了相关的折线图。如图 3-9 所示，不同收入差距指标所反映的变动趋势是大致相同的。随着年龄的

表 3-17　收入差距的年龄分布特征

变量名	18~44 岁			45~59 岁			60~64 岁		
	样本	均值	标准差	样本	均值	标准差	样本	均值	标准差
基尼系数	16844	0.170	0.131	10089	0.187	0.136	1912	0.233	0.129
泰尔指数	16844	0.100	0.104	10089	0.113	0.107	1912	0.150	0.103
变异系数	15950	0.341	0.295	9893	0.382	0.305	1883	0.494	0.294
平均对数离差	16844	0.090	0.102	10089	0.106	0.106	1912	0.143	0.105
Kakwani 指数	16844	0.121	0.199	10089	0.186	0.229	1912	0.287	0.240

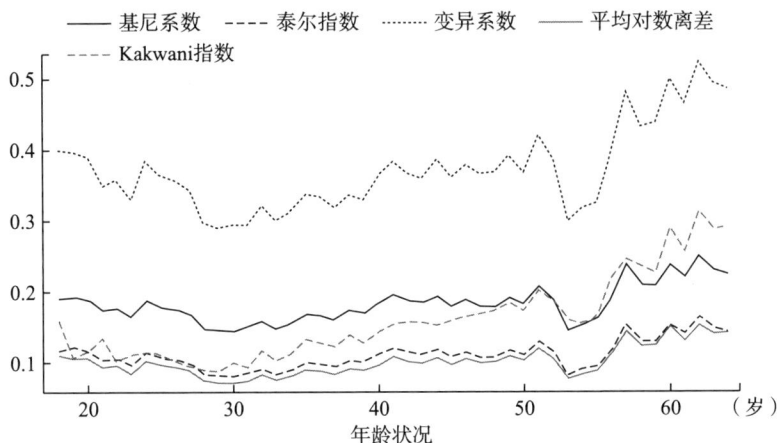

图 3-9　收入差距的年龄变化趋势

增长，我国在业民众的收入差距呈扩大趋势。虽然收入差距在年龄增长过程中偶有缩小，但缓慢扩大的总体趋势未发生改变。

四　收入差距的阶层分化与低阶层偏向

以往研究发现，收入水平与阶层存在很强的关联。当个体处于较高的阶层位置时，其所获得的收入回报也会更高。根据韦伯的观点，教育、职业和声望是划分社会阶层的重要标准和维度。虽然划分阶层的标准随着社会环境的改变有所变化，比如有学者将住房作为划分阶层的重要维度。但不可否认的是，教育、职业和声望水平依旧是划分社会阶层的重要标准。鉴于声望水平很难精准测量，本部分主要以教育和职业作为个体阶层划分的代理维度，试图考察收入差距在不同教育层级和不同职业中的分布状况，以反映收入差距在不同阶层的分布状况。

（一）受教育程度越高的群体中个体的收入差距水平越低

表3-18向我们呈现了所使用样本收入差距的教育层级特征。结果表明，收入差距在不同教育层级之间是存在差异的。随着个体受教育程度的提高，收入差距水平也逐渐下降。以基尼系数为例，基尼系数的均值在初中及以下受教育群体中为0.200，而在高中和大专及以上受教育群体中分别为0.149和0.138。可以看出，随着受教育程度的提高，收入差距水平是趋向于下降的，尽管下降幅度不明显。我们从其他几个收入差距指标中也观察到了相同的趋势。

表 3-18　收入差距的教育层级特征

变量名	初中及以下			高中			大专及以上		
	样本	均值	标准差	样本	均值	标准差	样本	均值	标准差
基尼系数	19436	0.200	0.136	4996	0.149	0.124	5340	0.138	0.119
泰尔指数	19436	0.124	0.108	4996	0.081	0.095	5340	0.076	0.094
变异系数	18872	0.415	0.306	4748	0.285	0.268	5007	0.255	0.266
平均对数离差	19436	0.115	0.106	4996	0.075	0.096	5340	0.062	0.090
Kakwani 指数	19436	0.186	0.227	4996	0.114	0.202	5340	0.081	0.168

　　为了更加直观地呈现收入差距水平在不同教育层级的分布状况，我们制作了收入差距水平在不同教育层级分布的核密度函数图，分别以基尼系数和变异系数为例进行呈现（见图3-10、图3-11）。可以很清楚地看到，基尼系数和变异系数的核密度函数结果随着教育层级的提高而轻微地向左移动，教育层级与收入差距水平之间呈现负向关系。此外，核密度函数结果还显示，在收入差距水平较低的群体中，大专及以上受教育群体占绝大部分。相反，在收入差距水平较高的群体中，初中及以下学历民众占绝大部分。

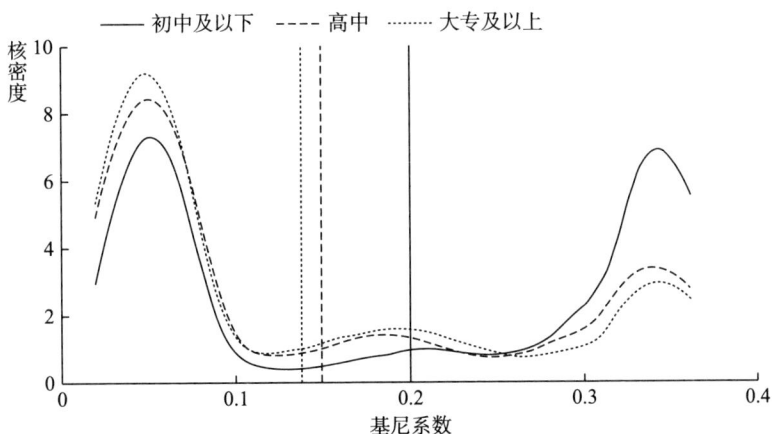

图3-10　不同教育层级基尼系数的核密度函数结果

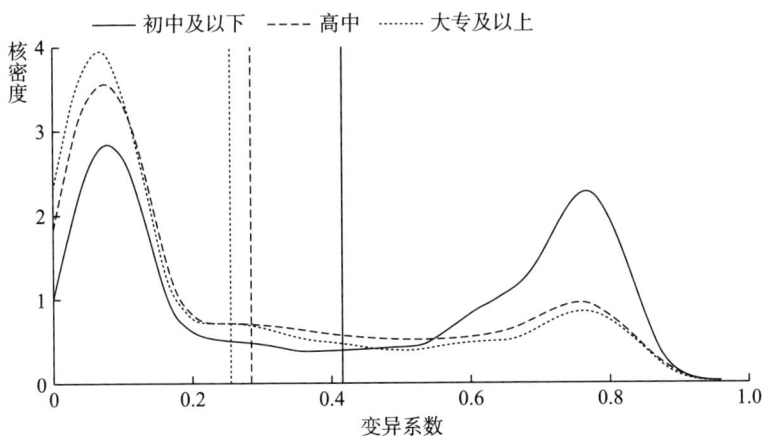

图3-11　不同教育层级变异系数的核密度函数结果

（二）收入差距水平存在明显的职业差异

表 3-19 向我们呈现了所使用样本的收入差距的职业特征。结果显示，收入差距水平在从事农业工作和从事非农工作的民众之间存在显著的差异。T 检验结果显示，收入差距在这两个群体之间存在统计学意义上的显著性。以区县层面测算的基尼系数为例，从事农业工作的民众的收入基尼系数均值为 0.269，而从事非农工作的民众的基尼系数均值仅为 0.140，前者明显高于后者。其他的收入差距测量指标也呈现了相同的变动趋势。这也意味着，收入差距水平在从事农业工作和从事非农工作的民众中的变化是比较稳健的。从体制来看，收入差距水平在体制内工作者和体制外工作者之间同样存在显著的差异。样本数据显示，体制内工作者的基尼系数、泰尔指数、变异系数等测量收入差距水平的指标均显著低于体制外工作者。显而易见，我国在业民众的收入差距存在明显的体制差异。同样，为了更加直观地呈现收入差距在不同职业的分布特征，我们制作了不同职业基尼系数和变异系数的核密度函数图（见图 3-12、图 3-13）。可以看出，我国民众的收入差距存在明显的职业差异。非农工作者和体制内工作者的收入差距水平明显低于农业工作者和体制外工作者。

表 3-19　收入差距的职业特征

变量名	农业工作		非农工作		体制外工作		体制内工作	
	均值	标准差	均值	标准差	均值	标准差	均值	标准差
基尼系数	0.269	0.115	0.140	0.122	0.194	0.135	0.121	0.112
泰尔指数	0.182	0.093	0.075	0.093	0.119	0.107	0.060	0.085
变异系数	0.583	0.273	0.264	0.257	0.402	0.305	0.204	0.219
平均对数离差	0.162	0.096	0.070	0.095	0.110	0.106	0.050	0.080
Kakwani 指数	0.316	0.223	0.082	0.171	0.183	0.230	0.032	0.076

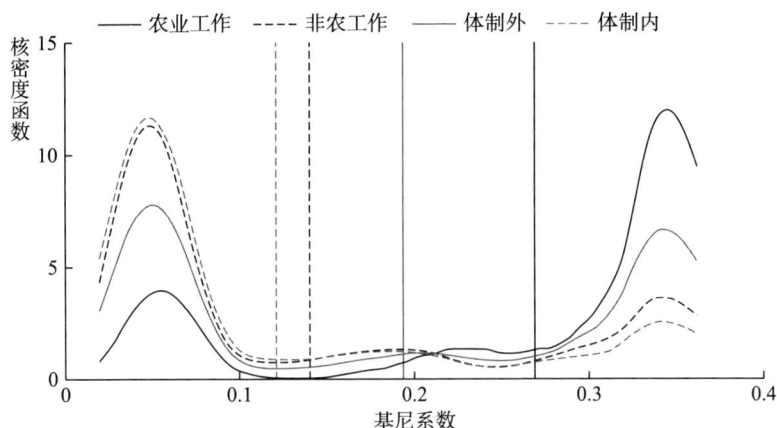

图 3-12　不同职业基尼系数的核密度函数结果

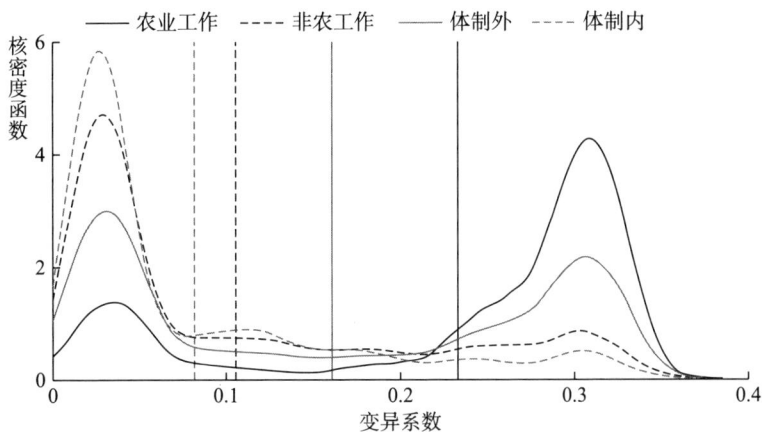

图 3-13　不同职业变异系数的核密度函数结果

第五节　小结

本章主要对数据的来源、数字化和收入差距水平的具体操作定义过程，以及数字化和收入差距在微观个体层面的总体发展状况和分布特征进行了全景式的分析和描述。整体来看，随着移动通信技术的发展和数字技术的革新，我国迎来了数字化发展的黄金时期。从 20 世纪 90 年代到 21 世纪的第一个十年，人们还主要停留在手机接入阶段。如今，人们已经整体进入网络接入阶段，这给人们适应和拥抱数字社会创造了有利条件。随着我国对数字技术发展的大力支持，数字经济已经成为拉动经济增长的重要引擎，并成为推动中国式现代化的重要抓手。数字化是未来发展的趋势、方向和潮流。在宏观数字化水平不断发展的背景下，个体的数字化水平也随之提升。从数据中可以清楚地看出，我国在业民众的数字接入程度、数字素养和对新兴媒介的数字偏好随着时间的推移和社会发展都在不断提升。但是，个体数字化水平除了与数字技术本身的发展水平有关之外，也与地区发展水平和个人特质相关。其中，地区发展水平是影响个体数字化水平的宏观结构因素，而个人特质则是影响个体数字化水平的微观个体因素。从地区来看，生活在东部地区的民众的数字化水平要普遍高于中西部地区和东北地区，而生活在中部地区的民众的数字化水平要普遍高于西部地区。从城乡来看，生活在城镇地区的民众的数字化水平要普遍高于生活在农村地区的民众。这表明，民众的数字化程度与地区经济发展水平之间存在密切关联。从微观个体层面来看，在业民众的数字化水平还存在明显的代际差异和阶层差异。具体来看，青年人的数字化程度要明显高于中老年人。这说明，在数字技术快速发展的时代，老年人依旧面临无法完全融入数字社会的窘境，数字红利覆盖的主流群体是青年人。此外，民众的数字化水平存在明显的教育层级差异和职业差异。民众的受教育程度越高，其数字化水平也越高。相比从事农业工作和体制外工作的民众，从事非农工作和体制内工作的民众具有更高的数字化水平。对于受教育程度较低、从事农业工作或者从事体制外工作的民众来讲，当前的数字化环境还有进一步改善的空间。

另外，收入差距也是本书关注的重要问题。市场经济的发展在一定程度上扩大了不同群体之间的收入差距。但也应注意到，国家大刀阔斧的政治体制改革和市场活力的提升也为个体发展创造了环境。并非所有群体的基尼系数都位于国际预警线之上。大多数学者测算的收入基尼系数仅囊括了某一地区的民众。换言之，收入差距水平主要是指地区层面的收入分配状况。如果将基尼系数测算聚焦于具有其他共同特征的人群，我们可能会看到不同的结果。我们利用CFPS2014～2018年三期数据构建面板数据，从区县层面对样本人群的收入差距进行测算，发现基尼系数普遍位于国际预警线之下。我们的基尼系数测算结果与朱德云等（2021）的研究结果基本一致。只不过，我们借鉴以往研究的做法，利用个人总收入对数来测算不同的收入差距指标，导致我们测算的指数相比未进行对数处理的指数较小。但是，这并不影响我们对收入差距现状和发展趋势做出的判断。为了更好地评估在业民众的收入差距水平，我们从时空特征和个体特征两个维度分别进行了分析和探讨。结果表明，样本人群的收入差距状况依然存在明显的时间效应和空间效应。从时间分布来看，收入差距水平在 2014～2018 年呈现"U 形"发展趋势；从空间分布来看，收入差距水平与地区发展水平之间存在负向关联。整体来看，样本人群所在地区的经济发展水平越高，其收入差距越小；反之，收入差距越大。从年龄特征来看，我国在业民众的收入差距存在明显的代际差异，年龄越小，其收入差距越小，反之，收入差距越大。此外，民众的收入差距存在明显的教育层级和职业差异。受教育程度越高的民众，其收入差距水平越低；从事非农工作和从事体制内工作的民众，其收入差距水平越低。

本章概略式地呈现了样本人群数字化和收入差距的发展现状及分布特征，为具体分析数字化与收入差距之间的关联奠定了基础。基于本章的讨论，我们将在接下来的章节中重点分析数字化与收入差距之间的复杂关联。

第四章 收入差距中的数字接入效应

第一节 理论分析与研究假设

目前,我国民众之间存在收入差距已经成为不争的社会事实,而对于这一差异的解释多集中于两个方面,即制度主义理论和人力资本理论。前者强调集团类别、所有制类型和工作单位等制度性因素对收入差距的影响,而后者则强调社会资本和人力资本对收入差距的作用。在很长一段时间里,制度性因素一度成为民众收入差距的主要原因。那个时期,市场发展还不完善,市场活力也未得到有效释放,国家依旧是社会各领域全方位的掌控者。在这样的制度背景下,个体政治资源多寡而非能力强弱成为决定收入分配的主要力量。随着改革开放和社会主义市场经济的发展,市场活力逐渐得到释放。一个很明显的表现是,个人能力和禀赋成为收入回报的决定性因素。目前学者在探讨个体收入差距的成因时,往往不能忽略人力资本在其中的重要作用。其中,个体的知识技能、受教育程度、社会关系网络和财富积累都成为人力资本的重要表征,而随着我国数字技术的发展和数字化水平的不断提高,个体是否拥有数字接入的条件也成为衡量人力资本的重要指征。很明显,数字接入为民众提高收入水平创造了条件。早在 20 世纪 90 年代,就有学者发现个人电脑的使用能带来平均 15% ~ 30% 的额外工资收入(Krueger,1993)。一方面,个体可以将互联网作为学习、工作的重要辅助工具以及获取信息的主要渠道,在同等条件下获得更多的收入溢价(华昱,2018);另一方面,个体可以将互联网使用作为提高认知能力和技术能力的手段,全面提升自我能力以获得更高的收入回报。显而易见，数字接入对收入具有明显的促增作用。在早些年，我国还处于 2G 时代，是否使用手机也可以成为衡量数字接入的重要指标。使用手机的人可以通过便捷地获取信息而获得更多的收入回报。但进入 21 世纪，手机使用已经普及，换言之，手机使用对收入的促增作用已经不再如往常般明显。从某种程度上而言，数字接入主要表征为互联网的接入。虽然基于互联网使用的数字接入对收入差距有影响已经得到诸多研究的证实，但数字接入究竟是扩大还是缩小了当前的收入差距还未得到一致的结论。以往有研究表明，数字接入在某种程度上会扩大城乡收入差距。这些学者普遍认为，随着互联网技术的不断发展，居住在城镇地区的民众会率先拥有接入互联网的机会。因而，城镇地区的数字接入程度整体上是高于农村地区的。同时，城镇地区相较于农村地区来讲，拥有更好的发展条件和更多的就业机会。自然而然地，生活在城镇地区的民众在收入回报获得上也是高于农村地区的。很明显，数字接入向城镇地区倾斜会进一步拉大已经存在的城乡收入差距。但需要注意的是，这是在地区范围内对民众收入差距进行的整体比较，很难反映数字接入对个体收入差距产生的影响。对于个体而言，数字接入是否有利于缩小其与他人之间的收入差距呢？从目前的研究来看，虽然学者多是探讨基于互联网使用的数字接入对个体收入差距的影响，但都无一例外地肯定了数字接入对个体收入的正向促增作用。相比没有数字接入的个体而言，数字接入个体显然有更多的机会获取更高的收入回报。在此情形下，个人在数字接入的激发下有机会向更高的收入相对位置移动。以互联网使用为表征的数字接入将成为缩小个体收入差距的有力工具。基于此，我们提出数字接入能缩小个体收入差距的基本假设。

假设 1：在给定其他因素不变的情况下，数字接入能有效地提升个体的收入相对回报率，提高个体在所属群体的收入相对位置，进而缩小个体之间的收入差距。

但在现实情形中，数字接入和收入增长可能是同向变化和发展的。相比之下，高学历、高收入和高社会地位人群的数字接入水平一般更高，而低学历、低收入和低社会地位人群往往无法在第一时间获得接入互联网的机会。因而，当以互联网使用为表征的数字接入还未全面普及时，数字接入的对象更多的是社会中的优势群体。数字接入能提高个体的收入回报率和缩小个体间收入差距水平是一个模糊的说法。个体能否获得更高的收入或者位于较高的收入相对位置，与其人力资本水平存在密切关联。当其已经拥有较高的人力资本时，是否接入互联网并不会显著地影响其收入水平。然而，随着数字技术的迭代变革，基于互联网使用的技术效应逐渐显现。大数据、物联网、人工智能、AI 技术和元宇宙技术的发展无不以互联网接入作为最基本的条件。在很大程度上，以互联网使用为基础的数字接入能让个体获得之前所不具备的知识和技能。因而，即便不同个体拥有相似的特征和人力资本条件，数字接入也能进一步提升个体的能力、增加其获取更高收入回报的机会。尤其是我国在 2015 年提出"数字中国"概念后，数字接入对个体收入差距的抑制作用更加凸显。基于此，我们提出研究假设。

假设 2：在给定其他条件不变以及不同的个体之间拥有相似特征和人力资本的情况下，数字接入能有效地提升个体的收入相对回报率，提高个体在所属群体中的收入相对位置，进而缩小个体间收入差距。相比"数字中国"概念提出前，数字接入在概念提出后对个体间收入差距的抑制作用更加凸显。

但是，数字接入对个体间收入差距的影响和作用是需要条件的，并非所有个体间收入差距水平都能在数字接入之后有所降低。数字接入除了具有偏向性之外，还存在一定的适用范围。相对而言，数字接入在从事非农工作的群体中显然能发挥更大的技术效能。一方面，非农工作者可以使用互联网来办公和提高职业技能；另一方面，非农工作者可以借助互联网提高工作效率和信息传播的速度。在劳动力市场中，非农工作领域更加需要知识型和技能型劳动者，而信息传播的速度和效率直接影响非农工作的成效。因而，如果非农工作者能率先接入互联网，他们获得更高收入回报的概率会显著高于没有数字接入的非农工作者。然而，数字接入却很难有效提升农业工作者的收入水平。目前，依托数字化手段开展农业工作的劳动者还比较少。大部分农业工作者仍以从事传统农业工作为主。这就意味着，以互联网使用为表征的数字接入很难对农业劳动发挥积极正向的作用和效能，数字接入的技术效应也无法得到有效体现。从这个意义上来讲，数字接入对个体收入差距的影响在农业工作者和非农工作者之间是存在差异的。具体而言，数字接入能显著地降低非农工作者之间的收入差距水平，而不会显著地影响农业工作者之间的收入差距水平。基于此，我们提出数字接入对收入差距影响的职业差异假设。

　　假设3：在给定其他条件不变以及相同行业领域中的个体具有相似特征和人力资本水平的情况下，数字接入能有效地提升非农工作者的收入回报率和其在所属群体中的收入相对位置，进而降低非农工作者之间的收入差距；数字接入不能有效地提升农业工作者的收入回报率和其在所属群体中的收入相对位置，不能显著地影响农业工作者之间的收入差距。

　　显然，数字接入对个体间收入差距产生的抑制作用不仅与个体特质有关，而且也与职业类型有关。从目前来看，职业属性、工作性质、组织类型等都是职业类型划分的重要维度。那么，数字接入会对体制内工作者和体制外工作者的收入差距水平产生什么影响呢？随着市场主体活力提升，无论是体制内工作者还是体制外工作者都存在数字接入的需求。因而，数字接入带来的知识增加和技能增长对于体制内工作者和体制外工作者都是同等有效的。为此，我们认为数字接入对体制内工作者和体制外工作者的收入差距都有显著的抑制作用。另外，随着受教育程度和女性社会地位的提高，女性在职场中也扮演着与男性同等重要的角色。虽然当前不同性别群体之间还存在收入差距，但并不妨碍数字接入对二者收入差距的抑制作用。基于此，我们提出数字接入缩小收入差距的职业趋同和性别一致性假设。

　　假设4：在给定其他条件不变以及相同职业或相同性别群体内个体特征和人力资本相似的情况下，数字接入对体制内工作者和体制外工作者之间的收入差距都存在显著的抑制作用；数字接入对女性群体和男性群体之间的收入差距也存在非常显著的抑制作用。

　　需要注意的是，虽然我们认为数字接入从整体上会负向显著地影响个体收入差距状况，即会对个体间收入差距产生抑制作用。但数字接入对位于不同分位点个体的收入差距会产生不同的效用。对位于较低分位点的个体而言，其本身在所属群体中就处于较高的收入位置。因而，虽然数字接入会对其收入差距产生显著的负向影响，但影响比较小。而对位于较高分位点的个体来说，其本身就处于较低的收入位置。因而，数字接入成为这类群体获取更高收入回报的机会。相比之下，数字接入对位于高分位点个体间收入差距产生的边际效应会更大。基于此，我们提出数字接入边际效应递增的假设。

　　假设5：在给定其他条件不变以及位于相同分位点内个体特征和人力资本价位相似的情况下，数字接入对位于不同分位点个体收入差距的影响存在明显的差异。随着分位点收入差距的提高，数字接入对个体间收入差距的负向边际效应是递增的。

第二节　数据、变量和分析方法

一　数据来源与样本选择

　　本章使用的数据同样来自中国家庭追踪调查（CFPS）数据。以往研究已经发现，CFPS家庭成员的性别和年龄结构与第六次人口普查的人口结构分布直观上相当吻合（谢宇等，2014）。这表明CFPS样本对总体人口具有很好的代表性。学界早已将 CFPS 作为能反映社会事实的具有高度代表性的数据用于实际研究过程中。本书在这个部分同样使用了 CFPS2014～2018 年三期数据。一般而言，收入存在于有工作的群体中。因而，我们在此部分将有工作的个体作为我们的分析对象。同时，由于未满 18 周岁的个人可能还未进入劳动力市场，而超过 64 岁的个人可能已经退出劳动力市场。借鉴以往研究的做法，我们在对此部分进行分析的过程中删除了小于18 岁和大于 64 岁的个体样本。在此基础上，我们对收入数据中的缺失值、奇异值和极端值也进行了处理。最终，我们得到了共 29772 个观测样本。其中，2014 年、2016 年和 2018 年的观测样本分别为 16037、5332 和 8403。

二 变量选取

（一）自变量

我们研究的关键自变量为是否上网（*Internet*）。该变量在问卷中是虚拟变量，取值为 1 表示上网，取值为 0 表示不上网。该题项主要出现在CFPS 成人问卷中的手机和网络模块部分。在 2016 年和 2018 年的 CFPS 数据中，是否上网题项被分成是否使用手机上网和是否使用电脑上网题项，对样本进行调查。而 CFPS2014 调查问卷中仅有是否上网题项。为了保证研究的一致性，我们将 CFPS2016 和 CFPS2018 问卷中的是否使用手机上网和是否使用电脑上网数据进行了合并。具体来讲，如果调查样本使用手机或电脑上网，我们就取值为 1；如果调查样本不使用手机或电脑上网，我们就取值为 0。按照最初的研究设想，我们计划将是否使用手机和是否上网进行合并，得到数字接入程度的综合得分。然而，经过第三章的分析发现，样本民众的手机使用率在 2014～2018 年已经达到很高的水平。如果将其作为数字接入程度的二级指标，个体的数字接入差异很难被有效地体现出来。从某种程度上来讲，中国民众当前存在的数字接入差异主要是由网络接入差异导致的。换言之，中国民众的数字接入差异更多地表现为人们是否上网的差异。因而，我们在本章主要将民众是否上网作为数字接入程度的代理变量。

（二）因变量

我们研究的核心因变量是收入差距。其中，收入差距指标通过个人收入测算获得。在 CFPS 成人问卷中的工作模块，研究人员对调查样本的个人收入进行报告。其中，个人收入包括个人主要工作总收入和一般工作总收入。从收入数据分布可以看到，没有工作的成人样本对于个人收入这个题项是不适用的。因而，他们的工作总收入被研究人员标记为不适用（-8）。我们在对数据进行清洗的过程中，删除了工作状况为不在业以及已退出劳动力市场的成人样本。在此基础上，我们还删除了收入数据在不同年度的缺失值。同时，我们还对个人收入在 1% 和 99% 水平上进行了缩尾处理，消除极端值的影响。另外，消费价格变化对收入带来的影响也是不容忽视的问题，为了让不同时期的个人收入可以进行比较，借鉴以往研究的做法（陶源，2020），我们还根据消费价格指数对个人收入进行了消胀处理。我们清洗好个人收入数据后，利用个人收入对数①计算了个人的相对剥夺指数。到目前为止，学界已经涌现出许多可以用来衡量个体相对剥夺程度的指标。由于我们已经在第三章中对该问题进行了详细说明，在此不再作过多阐释。在本章中，我们主要用 Kakwani 指数作为个体相对剥夺的衡量指标。按照学界的通常做法（邓大松等，2020），我们将 Kakwani 指数作为衡量个体收入差距水平的代理变量。由于 Kakwani 指数的高低与其选取的参照组有关，我们以村居范围内的其他调查样本收入作为样本个体的收入参照组。

（三）控制变量

在本章中，借鉴以往研究的做法（蒋琪等，2018），我们将调查样本的性别、年龄、年龄$^2/_{100}$、户籍状况、城乡状况、受教育程度、政治面貌、婚姻状况、是否从事非农工作、是否从事体制内工作、自评健康状况、地区类型以及调查年份等作为控制变量进行了处理。其中，我们将性别、户籍状况、城乡状况、受教育程度、政治面貌、婚姻状况、是否从事非农工作、是否从事体制内工作等样本信息都操作化为虚拟变量。在性别变量中，取值为 0 代表女性，取值为 1 代表男性；在户籍状况中，取值为 0 代表农村户籍，取值为 1 则代表城镇户籍；在城乡状况方面，取值为 0 代表

---

① 由于部分个人收入存在 0 值，我们对所有个人收入在加 10 的基础上进行对数处理。

农村地区，取值为1代表城镇地区。对于个体的受教育程度，我们将其拆分成是否高中及以上学历和是否大学及以上学历两个变量。对于前者来说，取值为0代表个体拥有高中以下学历，取值为1代表个体拥有高中及以上学历；对于后者来说，取值为0代表个体拥有大学以下学历，取值为1代表个体拥有大学及以上学历。对于政治面貌，我们将非中共党员取值为0，将中共党员取值为1。同理，婚姻状况取值为0代表未婚，取值为1代表已婚。对于是否从事非农工作和是否从事体制内工作这两个变量，我们将从事农业工作和从事体制外工作分别取值为0，将从事非农工作和从事体制内工作分别取值为1。地区类型方面，我们依据调查样本所在省份，将调查样本所在地划分为东部地区、中部地区、西部地区和东北地区四种类型。其中，我们将东部地区、中部地区、西部地区和东北地区分别赋值为1、2、3和4。由于年龄的变化趋势可能是非线性的，因而我们将年龄$^2/_{100}$也纳入实际研究过程中。在自评健康状况方面，CFPS成人问卷中对该题项采取了5点计分。其中，取值1~5分别表示非常不健康、不太健康、一般、比较健康和非常健康。在实际研究中，我们将自评健康状况变量作为连续变量进行了处理。

三　实证分析模型

（一）面板固定效应模型

我们最终使用的数据是由CFPS2014~2018年三期数据综合而成的面板数据。为了精准有效地识别数字接入对个体间收入差距的影响。本章构建了面板固定效应（panel fixed effects，PFE）的计量模型。具体的计量模型如下：

$$Kakwani(Lincome)_{it} = \beta_0 + \beta_1 Internet_{it} + \beta_2 X_{it} + u_i + \lambda_t + \varepsilon_{it} \tag{1}$$

在模型（1）中，$Kakwani(Lincome)_{it}$代表被解释变量，表示利用个体i在第t年的个人年收入对数在村居层面测算得到的Kakwani指数，其代表个体i在第t年的收入差距水平。$Internet_{it}$代表本章研究的核心解释变量，其具体可以解释为个体i在第t年是否上网的虚拟变量。X_{it}表示个体i在第t年的系列控制变量特征，包括性别、年龄、年龄$^2/_{100}$、户籍状况、城乡状况、受教育程度、政治面貌、婚姻状况、是否从事非农工作、是否从事体制内工作和自评健康状况等个人信息。u_i 表示不随时间改变的个体异质性的截距项，比如个体所在的地区特征。λ_i 代表不随个体改变的时间异质性的截距项，比如个体接受调查的年份。ε_{it} 表示个体 i 随时间 t 变化的随机扰动项。概括来讲，模型（1）可以称为"数字接入－相对剥夺"方程。其中，β_1 表示数字接入程度对收入差距影响的弹性系数。该系数越大，说明数字接入对收入差距的影响越大。若系数为负，说明数字接入会负向影响收入差距。这意味着，数字接入会缩小收入差距。若系数为正，说明数字接入会正向影响收入差距。也就是说，数字接入会扩大收入差距。

本章之所以选择面板固定效应模型，主要有以下两点原因。第一，传统的截面数据分析无法将不易观测到的个体层面特征精准有效地控制起来，而这些因素可能会潜在地影响数字接入程度和收入差距水平。在这种情形下，"数字接入"回归系数 β_1 很容易存在偏误。相比之下，面板固定效应模型则可以相对有效地解决这个问题。在实际研究过程中，面板固定效应模型可以将研究对象分成处理组和对照组。在本研究中，已经数字接入的个体为干预组，而没有数字接入的个体属于对照组。面板固定效应模型通过差分的方式差分掉处理组和对照组中不随个体和时间而变化的特征，进而消除了不可观测的、不随时间变化的个体特征的影响。第二，模型中的 u_i 和 λ_t 与解释变量 $Internet_{it}$ 相关时，利用最小二乘法进行估计容易产生有偏估计。相较之下，面板固定效应模型通过消除模型中的个体效应 u_i 和时间效应 λ_t，得到与新解释变量无关的新残差项。在此基础上，利用普通最小二乘回归将会得到新解释变量 β_1 的无偏估计（蒋琪等，2018）。鉴于此，我们认为利用面板固定效应模型来探讨数字接入对收入差距的影响能有效地规避和解决研究过程中可能存在的内生性和估计偏误问题。

（二）倾向得分匹配双重差分法

需要注意的是，尽管面板固定效应模型能有效地消除估计模型的部分内生性问题，但仍然无法消除随时间变化且无法观测到的个体特征。为了进一步解决内生性问题，我们还尝试用倾向得分匹配双重差分法（propensity score matching difference in differences，PSMDID）对面板固定效应估计结果进行稳健性检验。由于样本还存在自选择问题，相对而言，面板固定效应模型处理该问题的效果并没有倾向得分匹配双重差分法好。因而，本章继续沿用面板固定效应回归的分析逻辑，试图揭示数字接入影响收入差距的净弹性系数。

对于倾向得分匹配双重差分法而言，其具体可以分解为倾向得分法和双重差分法这两种方法。一般来讲，倾向得分法主要适用于截面数据的分析场景，用来评估某项政策实施后带来的净效应。为此，我们通常会通过构建处理组和对照组的方式来评估"处理效应"。然而在实际研究过程中，我们所使用的数据通常都来自非随机的观察研究中，这就使得研究存在选择性偏差问题。倾向得分法的目的就是为每个处理组中的个体在对照组中寻找尽可能相似的双胞胎个体，与其进行匹配并进一步报告二者之间的"处理差异"。我们将使用手机或电脑上网的用户作为处理组，将不使用手机或电脑上网的用户作为控制组。其中，我们根据一系列个体特征和是否上网的结果，利用 logit 模型计算出该个体使用网络的概率，即倾向得分。在此基础上，基于倾向得分对处理组和对照组进行平衡性检验，并与未匹配前进行对比。如果匹配通过了平衡性检验，则进一步估计使用手机或电脑上网用户对收入差距产生影响的平均处理效应（average treatment effect on the treated，ATT）。倾向得分匹配（propensity score matching，PSM）的模型设定如下：

$$Kakwani_i = \begin{cases} Kakwani_{1i}, if \quad Internet_i = 1 \\ Kakwani_{0i}, if \quad Internet_i = 0 \end{cases} \tag{2}$$

在式（2）中，$Internet_i$ 表示个体是否使用手机或电脑上网，即 1 表示个体上网，作为处理组；0 表示个体不上网，作为对照组。$Kakwani_{1i}$ 表示上网个体的收入差距状况，$Kakwani_{0i}$ 表示不上网个体的收入差距状况。在给定可观测特征变量的情况下，个体 i 进入处理组的条件概率为：

$$p(x_i) = Pr\{Internet_i = 1 \mid x = x_i\} = E\{Internet_i \mid x_i\} \tag{3}$$

根据式（2）和式（3）可得到使用手机或电脑上网的个体影响收入差

距的平均处理效应（ATT）为：

$$ATT = E\{Kakwani_{1i} - Kakwani_{0i} \mid Internet_i = 1)$$
$$= E[\{Kakwani_{1i} - Kakwani_{0i} \mid Internet_i = 1, p(x_i)\}]$$
$$= E[E\{Kakwani_{1i} \mid Internet_i = 1, p(x_i)\}$$
$$= E\{Kakwani_{0i} \mid Internet_i = 0, p(x_i)\} \mid Internet_i = 1]$$

(4)

PSMDID 则是在利用 PSM 模型构建出处理组和对照组的基础上，对处理组和对照组在干预前后的结果变量的一阶差分再次作差，进而识别干预的效果。在干预一段时间后，观察使用手机或电脑上网对个体收入差距带来的弹性变化。以往研究表明，PSMDID 可以有效地控制不随时间变化且不可观测的组间差异，比如处理组和对照组使用了不同的问卷或者两组样本分别来自不同的地区（蒋琪等，2018；陈强，2014）。严格来讲，双重差分（difference-in-differences，DID）模型要求结果变量满足"平行趋势假设"。也就是说，在没有进行干预的情况下，处理组和对照组的结果变量变化是趋于一致的。但是，在实际的社会科学研究中，这一条件显然很难满足。因而，我们在进行双重差分之前，利用倾向得分匹配法对干预前后的处理组和对照组进行了匹配，以保证两个极为相似的个体在未处理之前的收入差距状况是趋于一致的。

（三）再中心化影响函数

由于前述模型设定仅能反映数字接入程度对收入差距影响的总体差异，不能反映数字接入对个体间收入差距带来的变化。为此，我们参照学界的做法（刘蕾、王轶，2022；李彦龙，2020），利用再中心化影响函数（recentered influence function，以下简称 RIF 回归）来实证检验数字接入对个体收入差距带来的影响。RIF 回归主要是用来处理样本中某一微小变化对统计量带来的影响，具有期望为零的性质。在经济学和社会学领域，RIF 回归常用来探讨分配差距问题。同时，通过 RIF 回归获得控制其他变量不变时数字接入对收入差距影响的变化差异后，我们还可以进一步利用瓦哈卡-布林德（Oaxaca-Blinder）分解法（以下简称 OB 分解）进一步探讨收入差距的成因。通过上述方法，我们能够得到数字接入影响个体间收入差距的特征效应和系数效应。具体来看，RIF 回归方程如下：

$$v(F_y) = E[RIF\{y,v(F_y)\}] = \lambda_1 Internet_i + \lambda_2 X_i + \sum year + \sum pid + \varepsilon \quad (5)$$

其中，v 是刻画 $F(y)$ 分布的各种统计量，包括 Kakwani 指数、变异系数、平均对数离差、基尼系数和泰尔指数等测量收入差距的指标。y 指的是个人的工作总收入，ε 是回归的残差。从经济学意义上讲，如果 i 取值为 k，λ_1 的含义就是在控制其他变量不变的情况下，总体中的 $Internet_k$ 的均值提高一个单位时，y 的统计量 v 将提高 λ_1。当统计量 v 为 Kakwani 指数、基尼系数和分位距等测量收入差距的指标时，$Internet_k$ 的均值变化即对总体收入差距产生的影响。显然，RIF 回归和基于 RIF 回归的 OB 分解是研究收入差距的有力工具。从某种程度上而言，也能较好地克服模型估计时产生的内生性问题和测量偏误。

第三节　数字接入影响收入差距的实证分析结果

一　数字接入对收入差距的影响

（一）主要变量的描述性统计

在进入模型分析之前，我们首先对模型估计过程中所使用的主要变量进行描述性统计，结果如表 4-1 所示。从该表可以发现，按个人收入对数测算的 Kakwani 相对剥夺指数的均值为 0.155，其中最小值为 0.00，最大值为 0.78；按个人收入对数测算的基尼系数的均值为 0.180，其中最小值为 0.02，最大值为 0.36。如果按个人收入进行测算的话，我国民众的基尼系数均值为 0.356，其中最小值为 0.18，最大值为 0.55。整体来看，样本民众的收入差距值已经处于国际预警线 0.4 以下。但从标准差、最小值和最大值来看，仍有部分个体间的收入差距状况非常严峻。虽然基于个人收入对数测算的收入差距数值小于基于个人收入数据测算的数值，但是，基于个人收入对数测算的收入差距显然更少受到收入极端值的影响。因而，将基于个人收入对数测算的收入差距指标用于模型估计，能得到更为稳健的结果。关于个体是否上网，平均五年的数据显示个体的数字接入率仅为48.9%，仍有占比51.1%的个体不使用手机或电脑上网。是否上网的标准差为 0.50，表明是否上网在不同个体之间存在较大差异。数据显示，随着时间的推移和数字技术的发展，个体使用手机或电脑上网的比例也在逐步提高。在不同年份之间，个体是否上网的比例也是存在较大差异的。从模型中纳入的其他主要变量来看，在我们所使用的调查样本中，男性占比为57.8%，平均年龄为 41.466 岁，城镇户籍人员占比为 28.7%，城镇地区个体占比为 49.6%，中共党员占比为 7.1%，拥有高中及以上学历的个体占比为 32.9%，拥有大学及以上学历的个体占比为 15.7%。从婚姻状况来看，调查样本中已婚人士占比高达 85.5%。从职业特征来看，调查样本中从事非农工作和体制内工作的个体占比分别为 68.9% 和 18.5%。对于自评健康状况而言，调查样本的自评健康状况平均得分为 3.193，说明调查样本的自评健康状况整体良好。从现有的描述性统计结果来看，我国绝大部分的劳动者仍是农村户籍人员，拥有中共党员身份的劳动者比例较低。同时，拥有高等教育学历的劳动者比例较低。另外，我们发现仅有较低比例的劳动者在体制内工作。

表 4-1　主要变量的描述性统计结果

变量名	观测值	均值	标准差	最小值	最大值
Kakwani 指数（按个人收入对数）	29772	0.155	0.22	0.00	0.78
基尼系数（按个人收入对数）	29772	0.180	0.13	0.02	0.36
基尼系数（按个人收入）	21279	0.356	0.05	0.18	0.55
数字接入	29772	0.489	0.50	0.00	1.00
性别	29772	0.578	0.49	0.00	1.00
年龄	29772	41.466	11.63	18.00	64.00
年龄$^2/_{100}$	29772	18.547	9.70	3.24	4.10
户籍状况	29749	0.287	0.45	0.00	1.00
城乡状况	29772	0.496	0.50	0.00	1.00
政治面貌	28832	0.071	0.26	0.00	1.00
是否高中及以上学历	28971	0.329	0.47	0.00	1.00
是否大学及以上学历	28971	0.157	0.36	0.00	1.00
婚姻状况	29772	0.855	0.35	0.00	1.00

变量名	观测值	均值	标准差	最小值	最大值
Kakwani 指数（按个人收入对数）	29772	0.155	0.22	0.00	0.78
是否从事非农工作	29763	0.689	0.46	0.00	1.00
是否从事体制内工作	29770	0.185	0.39	0.00	1.00
自评健康状况	29745	3.193	1.15	1.00	5.00

（二）数字接入与收入差距的相关性分析

表 4-2 向我们呈现了数字接入与收入差距相关变量的相关关系矩阵结果。其中，数字接入、性别、户籍状况、城乡状况、政治面貌、是否高中及以上学历、是否大学及以上学历、是否从事非农工作、是否从事体制内工作和自评健康状况等个人特征与个体之间的收入差距存在显著的负向关联。相比不使用手机或电脑上网、女性、农村户籍、农村地区、非中共党员、高中以下学历、大学以下学历、从事农业工作、从事体制外工作、自评健康较差的个体来讲，使用手机或电脑上网、男性、城镇户籍、城镇地区、中共党员、高中及以上学历、大学及以上学历、从事非农工作、从事体制内工作、自评健康状况较好的个体之间的收入差距更小。而年龄、年龄$^2/_{100}$和婚姻状况与个体之间的收入差距具有显著的正向关联。随着年龄增长，个体之间的收入差距逐渐扩大；相较未婚的个体来讲，已婚个体之间的收入差距水平更高。另外，我们发现性别、户籍状况、城乡状况、政治面貌、是否高中及以上学历、是否大学及以上学历、是否从事非农工作、是否从事体制内工作和自评健康状况与数字接入存在显著的正向关联，而年龄、年龄$^2/_{100}$和婚姻状况与数字接入存在显著的负向关联。

（三）数字接入影响收入差距的基准回归结果

基于数据特性和研究的具体需要，我们利用双向固定效应模型来实证检验数字接入对个体收入差距的影响效应，如表 4-3 所示。为了验证模型估计结果的稳健程度，我们不仅实证分析了数字接入对以 Kakwani 指数为衡量指标的收入差距的影响，还实证分析了数字接入对以基尼系数为衡量指标的收入差距的影响。其中，模型 1、模型 2 和模型 3 呈现了以 Kakwani 指数为收入差距衡量指标的基准回归结果；模型 4、模型 5 和模型 6 呈现了

表4-2 数字接入与收入差距相关关系系数矩阵结果

	(1)	(2)	(3)	(4)	(5)	(6)	(7)	(8)	(9)	(10)	(11)	(12)	(13)	(14)
(1) Kakwani 指数	1.00	-0.34*	-0.13*	0.20*	0.21*	-0.20*	-0.19*	-0.06*	-0.22*	-0.26*	0.11*	-0.48*	-0.25*	-0.09*
(2) 数字接入	-0.37*	1.00	0.01	-0.51*	-0.51*	0.26*	0.24*	0.07*	0.42*	0.36*	-0.29*	0.43*	0.23*	0.11*
(3) 性别	-0.20*	0.01	1.00	0.05*	0.05*	-0.01	-0.03*	0.10*	-0.01	-0.05*	-0.05*	0.08*	0.02*	0.09*
(4) 年龄	0.20*	-0.51*	0.05*	1.00	1.00*	-0.00	-0.04*	0.05*	-0.25*	-0.27*	0.54*	-0.28*	-0.03*	-0.24*
(5) 年龄²/100	0.21*	-0.51*	0.06*	0.99*	1.00	-0.00	-0.04*	0.05*	-0.25*	-0.27*	0.54*	-0.28*	-0.03*	-0.24*
(6) 户籍状况	-0.20*	0.26*	-0.01	-0.00	-0.01	1.00	0.47*	0.17*	0.42*	0.37*	-0.00	0.35*	0.38*	-0.02*
(7) 城乡状况	-0.19*	0.24*	-0.03*	-0.04*	-0.05*	0.47*	1.00	0.07*	0.29*	0.24*	-0.01	0.37*	0.24*	-0.01
(8) 政治面貌	-0.06*	0.07*	0.10*	0.05*	0.06*	0.17*	0.07*	1.00	0.21*	0.21*	0.02*	0.07*	0.24*	0.01
(9) 是否高中及以上学历	-0.22*	0.42*	-0.01	-0.25*	-0.25*	0.42*	0.29*	0.21*	1.00	0.61*	-0.23*	0.32*	0.36*	0.05*
(10) 是否大学及以上学历	-0.20*	0.36*	-0.05*	-0.26*	-0.26*	0.37*	0.24*	0.21*	0.61*	1.00	-0.24*	0.25*	0.34*	0.05*
(11) 婚姻状况	0.11*	-0.29*	-0.05*	0.55*	0.48*	-0.00	-0.01	0.02*	-0.23*	-0.24*	1.00	-0.15*	-0.03*	-0.17*
(12) 是否从事农非农工作	-0.49*	0.43*	0.08*	-0.28*	-0.29*	0.35*	0.37*	0.07*	0.32*	0.25*	-0.15*	1.00	0.28*	0.09*
(13) 是否从事体制内工作	-0.26*	0.23*	0.02*	-0.03*	-0.04*	0.38*	0.24*	0.24*	0.36*	0.34*	-0.03*	0.28*	1.00	0.01*
(14) 自评健康状况	-0.08*	0.12*	0.09*	-0.25*	-0.24*	-0.01	-0.00	0.01	0.06*	0.05*	-0.16*	0.10*	0.02*	1.00

注：下三角单元格表示皮尔逊相关系数，上三角单元格表示斯皮尔曼相关系数，*$p<0.05$。Kakwani 指数通过个人收入对数测算获得。数字接入为虚拟变量，0表示不上网，1表示有数字接入，即已经数字接入；性别为虚拟变量，0表示女性，1表示男性；户籍状况为虚拟变量，0表示农村户籍，1表示城镇户籍；城乡状况为虚拟变量，0表示农村地区，1表示城镇地区；政治面貌为虚拟变量，0表示非中共党员，1表示中共党员；是否高中及以上学历为虚拟变量，0表示高中以下学历，1表示高中及以上学历；是否大学及以上学历为虚拟变量，0表示大学以下学历，1表示大学及以上学历。婚姻状况为虚拟变量，0表示未婚，1表示已婚；是否从事农非农工作为虚拟变量，0表示从事非农工作，1表示从事农业工作；是否从事体制内工作为虚拟变量，0表示从事体制外工作，1表示从事体制内工作。

以基尼系数为收入差距衡量指标的基准回归结果。为了有效规避过度拟合问题，在实际分析过程中，我们采用逐步回归的方法来具体观察估计模型的拟合程度。模型 1 表明，当我们仅将个体是否上网这个数字接入指标纳入模型中时，数字接入会显著负向影响个体间收入差距水平。换言之，相比没有数字接入的个体而言，已经数字接入的个体间拥有更小的收入差距。结果表明，对于已经数字接入的个体而言，其收入差距水平比没有数字接入的个体低 0.072。在模型 1 的基础上，模型 2 纳入性别、年龄、年龄$^2/_{100}$、户籍状况、城乡状况、是否高中及以上学历、是否大学及以上学历、政治面貌、婚姻状况、是否从事非农工作、是否从事体制内工作和自评健康状况等个体特征信息后，模型拟合程度有了非常明显的提升。从模型 1 到模型 2，模型拟合程度从 0.030 上升到了 0.193。而与此同时，数字接入依然显著负向影响个体间收入差距水平。估计结果表明，对于数字接入的个体而言，其收入差距水平比没有数字接入的个体低 0.013。考虑到不随时间变化的个体特征和不随个体变化的时间特征对个体间收入差距具有潜在影响，模型 3 在模型 2 的基础上加入了地区固定效应和时间固定效应，结果显示，模型 3 的拟合程度相比模型 2 又有了明显的提升。其中，模型 3 的拟合程度达到了 0.197。从表中可以看出，数字接入依然会显著负向影响个体间收入差距水平。估计结果显示，对于数字接入的个体而言，其收入差距水平比没有数字接入的个体低 0.011。

与基于 Kakwani 指数进行模型估计的结果相似，基于基尼系数进行模型估计的结果也是非常可靠的。模型 4 显示，当我们仅将数字接入变量纳入模型中时，数字接入会显著负向影响收入差距水平。模型的结果表明，对于已经数字接入的个体而言，其收入差距水平比没有数字接入的个体低 0.139。此时模型的拟合度为 0.108。在模型 4 的基础上，我们在模型 5 中纳入了与前述模型 2 相同的个体特征信息后，数字接入依然显著负向影响个体间收入差距水平。估计结果表明，对于已经数字接入的个体而言，其收入差距水平比没有数字接入的个体低 0.018。虽然数字接入影响收入差距的弹性系数有了显著的降低，但模型的拟合程度却有了明显的提升。具体来看，模型的拟合程度从模型 4 的 0.108 上升到了模型 5 的 0.704。同样，为了控制不随时间变化的个体特征和不随个体变化的时间特征对收入差距的影响，模型6在模型5的基础上纳入了地区固定效应和时间固定效应。结果表明，数字接入依然显著负向影响个体间收入差距水平。只不过，数字接入影响个体间收入差距的弹性系数在模型5的基础上进一步有所下降。对于数字接入的个体来说，其收入差距水平比没有数字接入的个体低0.006。观察模型拟合程度会发现，模型6的拟合程度相比模型4和模型5又有所提升，其拟合程度已经高达0.875，在模型5的基础上又提升了0.171。从表4-3可以明显地看到，数字接入对收入差距的弹性系数在模型3和模型6中是一致的。这也意味着，无论是用Kakwani指数还是用基尼系数来衡量个体间收入差距水平，都能很好地识别数字接入对收入差距带来的弹性效应。同时也意味着，我们将个体特征信息、地区固定效应和时间固定效应一并纳入的模型是最优模型，利用该模型得到的结果也是最为可靠的。总而言之，我们的模型选择是比较合理的。

表4-3　基于双向固定效应模型的基准回归结果

变量名	Kakwani 指数			基尼系数		
	模型1	模型2	模型3	模型4	模型5	模型6
数字接入	-0.072*** (-16.35)	-0.013*** (-2.86)	-0.011** (-2.43)	-0.139*** (-32.66)	-0.018*** (-6.48)	-0.006*** (-3.55)
性别		0.080 (0.83)	0.079 (0.83)		-0.021 (-0.35)	-0.017 (-0.45)
年龄		-0.020*** (-6.39)	-0.004 (-0.78)		-0.060*** (-31.54)	0.001 (0.33)
年龄²/100		-0.005 (-1.50)	-0.006 (-1.59)		0.004* (1.84)	0.000 (0.34)
户籍状况		0.013 (1.31)	0.013 (1.34)		-0.002 (-0.35)	0.001 (0.19)
城乡状况		0.005 (0.51)	0.007 (0.76)		0.014** (2.49)	0.015*** (4.08)
是否高中及以上学历		0.013 (0.96)	0.012 (0.87)		0.032*** (3.89)	0.005 (0.91)
是否大学及以上学历		0.021 (1.52)	0.020 (1.41)		0.048*** (5.57)	0.026*** (4.57)

续表

变量名	Kakwani 指数			基尼系数		
	模型 1	模型 2	模型 3	模型 4	模型 5	模型 6
政治面貌		0.007 (0.47)	0.004 (0.26)		0.005 (0.56)	-0.011 * (-1.90)
婚姻状况		0.008 (0.85)	0.010 (1.01)		-0.017 *** (-2.77)	-0.004 (-0.94)
是否从事 非农工作		-0.109 *** (-19.87)	-0.110 *** (-19.94)		-0.006 * (-1.91)	-0.012 *** (-5.51)
是否从事 体制内工作		-0.040 *** (-6.50)	-0.039 *** (-6.41)		-0.003 (-0.69)	0.003 (1.41)
自评健康状况		-0.001 (-0.44)	-0.001 (-0.67)		0.004 *** (3.85)	0.001 * (1.72)
地区固定效应	未控制	未控制	已控制	未控制	未控制	已控制
时间固定效应	未控制	未控制	已控制	未控制	未控制	已控制
常量	0.190 *** (82.87)	1.096 *** (13.00)	0.432 ** (2.50)	0.248 *** (111.42)	2.597 *** (49.95)	0.239 *** (3.43)
N	29772	27990	27990	29772	27990	27990
R^2	0.030	0.193	0.197	0.108	0.704	0.875

注：* $p<0.1$，** $p<0.05$，*** $p<0.01$。虚拟变量的处理方式与表 4-2 相似。

二 数字接入影响收入差距的稳健性检验

此前在模型构建时已经提及，虽然面板固定效应模型能有效地规避不随时间变化的不可观测个体特征和不随时间变化的可观测个体特征对模型估计带来的影响，在一定程度上减少模型的估计偏误和内生性问题。但是，面板固定效应模型并不能有效捕捉不随时间变化且无法观测到的个体特征对模型估计造成的影响。我们所使用的数据样本就有可能存在自选择问题。因此，我们有理由提出合理的质疑：并非数字接入使个体间收入差距水平发生变化，而是已经数字接入的个体和没有数字接入的个体本身就存在很大的差异。由于我们使用的数据样本并非随机观察得到的，因而数字接入构建的处理组和对照组并不能有效地解决事前存在的样本偏误问题。我们即使通过面板固定效应模型消除了部分估计偏误，但样本自选择问题依然存在。基于此，为了有效地规避实证分析数字接入对收入差距的影响过程中存在的样本偏误问题，我们利用倾向得分匹配双重差分法（PSMDID）重新构建了估计模型，以此来进一步解决内生性问题并对前述模型进行稳健性检验。

PSMDID 模型的第一步是构建 PSM，即根据个体数字接入情况将其分成数字接入组和非数字接入组，前者为处理组，后者为对照组。在此基础上，将数字接入组和非数字接入组进行匹配，以期构建与数字接入组具有相似个体特征的非数字接入组。为了有效地进行匹配，按照 PSM 的研究逻辑，我们首先利用 logit 模型计算个体数字接入的倾向得分；其次利用倾向得分对数字接入组和非数字接入组进行重新匹配。为了检验重新匹配的效果，我们对匹配后的样本进行了平衡性检验。从表 4-4 中可以很明显地看到，除了政治面貌和婚姻状况这两个个体特征之外，其余个体特征均与数字接入存在明显的关联。模型估计结果显示，性别、户籍状况、城乡状况、是否高中及以上学历、是否大学及以上学历、政治面貌、是否从事非农工作和是否从事体制内工作会显著正向影响数字接入程度；年龄、年龄$^2/_{100}$和自评健康状况会显著负向影响数字接入程度。无论是正向影响还是负向影响，都提醒我们有必要对数字接入组和非数字接入组进行重新匹配。我们采用近邻匹配法进行匹配后，发现样本间的偏误问题有了明显的下降，如表 4-5 所示。同时，匹配后的处理组和对照组满足共同支持区域较大的假设，如表 4-6 所示。显而易见，数字接入组和非数字接入组的匹配效果是非常好的，这从图 4-1 也可以看出。

表 4-4　数字接入倾向得分的 logit 模型结果

变量名	系数	标准误	Z 值	P 值	置信区间
性别	0.19	0.03	5.63	0.00	[0.12, 0.25]
年龄	-0.07	0.01	-5.19	0.00	[-0.09, -0.04]
年龄$^2/_{100}$	-0.47	0.02	-3.01	0.00	[-0.08, -0.02]
户籍状况	0.38	0.04	8.67	0.00	[0.29, 0.47]
城乡状况	0.34	0.04	9.26	0.00	[0.27, 0.41]

续表

变量名	系数	标准误	Z 值	P 值	置信区间
是否高中及以上学历	0.95	0.04	21.37	0.00	[0.86, 1.04]
是否大学及以上学历	0.96	0.08	12.56	0.00	[0.81, 1.11]
政治面貌	0.06	0.07	0.83	0.41	[-0.08, 0.19]
婚姻状况	-0.01	0.07	-0.22	0.83	[-0.15, 0.12]
是否从事非农工作	1.33	0.04	32.68	0.00	[1.25, 1.41]
是否从事体制内工作	0.38	0.05	7.91	0.00	[0.29, 0.48]
自评健康状况	-0.04	0.01	-2.47	0.01	[-0.06, -0.01]

注：观测值为27990，R^2 为 0.368。

表 4-5　数字接入的平衡性检验结果

变量名	匹配类型	处理组	对照组	偏误比例	降低偏误比例	组间差异 t
性别	匹配前	0.59	0.57	3	-66.9	2.48**
	匹配后	0.59	0.61	4.9		-4.12***
年龄	匹配前	35.22	47.08	-119	96.8	-99.48***
	匹配后	35.25	34.87	3.8		3.18***
年龄$^2/_{100}$	匹配前	13.39	23.16	-117.8	97.1	-98.31***
	匹配后	13.41	13.13	3.4		3.14***
户籍状况	匹配前	0.41	0.17	54.2	90.6	45.43***
	匹配后	0.40	0.38	5.1		3.79***
城乡状况	匹配前	0.62	0.38	49.2	91	41.18***
	匹配后	0.62	0.60	4.4		3.64***
政治面貌	匹配前	0.09	0.05	14.5	41.9	12.15***
	匹配后	0.09	0.07	8.4		6.64***
是否高中及以上学历	匹配前	0.52	0.13	92.1	97.1	77.29***
	匹配后	0.51	0.50	2.6		1.85*
是否大学及以上学历	匹配前	0.28	0.02	77.2	94.2	65.11***
	匹配后	0.27	0.26	4.5		2.77***
婚姻状况	匹配前	0.75	0.95	-60.2	91.4	-50.64***
	匹配后	0.75	0.73	5.2		3.32***
是否从事非农工作	匹配前	0.90	0.51	95.6	99.1	79.59***
	匹配后	0.90	0.90	-0.9		-0.97

续表

变量名	匹配类型	处理组	对照组	偏误比例	降低偏误比例	组间差异 t
是否从事体制内工作	匹配前	0.27	0.09	46.6	95.5	39.14***
	匹配后	0.27	0.26	2.1		1.46
自评健康状况	匹配前	3.34	3.07	24.3	59.1	20.27***
	匹配后	3.34	3.45	−9.9		−8.88***

表 4-6　共同支持区域

对照组匹配	不共同支持区域	共同支持区域	总计
对照组	244	14031	14275
处理组	28	13687	13715
合计	272	27718	27990

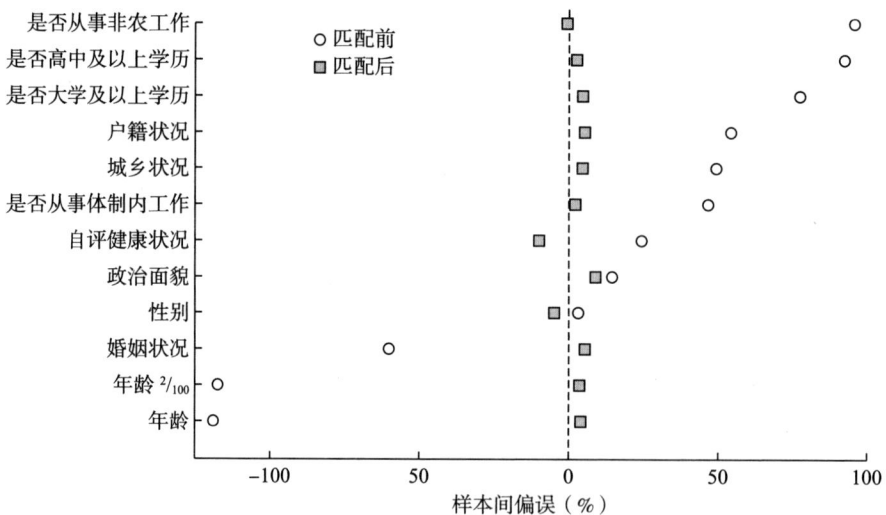

图 4-1　匹配前后的样本间偏误

我们在得到 PSM 模型结果的基础上，构建了双重差分模型。2015 年，习近平在第二届世界互联网大会开幕式的讲话中提出了"数字中国"概念。① 自那以后，我国迎来了数字技术发展的黄金时期。互联网基础设施

---

① 《习近平在第二届世界互联网大会开幕式上的讲话（全文）》，https://www.gov.cn/xin-wen/2015-12/16/content_ 5024712. htm，最后访问日期：2025 年 2 月 11 日。

建设进程明显加快，移动电话普及率快速提升，宽带接入数量明显增多，互联网普及率较此前也有很大的提升。从样本数据来看（见表4-7），2014年的数字接入（上网）比例仅为31.65%，而2016年和2018年分别达到了65.09%和72.36%。显然，"数字中国"概念提出后，我国数字接入状况发生了很大变化。鉴于此，我们在构建双重差分模型时，将"数字中国"概念提出前的样本（2014年）作为对照组，将"数字中国"概念提出后的样本（2016年和2018年）作为处理组。在完成处理组和对照组的构建之后，我们分别对处理组和对照组的收入差距差异进行差分，计算数字接入的平均处理效应（ATT）。其中，平均处理效应主要关注的是个体数字接入前后的收入差距差异。表4-8向我们呈现了匹配后的双重差分估计结果。估计结果表明，数字接入能显著负向影响个体间收入差距水平。相比于数字接入前，个体间收入差距在数字接入后明显缩小。如果用 Kakwani 指数衡量个体收入差距的话，数字接入后的收入差距水平比数字接入之前降低了0.036；如果用区县层面的基尼系数衡量个体间收入差距的话，数字接入后的收入差距水平同样比接入之前降低了0.036。估计结果还表明，"数字中国"概念的提出对个体间收入差距也有显著的影响。这一概念提出后，个体间的收入差距比提出前有了显著的缩小。如果用 Kakwani 指数进行测算的话，"数字中国"概念提出后，个体收入差距水平比提出之前降低了0.085；如果用区县层面的基尼系数来衡量的话，概念提出后，个体间收入差距比提出前缩小了0.251。从处理组与概念提出的交互项来看，相较于概念提出之前，数字接入对收入差距的显著负向影响在概念提出后更大。这表明，虽然概念提出前后，数字接入都能明显缩小个体的收入差距，但是，"数字中国"概念提出后，数字接入对收入差距的负向影响比提出之前更大。也就是说，数字接入对于缩小个体间收入差距的作用得到增强。很明显，无论是 PSMDID 的模型估计结果，还是面板固定效应模型估计结果，都表明数字接入对缩小个体间收入差距具有积极作用。这就意味着，我们的模型估计结果是比较稳健的。从模型拟合程度来看，PSMDID 的模型拟合程度和面板固定效应模型是比较一致的。显然，我们在实际研究过程中采用任一模型都能得到准确可靠的估计结果。

表 4-7　数字接入比例

单位：%

	2014 年	2016 年	2018 年
已经数字接入	31.65	65.09	72.36
没有数字接入	68.35	34.91	27.64
合计	100	100	100

表 4-8　匹配后的双重差分估计结果

变量名	Kakwani 指数		基尼系数	
	系数	标准误	系数	标准误
处理组 * 概念提出	0.042 ***	6.95	0.050 ***	21.10
概念提出	−0.085 ***	−5.32	−0.251 ***	−39.89
处理组	−0.036 ***	−6.31	−0.036 ***	−16.08
控制变量	已控制		已控制	
N	27718		27718	
R^2	0.736		0.882	

注：* $p<0.1$，** $p<0.05$，*** $p<0.01$。概念提出指是否提出"数字中国"概念，取值为 0 表示未提出（即 2014 年），取值为 1 表示已经提出（即 2016 年和 2018 年）。处理组指是否数字接入，取值为 0 表示对照组（即没有数字接入），取值为 1 表示处理组（已经数字接入）。处理组 * 概念提出表示处理组与概念提出的交互项。

三　数字接入影响收入差距的异质性分析

为了进一步明确数字接入影响个体收入差距的适用场景，我们在 PSM 模型基础上，利用面板固定效应模型进行了异质性分析。表 4-9 向我们呈现了数字接入对个体间收入差距的影响在性别、是否从事非农工作和是否从事体制内工作三个方面的异质性分析结果。估计结果表明，数字接入对收入差距的影响存在显著的性别差异。具体来看，数字接入对男性之间的收入差距存在显著影响，而数字接入对女性之间的收入差距不存在显著影响。相比未数字接入的男性而言，已经数字接入的男性之间的收入差距水平低 0.015。虽然数字接入也能降低女性之间的收入差距水平，但和未数字接入的女性相比差异并不显著。模型 2 表明，数字接入对个体收入差距的影响在从事农业和非农工作者之间存在显著差异。其中，数字接入对农业工作者之间的收入差距存在显著的负向影响，而对非农工作者之间的收入差距不存在显著影响。这说明，农业工作者之间的收入差距状况会因接入互联网而产生明显的改善；对于从事非农工作的个体而言，数字接入不能明显地改善其收入差距状况。模型3表明，数字接入对收入差距的影响存在明显的体制差异。具体来看，数字接入会显著地缩小体制外工作者之间的收入差距，而不会显著地缩小体制内工作者之间的收入差距。从模型估计结果来看，相比没有数字接入的体制外工作者而言，已经数字接入的体制外工作者之间的收入差距会缩小0.012；虽然已经数字接入的体制内工作者和没有数字接入的体制内工作者在收入差距方面相差0.002，但二者的差异并不显著。显然，随着互联网的普及，数字接入沟在各个领域已经开始消解。

表 4-9 数字接入影响个体间收入差距的异质性分析结果

变量名	模型 1		模型 2		模型 3	
	女性	男性	农业工作	非农工作	体制外	体制内
数字接入	-0.004 (-0.54)	-0.015*** (-2.62)	-0.037* (-1.73)	-0.004 (-0.92)	-0.012** (-2.05)	-0.002 (-0.42)
控制变量	已控制	已控制	已控制	已控制	已控制	已控制
N	11563	16155	8201	19517	22785	4933
R^2	0.226	0.185	0.479	0.077	0.227	0.011

四 数字接入对不同分位点收入差距的影响

通常来讲，当我们研究某一特定空间或特定时间段的收入差距时，只能基于某一地区或群体计算总的收入差距水平。从某种程度上而言，这很难反映该地区或群体内部的变异程度。在这种情况下，传统的OLS回归只能反映一个较大的总体情况，无法反映个体的微小变化对结果变量带来的影响。RIF回归为我们提供了解决上述问题的途径。在经济学和社会学领域，RIF回归已经成为探讨收入差距成因的重要手段，而基于RIF回归的无条件分位数回归更是为探讨解释变量对不同分位点被解释变量的边际影响而无需考虑其他观测特征的影响创造了条件。因而，我们在这部分利用无条件分位数回归探讨数字接入对不同分位点收入差距的影响。通过这种方法，不仅能全面地刻画数字接入对不同个体间收入差距的影响效应，还能进一步对上述结果进行稳健性检验。图4-2向我们呈现了数字接入影响收入差距的无条件分位数回归结果。结果显示，随着收入差距分位点的提高，数字接入对民众间收入差距的负向影响呈扩大趋势。这意味着，数字接入能显著地缩小民众间收入差距，而且对于收入差距较大的民众而言，数字接入的缩小效应更加明显。此外，图4-2显示，数字接入对60%分位点之前收入差距的缩小效应相对较小。这表明，随着互联网的普及，数字接入对本身收入差距较小的个体之间的收入差距的缩小效应已不太明显。然而，数字接入对位于60%~80%分位点的收入差距有明显的缩小效应。这表明，即使在互联网高度发展和普及的时代，数字接入仍旧能显著地缩小本身收入差距水平较高的个体之间的收入差距，并且缩小效应随收入差距水平的扩大而扩大。但对位于80%分位点以上的收入差距而言，数字接入的缩小效应呈下降趋势。显然，数字接入能否发挥较大作用与个体自身特质也存在较大关联。对收入差距水平较高的个体而言，他们抓住数字接入机会进行增收活动存在难度，进而很难改善既有的收入差距水平。

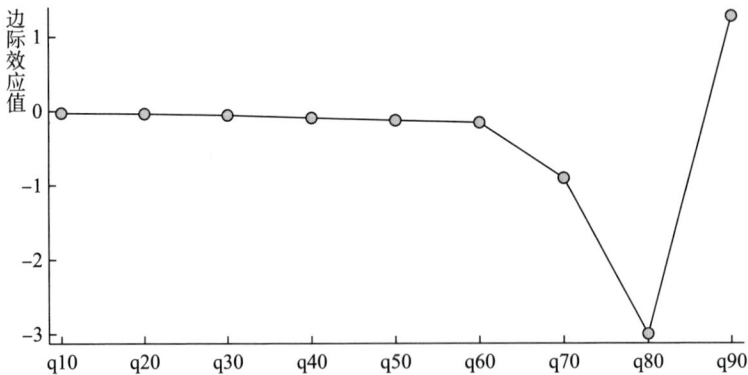

图4-2 数字接入影响收入差距的无条件分位数回归结果

第四节 小结

收入水平关乎社会民生，收入差距的大小直接关系社会分配的公平与正义。在我国推进实现共同富裕的关键节点，对收入差距成因的探讨具有重要的理论意义和现实意义。目前，如何有效地缩小持续扩大的收入差距已经成为研究者思考的重要议题。随着我国进入数字时代，数字化对收入差距产生的影响也成为近年来学界关注的重点。从数字接入层面来看，已经有诸多学者开始分析互联网使用对收入差距带来的影响。但总体而言，数字接入对收入差距的影响仍需进一步研究和探讨。从研究内容上看，以往研究更多关注的是互联网使用对城乡收入差距、性别收入差距和不同农户之间的收入差距的影响，很少有学者对数字接入与中国民众总体收入差距的关系进行回应；在实证研究中，学者多是用横截面数据或省级面板数据来探讨数字接入对收入差距的影响。有少数学者利用微观面板数据探讨了数字接入与收入差距之间的关联，但需要利用更新的数据予以再次检验和佐证；在收入差距指标的衡量上，学者多是探讨数字接入对地区层面收入差距的影响，很少有学者关注到数字接入对客观相对剥夺的影响，而个体相对剥夺在微观层面是衡量个体收入差距水平非常重要的指标。整体而言，目前有关数字接入与收入差距关系的研究成果相对是比较有限的，我们认为有必要继续探讨数字接入与收入差距之间的关联。

　　本章，我们利用CFPS2014~2018年三期数据来探讨数字接入与收入差距之间的关联。其中，我们仍旧用是否使用手机或电脑上网来衡量个体数字接入。但是，我们不再用城乡收入差距或性别收入差距来衡量收入差距状况，而是用个体在村居层面的相对剥夺指数来衡量个体间收入差距状况。显而易见，数字接入与个体间收入差距直观的关联在学界尚未得到有效厘清，而这也是本章研究的创新点之一。我们在本章试图回答的核心问题是：数字接入会对个体间收入差距产生什么影响？为了得到准确可靠的结果，我们不仅利用区县层面的基尼系数作为个体间收入差距的替代指标来进行稳健性检验，还利用面板固定效应模型和倾向得分匹配双重差分模型来对数字化和个体间收入差距的关系进行实证检验，以检验数字接入与个体间收入差距之间较为稳定的关系。在此基础上，我们还利用无条件分位数回归来探讨数字接入对不同分位点收入差距的边际效应，以分析数字接入对个体收入差距的非线性影响。

经过实证研究探讨，我们验证了本章提出的假设 1 和假设 2，也否定了假设 3、假设 4 和假设 5。

随着数字技术的普及和广泛应用，数字接入已经成为缓解个体间收入差距的重要工具。数字接入意味着有更多的机会获取资源，减少信息不对称对人力资本的损害。当前的研究也验证了这一点。相比没有数字接入的个体而言，已经数字接入的个体之间收入差距水平显著缩小。然而，对于不同教育层级和职业类别的民众而言，其资源获取能力和机会本身就存在较大差异，对于受教育程度较低、从事农业工作和从事体制外工作的民众而言，获取资源和提升人力资本的机会相对有限，数字接入会明显地增加他们与外界沟通和获取资源的机会。横向对比来看，数字接入显然对受教育程度较低、从事农业工作和从事体制外工作的民众的边际影响较受教育程度较高、从事非农工作和从事体制内工作的民众更大。因而，我们利用无条件分位数回归分析发现，数字接入对位于低分位点民众收入差距的缩小效应要明显小于对位于高分位点民众收入差距的缩小效应。除此之外，我们发现数字接入对收入差距的影响存在明显的性别差异。我们认为，虽然男性相较女性来讲在职场中整体处于优势地位，但人力资本分布差异也较为明显。从收入回报来看，男性群体内部的收入异质性显然高于女性，这从收入差距水平就可以看出。是否接入互联网对于男性和女性的作用存在较大差异。数字接入具有放大效应，能明显地放大个体的人力资本。男性人力资本和个人禀赋本身差异较大，随着以互联网使用为表征的数字接入，男性的人力资本较数字接入前有较大的提升。从某种程度而言，这能进一步缩小男性群体内部的收入回报差距，而相较之下，数字接入对女性人力资本的影响就小很多，女性间虽然存在因数字接入导致的差距，但女性群体的收入差距并未因数字接入而出现明显的差异。对于从事农业工作者和从事非农工作者而言，从事非农工作者拥有更多的机会和资源，而从事农业工作者拥有的机会和资源则相对比较缺乏。相较之下，数字接入会显著地缩小农业工作者之间的收入差距，而不能显著地缩小非农工作者之间的收入差距。此外，还存在另一种情形，即从事非农工作者率先享受到了数字接入带来的红利，因而随着互联网的全面普及，数字接入对从事非农工作者之间收入差距的边际效应越来越小，直至消失。同样地，从事体制内工作者是数字接入的优势群体，他们也率先享受到数字接入带来的红利。在互联网全面普及的背景下，数字接入对从事体制内工作者之间的收入差距的边际效应显然呈现递减效应。对于从事体制外工作者而言，资源获取机会和信息获得渠道也少于从事体制内工作者。但随着互联网技术的广泛应用，从事体制外工作者逐渐拥有更多的机会来获取资源。在这种情形下，数字接入成为现阶段从事体制外工作者获取资源和机会的重要途径。因而，我们看到数字接入显著地缩小了体制外工作者之间的收入差距。

第五章　收入差距中的数字素养效应

第一节　理论分析与研究假设

在信息与通信技术发展之初，人们便意识到数字化变革会给不同的人群带来差异化的发展机会。事实也确实如此，伴随着数字技术的迭代和创新，一部分人因具备较高的互联网资本而成为数字化发展中的"宠儿"，还有一部分人因跟不上数字变革发展的速度而沦为"数字穷人"。此前就有学者表示，互联网技术应用在发展过程中容易带来"数字鸿沟"。在互联网发展早期阶段，数字鸿沟主要是指数字信息资源获取方面存在的差距。根据民众是否接入互联网，我们可以将其分为信息拥有者和信息缺乏者两类群体（Hoffman et al.，2001）。互联网技术具有极强的信息聚集效应，随着信息通信技术的发展，世界各地的多种信息内容都能以比特的形式借助互联网平台进行传播。因而，那些率先接入互联网的群体具有极强的信息处理优势，并可以借此获得更多的经济效益。而相较之下，未接入互联网的群体常常无法获得数字技术发展带来的益处，进而成为数字社会中"被遗忘"或"边缘化"的群体（Roodman and Morduch，2014）。但随着互联网基础设施建设进程的加快，我国农村偏远地区现在也已经具备了互联网接入条件。我们前面也有提及，截止到 2024 年 8 月，我国网民使用手机上网的比例达 99.6%，使用台式电脑、笔记本电脑、电视和平板电脑上网的比例分别为 34.2%、32.4%、25.2% 和 30.5%[①]。即便是 2016 年和 2017

---

① 《第 54 次〈中国互联网络发展状况统计报告〉》，https://www.cnnic.net.cn/n4/2024/0829/c88-11065.html，最后访问日期：2025 年 2 月 15 日。

年，我国手机上网人群占比也分别高达 95.1% 和 95.5%①。显而易见，在国家的支持和信息通信技术的支撑下，我国的互联网基本上实现了全覆盖。在这种情形下，很难再将数字接入作为互联网资本的衡量标准。但是，这并不意味着我国不存在数字鸿沟。

截止到目前，学界围绕我国是否存在数字鸿沟从理论层面和经验层面进行了丰富而激烈的讨论。尽管当前对数字鸿沟的界定和评定标准不一，但主要集中于探讨因"是否接入互联网"而出现的数字鸿沟。但是，随着数字经济高速发展与数字基础设施的建设，我国不同地区间、城乡间和行业间的数字接入机会逐渐趋向平等，基于数字接入差异产生的数字鸿沟正逐步弱化或消失。尽管有学者认为数字接入差异是收入差距扩大的重要根源（谭燕芝等，2017），但我们在前述章节的研究中发现，数字接入已经成为缩小民众收入差距的有力工具。相较来讲，基于民众数字应用能力差异的数字使用沟反倒成为现阶段数字鸿沟的重要表现。此前已有研究指出，数字鸿沟的发展经历了两个阶段：接入机会差异导致的数字鸿沟和因使用互联网的差异而产生的数字鸿沟。在当前绝大多数群体均可实现互联网接入的背景下，数字接入沟逐渐演变为数字使用沟（DiMaggio et al.，2004；牟天琦等，2021）。因而，在数字接入程度趋同的前提下，数字应用能力的差异或成为现阶段收入分化的重要方面。数字应用能力也称作数字素养程度，虽然数字素养提升对收入增长具有正向促进作用，但由于数字素养程度不一，民众间的收入差距会出现扩大的迹象。此前也有学者表示，提升数字能力和建立社会网络的数字技能可以实现资本增值，而用于娱乐休闲的数字技能则没有明显的正向作用（Bonfadelli，2002；Pierrakis and Collins，2013）。从这个角度来讲，基于能力提升的数字素养（即发展型数字素养）和基于休闲娱乐的数字素养（即休闲型数字素养）很可能对当前存在的收入差距具有不同的作用。究其缘由，很大程度上在于基于能力提升的数字素养和基于休闲娱乐的数字素养能积累到不同的数字资本。基于能力提升的数字素养能积累到正向的数字资本，而基于休闲娱乐的数

① 《中国移动互联网发展报告 2018》，https://www.cac.gov.cn/2018-11/06/c_1123672145.htm，最后访问日期：2025 年 2 月 15 日。

字素养很难积累到"有用的"数字资本。同时，数字素养效用发挥还存在"乘数效应"，即市场规模"乘数效应"和潜在差异需求规模"乘数效应"（邱泽奇等，2016）。数字素养的提升让互联网的用户规模越来越大、使用程度不断加深。个体日益成为网络中的节点，试图利用互联网资本发挥"杠杆效应"。很明显，网络社会的复杂性使互联网具有"放大差异"的特性。即便个体拥有相同的数字素养，但因其处于不同的网络节点中，数字素养带来的经济回报会有明显的分化。基于此，我们提出本章的研究假设1。

  假设1：基于数字社会的复杂性，在给定其他条件不变的情况下，发展型数字素养能显著地扩大民众间收入差距；休闲型数字素养对民众间收入差距没有显著影响。

但是，市场规模和需求规模在不同地区、行业和个体之间并非均衡分布的。相较之下，东部地区、城镇地区、非农工作领域和体制内工作领域具有更大的市场规模，而中西部地区、农村地区、农业工作领域和体制外工作领域具有更小的市场规模。同时，相比社会经济地位较低的个体而言，社会经济地位较高的个体显然具有更大的需求规模。对处于不同市场规模和需求规模的个体而言，其拥有的数字资本也存在明显差异。相比经济发展水平较低的地区或社会经济地位较低的个体而言，经济发展水平较高的地区或社会经济地位较高的个体一般会拥有较丰富的数字资本。同时，随着数字环境的改善和数字技术的有偏进步，虽然经济发展水平较高的地区具有较为复杂的数字网络，但是数字资本在这些地区往往具有趋同性。这就意味着，拥有相同数字素养的个体在这些地区往往会发挥相似的"乘数效应"。随着数字素养的提升，这些地区的个体间收入差距还有进一步缩小的趋势。但是，对于经济发展水平较低的地区而言，数字网络中的资源分布并非均质的。从某种程度上而言，个体数字素养的提升反而扩大了数字资本的差距。因此，对于这部分群体而言，个体数字素养的提升成为扩大收入差距的原因之一。数字素养对不同社会经济地位的个体而言具有不同的作用。对于社会经济地位较高的个体而言，数字素养能缩小其收入差距；而对于社会经济地位较低的个体而言，数字素养能扩大其收入差距。由于社会经济地位较高的个体本身就拥有比社会经济地位低的个体更小的收入差距，因而，我们认为数字素养能缩小位于较低分位点的个体间收入差距，但扩大了位于较高分位点的个体间收入差距。由于前述部分已经认定休闲型数字素养与收入差距之间没有显著的关联，因而我们在这部分提及的数字素养主要是指将互联网用于学习、办公和从事商业活动，以及将互联网用于线上购物消费和收发电子邮件等的发展型数字素养。基于此，我们提出本章的研究假设 2。

> 假设 2：在给定其他条件不变的情况下，发展型数字素养会缩小位于较低分位点的个体间收入差距；而对于较高分位点的收入差距来说，发展型数字素养具有显著的扩大效应。

发展型数字素养对收入差距的影响并非均质的，对位于不同收入差距分位点的人群而言是这样，对具备不同个体特质的人而言也是这样。从女性群体和男性群体之间的收入差距来看，我国女性群体之间的收入差距目前仍高于男性群体之间的收入差距，这已经是学界普遍承认的观点。究其缘由，这除了与教育获得、劳动参与、工作时间和职业地位等能力因素有关之外，还与传统性别角色分工的观念或理论存在紧密关联（卿石松，2019）。从本质上讲，女性群体和男性群体之间的收入差距更多是对女性的社会歧视导致的。性别歧视导致女性不能获得和男性同等的教育资源、职业地位和收入回报，并进一步弱化女性的能力。如果消除男女两性间现存的结构性歧视和由此引发的能力差异后，女性的收入回报可能并不少于男性。在某些领域，女性对知识技能的运用能力甚至可能强于男性。在排除其他因素干扰的情况下，女性对数字技术的运用程度可能会更高，数字资本在不同网络节点中的分布也会更加均衡。因而，我们认为发展型数字素养会缩小女性间收入差距水平，并进一步缩小男女两性间的收入差距差异。

从城镇地区和农村地区的数字资本分布看，城镇地区拥有的数字资本更加丰富，也更加均衡。基于城镇地区数字资本的趋同特性，发展型数字素养对城镇地区民众间收入差距的扩大效应是相对有限的。相比之下，农村地区居民的数字接入和数字素养分布存在差异，因此农村地区的数字资本并非均衡分布的。发展型数字素养对农村地区居民之间的收入差距存在较为明显的扩大效应，进一步拉大了城镇地区和农村地区居民在收入差距方面的差异。对于农村户籍和城镇户籍的民众而言，发展型数字素养对其收入差距的影响同样存在明显的差异。相对来讲，城镇户籍的民众在教育回报、劳动力参与和地位获得上都具有不可比拟的优势，同时在数字资本的形成上也具有得天独厚的条件。相对而言，城镇户籍的民众拥有的数字资本比具有相似特征的农村户籍民众更多，并且更加均衡。因而，我们有理由相信发展型数字素养对农村户籍民众之间的收入差距的扩大效应更加凸显。如果按照是否从事非农工作进行划分的话，从事农业工作者的收入差距水平一般会高于从事非农工作者。这意味着，从事农业工作者的收入分配状况相比从事非农工作者更加不均衡。同时，从事农业工作者和从事非农工作者在数字技术运用能力方面也存在较大差异。随着数字技术发展，数字化场景运用还没能在农业领域形成市场规模效应和需求规模效应，导致从事农业工作者很难将发展型数字素养有效转化为数字资本，同时数字资本的分布也呈现不均衡状态。因而，发展型数字素养对从事农业工作者和从事非农工作者之间的收入差距作用存在异质性，会进一步拉大从事农业工作者和从事非农工作者之间的收入差距差异水平。从体制来看，从事体制内工作者是数字技术使用的优势群体。数字技术的普及和运用一般会率先从体制内开始，使体制内工作者在数字技术发展成熟度和数字资本分布均衡性方面都独具优势。虽然市场经济发展一定程度上消解了从事体制内工作者在数字接入和运用方面的优势，但数字资本的体制内优势并未消失。同时，基于市场化发展差异，数字资本在体制外的分布也是不均衡的。因而，发展型数字素养对收入差距的作用对从事体制内工作者和从事体制外工作者而言存在较大差异。相比从事体制内工作者而言，发展型数字素养对从事体制外工作者之间收入差距的扩大效应更加明显。对于不同教育层级的民众而言，拥有的数字资本也存在较大差异。一般而言，受教育程度较高的民众会拥有较高的数字素养和较多的数字资本，而受教育程度较低的民众则拥有较低的数字素养和较少的数字资本。对于受教育程度较高的民众而言，拥有的数字资本容易形成市场规模效应和需求规模效应，使不同节点的数字资本相对均衡分布。但对受教育程度较低的民众而言，数字资本很难在网络节点中均衡分布。在这种情况下，发展型数字素养对收入差距的影响往往会对不同受教育程度的民众形成异质性影响。相比受教育程度较高的民众而言，发展型数字素养会进一步扩大受教育程度较低民众间的收入差距。基于上述分析，我们提出本章的研究假设3。

假设3-1：在给定其他条件不变的情况下，发展型数字素养会缩小男性群体和女性群体之间的收入差距差异；

假设3-2：在给定其他条件不变的情况下，发展型数字素养会扩大城镇地区和农村地区群体之间的收入差距差异；

假设3-3：在给定其他条件不变的情况下，发展型数字素养会扩大农村户籍和城镇户籍群体之间的收入差距差异；

假设3-4：在给定其他条件不变的情况下，发展型数字素养会扩大从事农业工作者和从事非农工作者之间的收入差距差异；

假设3-5：在给定其他条件不变的情况下，发展型数字素养会扩大从事体制内工作者和从事体制外工作者之间的收入差距差异；

假设3-6：在给定其他条件不变的情况下，发展型数字素养会扩大受教育程度较高和受教育程度较低的民众之间的收入差距差异；

第二节　数据、变量与分析方法

一　数据来源与样本选择

本章使用的数据同样来自 CFPS2014～2018 年三期数据。CFPS 在成人问卷部分专门设置了手机和网络模块，有针对性地对我国民众的手机和网络使用情况展开了专题性追踪调查，这为我们了解民众的数字化程度提供了重要的窗口。本章主要研究数字素养与个体收入差距之间的关联。研究对象主要是 18~64 岁的在业人员。在剔除关键变量的缺失值、奇异值、极端值和中断样本之后，共有 29772 个样本被纳入研究中。其中，2014 年有 16037 个样本被纳入研究中，2016 年和 2018 年分别有 5332 和 8403 个样本被纳入研究中。由于我们已经在前面详细地介绍了 CFPS 数据收集和抽样的标准与流程，并用有关研究佐证了数据的代表性问题，因而，本章不再对该问题做过多的讨论。总的来讲，该数据能客观公正地展现本书要研究的问题。

二　变量选取

（一）被解释变量

参考以往研究的做法（Kakwani，1977），本研究使用 Kakwani 指数来衡量中国民众间的收入差距水平。具体测算过程如下。令 Y 为一个组群，其中样本数量为 n，对参照组内的民众按升序排列后，得到该参照组群的总体收入分布 $Y = (y_1, y_2, y_3, \cdots, y_n)$，则民众 y_i 的收入差距可以表示为：

$$RD(y, y_i) = \frac{1}{n\mu_Y}\Big(\sum_{j=i+1}^{n}(y_j - y_i)\Big) = \gamma_{y_i}^{+}\big[(\mu_{y_i}^{+} - y_i)/\mu_Y\big] \tag{1}$$

在式（1）中，μ_Y 是组群 Y 中所有样本的民众收入均值，$\mu_{y_i}^{+}$ 是组群 Y 中收入超过 y_i 的民众收入均值，$\gamma_{y_i}^{+}$ 是 Y 中民众收入超过 y_i 的样本数占总样本数的百分比。在本研究中，我们使用的个人收入是个人主要工作总收入和个人兼职工作总收入的和。在具体测算过程中，为了排除极端值和收入非线性变化的干扰，我们在个人收入取对数的基础上测算 Kakwani 指数。由于民众与所在村委会或居委会存在紧密的地缘关系，因而生活在同一居委会或村委会的居民也极易形成横向比较。基于此，我们在研究中主要将村居内成员作为参照组群来衡量个体的相对剥夺程度，借此衡量其收入差距水平。

（二）解释变量

本章使用休闲型数字素养和发展型数字素养来衡量民众的数字素养程度。休闲型数字素养主要是指民众使用互联网进行社交和娱乐的深度和能力。在 CFPS 成人问卷的手机和网络模块中，被调查民众会回答使用互联网进行社交的频率和使用互联网进行娱乐的频率，以及使用互联网进行社交和娱乐的重要性，这些都是衡量休闲型数字素养的核心指标。为了有效测度民众的休闲型数字素养程度，我们将民众认为使用互联网进行社交和娱乐的重要性程度作为权重与民众使用互联网进行社交和娱乐的频率相乘，借此来衡量民众使用互联网进行社交和娱乐的深度和能力。在具体操作过程中，我们将民众使用互联网进行社交和娱乐的频率分别进行重新编码。在原始问卷中，取值为 1 表示几乎每天都会使用互联网进行社交或娱乐，取值为 7 表示从不使用互联网进行社交或娱乐，取值从 1 到 7 表示使用互联网进行社交和娱乐的频率呈递减趋势。我们将其重新编码之后，取值为 1 表示从不使用互联网进行社交或娱乐，取值为 7 表示几乎每天都使用互联网进行社交或娱乐，取值从 1 到 7 表示使用互联网进行社交和娱乐的频率呈现递增趋势。在此基础上，我们根据民众对使用互联网进行社交和娱乐的重要性认知对其使用频率进行赋权。其中，不使用互联网的民众权重为 0，使用互联网的民众根据其对使用互联网进行社交和娱乐的重要性程度的认知分别赋权为 1、2、3、4、5，1 表示非常不重要，5 表示非常重要，以此类推。除此之外，休闲型数字素养还包括业余上网时长题项。我们针对民众使用互联网进行社交和娱乐以及业余上网时长题项，借由主成分分析法得到了休闲型数字素养综合得分，得分越高表明休闲型数字素养程度越高。同理，在发展型数字素养维度上，我们将民众使用互联网进行学习、工作和从事商业活动的频率和重要性认知题项也进行了类似处理。除此之外，发展型数字素养还包括线上购物消费和邮件使用频率题项。我们将这几个题项连同民众使用互联网进行学习、办公和从事商业活动的能力题项进行主成分分析，最终得到发展型数字素养的综合得分，得分越高表明民众的发展型数字素养程度越高。

（三）控制变量

为了排除其他因素对解释变量的干扰，本章依旧纳入了可能影响个体间收入差距水平的其他解释变量，包括性别、年龄、户籍状况、城乡状况、政治面貌、受教育程度、婚姻状况、工作类型和自评健康状况等变量。在这些变量中，为了排除年龄对个体收入差距的非线性影响，我们将年龄$^2/_{100}$纳入模型中。另外，我们将受教育程度分解为是否拥有高中及以上学历和是否拥有大学及以上学历的虚拟变量，取值为 0 分别代表拥有高中以下学历和大学以下学历，取值为 1 分别代表拥有高中及以上学历和大学及以上学历。对于工作类型而言，我们将其分解成是否从事非农工作和是否从事体制内工作两个维度。其中取值为 0 分别代表从事农业工作和从事体制外工作，取值为 1 分别代表从事非农工作和从事体制内工作。

三　分析方法和模型设定

（一）双向固定效应模型

双向固定效应模型是既存在个体效应又存在时间效应的模型，本文使用的数据属于非平衡短面板数据，对于这类数据而言，通常采用固定效应模型进行估计。但由于每个个体的情况不一样，因而可能存在不随时间变化的个体特征，同时也可能存在不随个体变化的时间特征。从统计学意义上讲，双向固定效应模型可以有效地减少时间层面和个体层面的遗漏变量带来的内生性问题，因此，本章采用双向固定效应模型作为基准回归模型来研究数字素养对个体间收入差距的影响。具体的估计模型如下：

$$RD = \beta_0 + \beta_1 \, digitability_{it} + \beta_2 X_{it} + \beta_3 \, individual_i + \beta_4 \, year_t + \varepsilon_{it} \tag{2}$$

其中，被解释变量 RD 代表个体 i 在第 t 年的相对剥夺指数，即个体层面的收入差距水平。解释变量 $digitability_{it}$ 代表个体 i 在第 t 年的数字素养程度，分别用休闲型数字素养和发展型数字素养来表示。休闲型数字素养或发展型数字素养能力越高，表明个体的数字化应用能力越强，以及数字化嵌入程度越深。$individual_i$ 表示个体 i 不随时间变化的个体特征，$year_t$ 表示双向固定效应模型中的时间效应。ε_{it} 代表个体 i 在第 t 年的干扰项。同时，为了得到较为稳健的标准误，我们还在个体层面进行了聚类。由于数字素养表征内容的差异，我们并未将休闲型数字素养和发展型数字素养一起纳入模型中进行估计，而是将其分别纳入模型中进行估计。

（二）RIF 回归与分解

为了有效地讨论收入差距变动的特征，我们在 Firpo 等（2018）提出的无条件分位数回归的基础上，对收入差距分布及其变化进行分解分析。根据以往研究，这个分解有两方面的特点：一是根据 RIF 回归将基于分布的任意统计量写成关于解释变量的线性函数，这些统计量包括分位距、方差、平均对数离差、变异系数和基尼系数等指标，在此基础上，通过 OB 分解识别各种影响因素在相应统计量变动中的解释；二是根据 DFL 的重新加权法来识别特征效应和系数效应（罗楚亮，2018）。由于 RIF 回归在前面已经提及，在此就不再进行过多讨论。但仍需要强调 RIF 回归的特征。一方面，RIF 回归有效建立了解释变量与收入差距分布指标之间的直接联系。对于大多数分解方法而言，对解释变量与收入差距的关系讨论常常会建立在特定的分解基础上，而这并不能对解释变量和收入差距的边际效应给出定论。另一方面，可以利用 RIF 回归基础上进行的无条件分位数回归结果，对收入差距分布特征进行更为详细的说明，比如在不同分位点上收入差距的变化特征。在前述研究中，我们已经发现 Kakwani 指数与其他收入差距测量指标的同向变化趋势。因而，基于数据的可及性，我们在此部分主要探讨数字素养与基尼系数、分位距、变异系数和方差等收入差距分布指标之间的关系。在此基础上，我们利用 OB 分解法来探讨数字素养对收入差距的影响特征。最后，我们利用 RIF 回归基础上进行的无条件分位数回归来探讨数字素养对不同分位点收入差距的影响，更加细致和全面地刻画不同分位点的收入差距在数字素养影响下的分布特征。

第三节　数字素养影响收入差距的实证分析结果

一　数字素养对收入差距的影响

（一）主要变量的描述性统计

表 5-1 向我们呈现了数字素养和收入差距主要变量的描述性统计结果。从表中可以看出，村居层面的个体间收入差距的均值为 0.155，标准差为 0.218。这表明，收入差距在不同个体之间存在较大差异。休闲型数字素养和发展型数字素养的综合得分因为经过标准化处理和主成分分析，

其整体均值没有太大意义，在此不作过多解读。根据不同个体特征的分组来看，男性的 Kakwani 指数为 0.128，女性为 0.191。这意味着，男性间的收入差距水平低于女性。从男女两性在休闲型数字素养和发展型数字素养的分布状况中可以看出，男性的休闲型数字素养程度整体上高于女性群体，而女性的发展型数字素养程度整体上高于男性群体。如果按照户籍状况进行划分，城镇户籍人员之间的收入差距水平低于农村户籍人员。其中，城镇户籍人员的 Kakwani 指数为 0.083，而农村户籍人员的 Kakwani 指数为 0.184。如果比较二者的数字素养的话，城镇户籍人员的休闲型数字素养和发展型数字素养均高于农村户籍人员。其中，城镇户籍人员在休闲型数字素养和发展型数字素养上的综合得分分别为 0.57 和 0.88，而农村户籍人员分别为 -0.23 和 -0.36。从城乡状况来看，城镇地区人员的收入差距水平普遍低于农村地区人员。具体来看，城镇地区人员的 Kakwani 指数为 0.113，而农村地区为 0.196。从城乡地区人员数字素养的分布状况来看，城镇地区人员的休闲型数字素养和发展型数字素养普遍高于农村地区。其中，城镇地区人员的休闲型数字素养和发展型数字素养分别为 0.35 和 0.46，而农村地区人员在这两个维度的得分分别为 -0.35 和 -0.45。根据政治面貌来进行划分的话，我们发现中共党员之间的收入差距水平普遍低于非中共党员的收入差距水平。具体来看，中共党员的 Kakwani 指数为 0.107，而非中共党员为 0.163。从数字素养在政治面貌上的分布状况来看，中共党员在休闲型数字素养和发展型数字素养方面的得分均高于非中共党员，这意味着中共党员的数字素养整体上高于非中共党员。从受教育程度来看，受教育程度越高，其收入差距水平越低。从数字素养在不同受教育程度个体之间的分布状况来看，受教育程度高的个体，休闲型数字素养和发展型数字素养也更高。从婚姻状况来看，未婚个体间收入差距水平低于已婚个体。从数字素养来看，未婚个体的数字素养高于已婚个体，无论是休闲型数字素养还是发展型数字素养。从工作类型看，从事非农工作的个体之间存在较小的收入差距，从事农业工作的个体之间的收入差距较大。同时，从事非农工作的个体一般具有较高的数字素养，而从事农业工作的个体具有较低的数字素养。此外，从事体制内工作的个体之间存在较小的收入差距，而从事体制外工作的个体之间存在较大的收入差距。从数字素养来看，从事体制内工作的个体一般具有较高的数字素养，而从事体制外工作的个体数字素养较低。由于前面已经对数字素养和收入差距在不同特征下的分布状况进行了详细阐释，在此不再进行过多讨论。

表5-1 主要变量的描述性统计结果

变量名	Kakwani 指数		休闲型数字素养		发展型数字素养	
	均值	标准差	均值	标准差	均值	标准差
总计	0.155	0.218	0.00	1.54	0.00	1.72
性别						
男性	0.128	0.206	0.01	1.52	-0.05	1.65
女性	0.191	0.227	-0.01	1.57	0.07	1.80
户籍状况						
城镇户籍	0.083	0.180	0.57	1.57	0.88	2.10
农村户籍	0.184	0.225	-0.23	1.47	-0.36	1.39
城乡状况						
城镇地区	0.113	0.205	0.35	1.59	0.46	1.96
农村地区	0.196	0.222	-0.35	1.40	-0.45	1.28
政治面貌						
中共党员	0.107	0.190	0.09	1.41	0.63	1.93
非中共党员	0.163	0.221	-0.41	1.54	-0.10	1.64
是否高中及以上学历						
是	0.081	0.173	0.94	1.55	1.38	2.11
否	0.186	0.227	-0.42	1.33	-0.64	0.96
是否大学及以上学历						
是	0.045	0.126	1.38	1.37	2.39	2.03
否	0.171	0.224	-0.22	1.44	-0.41	1.25
婚姻状况						
已婚	0.164	0.222	-0.22	1.42	-0.20	1.55
未婚	0.098	0.177	1.29	1.59	1.20	2.10
是否从事非农工作						
是	0.082	0.171	0.41	1.59	0.40	1.90
否	0.316	0.223	-0.91	0.90	-0.89	0.60

变量名	Kakwani 指数		休闲型数字素养		发展型数字素养	
	均值	标准差	均值	标准差	均值	标准差
是否从事体制内工作						
是	0.032	0.076	0.63	1.53	0.98	1.99
否	0.183	0.230	-0.14	1.51	-0.22	1.57

注：由于个人收入存在0值，我们将收入进行整体加10后进行对数转换，在此基础上以所在村居作为参照组计算获得 Kakwani 指数。休闲型数字素养是对原始数据进行标准化处理基础上经过主成分分析获得，其数值没有实际意义，只有相对大小意义。发展型数字素养是对原始数据进行标准化处理基础上经过主成分分析获得，其数值没有实际意义，只有相对大小意义。

（二）数字素养与收入差距的相关性分析

在此部分，我们对数字素养与收入差距相关变量进行了相关性分析，以检验各变量之间是否存在相关关系。结果显示（见表5-2），休闲型数字素养、发展型数字素养与 Kakwani 指数呈显著负向关联。这表明，当个体的休闲型数字素养或发展型数字素养不断提升，个体间收入差距呈缩小态势。从个体特征与 Kakwani 指数的相关关系看，性别、户籍状况、城乡状况、政治面貌、是否高中及以上学历、是否大学及以上学历、是否从事非农工作、是否从事体制内工作、自评健康状况与 Kakwani 指数之间存在显著负向关联。这表明，相比女性、农村户籍、农村地区、非中共党员、高中以下学历、大学以下学历、从事农业工作、从事体制外工作的个体而言，男性、城镇户籍、城镇地区、中共党员、高中及以上学历、大学及以上学历、从事非农工作、从事体制内工作的个体之间存在更小的收入差距。同时，自评健康状况越好的民众，收入差距越小。此外，从个体特征与休闲型数字素养的相关关系来看，年龄、年龄$^2/_{100}$和婚姻状况与休闲型数字素养之间存在显著的负向关联。随着个体年龄增长，个体间收入差距水平会逐渐降低。同时，相对于未婚人士而言，已婚人士之间的收入差距水平更低。而户籍状况、城乡状况、政治面貌、是否高中及以上学历、是否大学及以上学历、是否从事非农工作、是否从事体制内工作和自评健康状况与休闲型数字素养之间存在显著正向关联。这也说明，相比农村户籍、农村地区、非中共党员、高中以下学历、大学以下学历、从事农业工

表 5-2　数字素养与收入差距相关变量的相关系数矩阵结果

	(1)	(2)	(3)	(4)	(5)	(6)	(7)	(8)	(9)	(10)	(11)	(12)	(13)	(14)	(15)
(1) Kakwani 指数	1.00	-0.42*	-0.42*	-0.19*	0.22*	0.22*	-0.30*	-0.28*	-0.09*	-0.32*	-0.32*	0.10*	-0.56*	-0.30*	-0.07*
(2) 休闲型数字素养	-0.38*	1.00	0.82*	0.00	-0.54*	-0.54*	0.24*	0.23*	0.04	0.43*	0.38*	-0.34*	0.42*	0.21*	0.12*
(3) 发展型数字素养	-0.38*	0.67*	1.00	-0.03*	-0.49*	-0.49*	0.32*	0.27*	0.12*	0.54*	0.52*	-0.32*	0.40*	0.28*	0.10*
(4) 性别	-0.19*	-0.01	-0.05*	1.00	0.05*	0.05*	-0.01	-0.03	0.10*	-0.01	-0.05*	-0.05	0.08*	0.02	0.09*
(5) 年龄	0.21*	-0.53*	-0.41*	0.05*	1.00	0.99*	-0.00	-0.04*	0.05*	-0.25*	-0.27*	0.54*	-0.28*	-0.03*	-0.24*
(6) 年龄^2/100	0.23*	-0.51*	-0.40*	0.06*	0.99*	1.00	-0.00	-0.05*	0.06*	-0.25*	-0.27*	0.54*	-0.28*	-0.03*	-0.24*
(7) 户籍状况	-0.30*	0.22*	0.31*	-0.01	-0.00	-0.01	1.00	0.47*	0.17*	0.42*	0.37*	-0.00	0.35*	0.38*	-0.02
(8) 城乡状况	-0.28*	0.22*	0.25*	-0.03	-0.04*	-0.05*	0.47*	1.00	0.07*	0.29*	0.24*	-0.01	0.36*	0.24*	-0.01
(9) 政治面貌	-0.09*	0.02*	0.11*	0.10*	0.05*	0.06*	0.17*	0.07*	1.00	0.21*	0.21*	0.02*	0.07*	0.24*	0.01
(10) 是否高中及以上学历	-0.31*	0.41*	0.54*	-0.01	-0.25*	-0.25*	0.42*	0.29*	0.21*	1.00	0.61*	-0.23*	0.32*	0.36*	0.05*
(11) 是否大学及以上学历	-0.31*	0.37*	0.58*	-0.05*	-0.26*	-0.26*	0.37*	0.24*	0.21*	0.61*	1.00	-0.24*	0.25*	0.34*	0.05*
(12) 婚姻状况	0.09*	-0.35*	-0.30*	-0.05	0.55*	0.48*	-0.00	-0.01	0.02*	-0.23*	-0.24*	1.00	-0.15*	-0.03*	-0.17*
(13) 是否从事非农工作	-0.56*	0.38*	0.34*	0.08*	-0.28*	-0.29*	0.35*	0.36*	0.07*	0.32*	0.25*	-0.15*	1.00	0.28*	0.09*
(14) 是否从事体制内工作	-0.30*	0.18*	0.25*	0.02	-0.03*	-0.03*	0.38*	0.24*	0.24*	0.36*	0.34*	-0.03*	0.28*	1.00	0.01*
(15) 自评健康状况	-0.09*	0.12*	0.08*	0.09*	-0.25*	-0.24*	-0.01	-0.00	0.01	0.06*	0.05*	-0.16*	0.10*	0.02*	1.00

注：下三角单元格表示皮尔逊相关系数，上三角单元格表示斯皮尔曼相关系数，*p<0.05。Kakwani 指数通过个人收入对数测算获得，其他变量的处理已在变量说明部分详细介绍，在此不再赘述。

作、从事体制外工作的个体而言，城镇户籍、城镇地区、中共党员、高中及以上学历、大学及以上学历、从事非农工作、从事体制内工作的个体的休闲型数字素养更高。个体自评健康状况越好，休闲型数字素养越高。从个体特征与发展型数字素养的相关关系来看，性别、年龄、年龄$^2/_{100}$、婚姻状况与发展型数字素养之间存在显著负向关联。这意味着，女性和未婚人士的发展型数字素养比男性和已婚人士高；而在年龄增长的同时，民众的发展型数字素养差距也显著降低。另外，户籍状况、城乡状况、政治面貌、是否高中及以上学历、是否大学及以上学历、是否从事非农工作、是否从事体制内工作和自评健康状况与发展型数字素养之间存在显著正向关联。这表明，相比农村户籍、农村地区、高中以下学历、大学以下学历、从事农业工作、从事体制外工作的个体而言，城镇户籍、城镇地区、高中及以上学历、大学及以上学历、从事非农工作、从事体制内工作的个体一般具有更高的发展型数字素养。同时，自评健康状况越好的民众，发展型数字素养一般也会更高。数字素养与收入差距相关变量的相关性分析结果表明，后续的实证分析有必要将这些个体特征信息都纳入模型中作为协变量予以控制。

（三）数字素养影响收入差距的基准回归结果

为了有效探讨数字素养与个体收入差距之间的关联，我们在对变量进行相关性分析的基础上，利用双向固定效应模型实证分析和检验了数字素养对个体收入差距的影响。表5-3向我们呈现了基于双向固定效应模型的基准回归结果。其中，休闲型数字素养影响个体间收入差距的基准回归结果在模型1、模型2和模型3中呈现；发展型数字素养影响个体间收入差距的基准回归结果在模型4、模型5和模型6中呈现。模型1表明，在未将个体特征信息作为控制变量纳入模型中时，休闲型数字素养与个体间收入差距存在显著的负向关联。随着休闲型数字素养的提高，个体间收入差距明显缩小。模型1由于未加入其他影响个体间收入差距的因素，因而其估计结果是存在偏误的。模型2在模型1的基础上加入了性别、年龄、年龄$^2/_{100}$、户籍状况、城乡状况、政治面貌、受教育程度、婚姻状况、是否从事非农工作、是否从事体制内工作和自评健康状况等控制变量后，我们发现休闲型数字素养与个体间收入差距的显著关系消失了。这也意味着，无论休闲型数字素养怎么发生变化，个体间收入差距都不会随之发生明显的改变。同时，为了排除不随时间变化的个体特征和不随个体变化的时间特征的影响，模型3在模型2的基础上加入了地区固定效应、时间固定效应以及个体层面的聚类稳健标准误，结果显示休闲型数字素养与个体间收入差距之间的关联依旧不显著。无论休闲型数字素养发生什么变化，个体间收入差距都不会随之发生明显的改变。总而言之，我们并未发现休闲型数字素养与个体间收入差距之间显著的关联。

表 5-3　基于双向固定效应模型的基准回归结果

变量名	休闲型数字素养			发展型数字素养		
	模型 1	模型 2	模型 3	模型 4	模型 5	模型 6
休闲型数字素养	-0.022*** (-15.98)	-0.001 (-0.64)	-0.000 (-0.25)			
发展型数字素养				-0.016*** (-10.73)	0.003** (2.00)	0.003** (2.00)
性别		0.076 (0.79)	0.076 (1.05)		0.075 (0.79)	0.075 (1.04)
年龄		-0.020*** (-6.29)	-0.003 (-0.55)		-0.022*** (-6.79)	-0.005 (-0.73)
年龄$^2/_{100}$		-0.006* (-1.68)	-0.006 (-1.43)		-0.005 (-1.28)	-0.005 (-1.13)
户籍状况		0.013 (1.31)	0.013 (1.44)		0.013 (1.30)	0.013 (1.42)
城乡状况		0.004 (0.47)	0.006 (0.65)		0.004 (0.41)	0.006 (0.61)
政治面貌		0.007 (0.49)	0.004 (0.27)		0.007 (0.45)	0.003 (0.24)
是否高中及以上学历		0.013 (1.00)	0.012 (0.89)		0.012 (0.92)	0.011 (0.83)
是否大学及以上学历		0.022 (1.58)	0.020* (1.94)		0.022 (1.59)	0.021* (1.95)
婚姻状况		0.009 (0.94)	0.011 (1.12)		0.010 (1.01)	0.011 (1.17)
是否从事非农工作		-0.110*** (-19.96)	-0.110*** (-15.81)		-0.110*** (-19.94)	-0.110*** (-15.78)

续表

变量名	休闲型数字素养			发展型数字素养		
	模型1	模型2	模型3	模型4	模型5	模型6
是否从事体制内工作		-0.040*** (-6.54)	-0.039*** (-6.44)		-0.041*** (-6.64)	-0.040*** (-6.53)
自评健康状况		-0.001 (-0.47)	-0.001 (-0.68)		-0.001 (-0.55)	-0.001 (-0.73)
地区固定效应	未控制	未控制	已控制	未控制	未控制	已控制
时间固定效应	未控制	未控制	已控制	未控制	未控制	已控制
常数	0.155*** (189.98)	1.104*** (12.84)	0.426* (1.96)	0.155*** (188.50)	1.155*** (13.37)	0.451** (2.04)
N	29771	27989	27989	29772	27990	27990
R^2	0.028	0.193	0.197	0.013	0.193	0.197

注：*$p<0.1$，**$p<0.05$，***$p<0.01$。虚拟变量的处理方式已在前面变量说明部分详细介绍。

从发展型数字素养影响个体间收入差距的基准回归结果来看，模型4未加入个体层面的控制变量，发展型数字素养与个体间收入差距存在显著负向关联。这表明，随着发展型数字素养的提高，以个体相对剥夺为表征的个体间收入差距出现了显著缩小。同样地，这一估计结果不能有效地检验发展型数字素养与个体间收入差距之间的关联。在模型4的基础上，模型5纳入了性别、年龄、年龄$^2/_{100}$、户籍状况、城乡状况、政治面貌、受教育程度、婚姻状况、是否从事非农工作、是否从事体制内工作和自评健康状况等个体特征后，发展型数字素养与个体间收入差距的关系发生了根本性改变。估计结果表明，发展型数字素养与个体间收入差距存在显著的正向关系。随着发展型数字素养的提高，个体间收入差距也随之有显著的扩大。同时，为了控制不随时间变化的个体特征和不随个体变化的时间特征对估计结果的影响，模型6在模型5的基础上纳入了地区固定效应、时间固定效应以及个体层面的聚类稳健标准误，在此基础上再次对发展型数字素养与个体间收入差距的关系进行了估计和检验。研究结果表明，发展型数字素养对个体间收入差距依旧存在显著的正向影响。随着个体发展型数字素养程度提高，个体间收入差距水平也有显著提升。虽然发展型数字素养影响个体间收入差距的弹性系数没有发生变化，但模型的拟合程度有所提升。因而，我们认为模型 6 相比模型 5 和模型 4 来说更优。

二　数字素养影响收入差距的稳健性检验

我们利用双向固定效应模型分析发现，休闲型数字素养和发展型数字素养对个体间收入差距的影响存在显著的差异。为了进一步检验结果的可靠程度，我们对估计结果进行了稳健性检验（见表 5-4）。在此部分，我们利用双向固定效应模型进行估计，但我们将 Kakwani 指数替换成了其他衡量收入差距的指标，包括泰尔指数、基尼系数、平均对数离差和变异系数。虽然这些指标都是在某一特定区域内测量收入差距水平，但也能很好地反映所在地区民众的收入差距分布状况。如果利用这些测量收入差距的指标来替代 Kakwani 指数后仍能得到一致的结果，就意味着基准回归结果是相对比较稳健的。首先，我们检验了休闲型数字素养与收入差距之间的关联。估计结果表明，除了基尼系数之外，用泰尔指数、平均对数离差和变异系数来衡量收入差距水平时，休闲型数字素养都未能对收入差距产生显著影响。虽然我们利用基尼系数测算收入差距水平时，休闲型数字素养对其产生了边际显著的影响，但整体而言，休闲型数字素养对收入差距是不存在显著影响的。无论休闲型数字素养如何变化，个体收入差距水平都不会发生明显的改变。其次，我们利用这些测量收入差距的指标检验了发展型数字素养与收入差距之间的关联。估计结果表明，无论我们是利用泰尔指数和基尼系数，还是利用平均对数离差和变异系数来代表个体收入差距水平，发展型数字素养与个体间收入差距都存在显著的正向关联。这也意味着，随着发展型数字素养的提高，个体所在地区或村居的收入差距都出现显著的扩大。换言之，发展型数字素养的提升显著地扩大了个体间的收入差距。从模型的拟合程度来看，每个模型都有较强的解释力。因而，我们从估计结果中可以得出这样的结论：休闲型数字素养和发展型数字素养对个体间收入差距的影响是存在差异的。其中，休闲型数字素养与个体间收入差距不存在显著的关联，而发展型数字素养与个体间收入差距存在显著的正向关联。这些结果均表明，基准回归的估计结果是比较稳健和可靠的。

表 5-4　数字素养影响收入差距的稳健性检验结果

变量名	泰尔指数	基尼系数	平均对数离差	变异系数	泰尔指数	基尼系数	平均对数离差	变异系数
休闲型数字素养	0.001 (1.61)	0.001 * (1.66)	0.000 (0.59)	0.001 (0.69)				
发展型数字素养					0.004 *** (6.08)	0.004 *** (5.93)	0.004 *** (5.70)	0.010 *** (4.99)
N	27989	27989	27989	26904	27990	27990	27990	26905
R^2	0.843	0.875	0.753	0.768	0.844	0.875	0.754	0.769

注：* $p<0.1$，** $p<0.05$，*** $p<0.01$。所有模型均已纳入控制变量、地区固定效应、时间固定效应，并对个体层面的标准误进行了聚类。

三　发展型数字素养影响收入差距的回归分析

（一）发展型数字素养影响收入差距的 RIF 回归

我们在研究中发现：休闲型数字素养与个体间收入差距不存在显著的关联，而发展型数字素养与个体间收入差距存在非常显著的正向关联。这表明，当个体将互联网用于社交、娱乐或业余时间上网时，尽管休闲型数字素养有所提高，但不会进一步扩大收入差距。但是，当个体将互联网广泛用于学习、工作或从事商业活动，以及将互联网用来线上购物消费或收发电子邮件时，随着发展型数字素养的提升，个体间收入差距水平也会随之提升。随着数字化发展，发展型数字素养提升成为培育人才的关键。因而，本书在研究过程中，有必要厘清发展型数字素养对个体间收入差距变动的贡献。虽然我们在本研究中已经利用双向固定效应模型揭示了发展型数字素养与个体间收入差距的内在关联，但双向固定效应模型揭示的是发展型数字素养对个体间收入差距的平均效应，不能有效观察到发展型数字素养对个体间收入差距的变动趋势。为此，我们借鉴学界常用的做法，利用 RIF 回归来检验发展型数字素养在个体间收入差距变动中的作用，以期观察发展型数字素养的细微变化对个体间收入差距分布状况带来的复杂影响。

由于 RIF 回归在估计过程中无法将 Kakwani 指数纳入模型中，因而我们在这部分依旧用其他衡量收入差距的指标来表征个体间收入差距水平，包括分位距、变异系数、平均对数离差和基尼系数等。我们借助 RIF 回归，能有效地捕捉到发展型数字素养的变化对个体间收入差距带来的影响。相较之下，利用 RIF 回归估计的结果能更加真实地反映个体间收入差距水平随发展型数字素养变化而发生的变动。因此，我们使用的是由 CFPS2014~2018 年三期数据构建的面板数据，在具体分析过程中使用的是 RIF 回归。表 5-5 具体呈现了发展型数字素养对不同衡量指标的个体间收入差距的影响。模型 1 表明，发展型数字素养会显著地扩大个体在 90% 分位点和 10% 分位点之间的收入差距。随着发展型数字素养程度的提高，位于 90% 分位点和 10% 分位点之间的收入差距会逐渐拉大。从边际效应来看，发展型数字素养每提高一个点，个体在 90% 分位点和 10% 分位点之间的收入差距提升 0.184 个点。模型 2 表明，发展型数字素养会显著地扩大个体在 90% 分位点和 50% 分位点之间的收入差距。估计结果显示，发展型数字素养每提高一个点，个体在 90% 分位点和在 50% 分位点之间的收入差距会扩大 0.114 个点。模型 3 表明，发展型数字素养会显著地扩大个体在 50% 分位点和 10% 分位点之间的收入差距。估计结果表明，发展型数字素养每提升一个点，个体在 50% 分位点和 10% 分位点之间的收入差距就会扩大 0.070 个点。如果用变异系数来衡量收入差距的话，发展型数字素养对收入差距也存在显著正向影响。其中，发展型数字素养影响个体间收入差距的弹性系数为 0.012。如果用平均对数离差来衡量收入差距的话，发展型数字素养对个体间收入差距的弹性系数为 0.020。同样地，如果用基尼系数来衡量收入差距的话，发展型数字素养对个体间收入差距影响的弹性系数为 0.008。总之，发展型数字素养已经成为当前扩大个体间收入差距的重要因素。

表 5-5　发展型数字素养影响收入差距的 RIF 回归结果

收入差距指数	模型 1	模型 2	模型 3	模型 4	模型 5	模型 6
	q90-q10	q90-q50	q50-q10	变异系数	平均对数离差	基尼系数
发展型数字素养	0.184*** (23.46)	0.114*** (12.12)	0.070*** (9.49)	0.012*** (9.43)	0.020*** (12.79)	0.008*** (9.81)

续表

收入差距指数	模型 1	模型 2	模型 3	模型 4	模型 5	模型 6
	q90-q10	q90-q50	q50-q10	变异系数	平均对数离差	基尼系数
控制人口特征	是	是	是	是	是	是
控制地区特征	是	是	是	是	是	是
控制时间特征	是	是	是	是	是	是
稳健标准误	是	是	是	是	是	是
N	27990	27990	27990	27990	27990	27990
R^2	0.173	0.161	0.351	0.521	0.492	0.525

注：* $p<0.1$，** $p<0.05$，*** $p<0.01$。表中呈现的收入差距指标都是通过个人收入对数进行测算。

（二）发展型数字素养影响收入差距的无条件分位数回归

为了进一步探讨发展型数字素养对不同分位点收入差距的边际效应，我们计算了发展型数字素养对 5%~95% 分位点上收入差距的边际效应。图 5-1 呈现了发展型数字素养对不同分位点收入差距的影响在 95% 置信区间上的边际效应。从图中可以看到，发展型数字素养能缩小个体在 60% 分位点以下的收入差距；反之，我们发现发展型数字素养能扩大个体在 60% 分位点以上的收入差距。这就意味着，发展型数字素养对个体间收入差距的影响存在"倒 U 形"结构。对于收入差距较大的个体来说，发展型数字素养进一步扩大了其收入差距；而对于收入差距较小的个体来说，发展型数字素养进一步缩小了其收入差距。

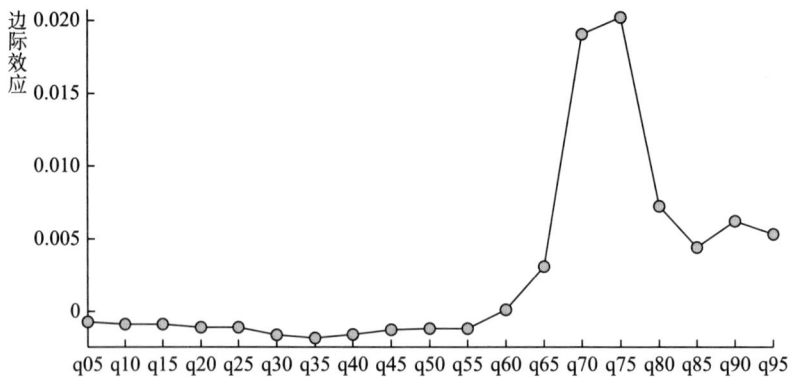

图 5-1 发展型数字素养影响收入差距的无条件分位数回归

四　发展型数字素养影响收入差距的 OB 分解

为了进一步探讨发展型数字素养对个体间收入差距的作用，我们在 RIF 回归的基础上，对民众间收入差距成因进行了 OB 分解。依据模型分解原理，个体间收入差距的成因可以分解为禀赋特征效应和收入结构效应。其中，禀赋特征效应是模型中可解释的部分，主要指个人能力和禀赋这些个人"努力"因素对个体间收入差距的作用；收入结构效应是模型中不可解释的部分，主要是指结构性因素对个体间收入差距的作用，特指不由个人控制的环境因素等非人力因素导致的收入差距。按照模型设定，为了便于不同组别收入差距的对比，我们将个体间收入差距状况依据个体特征进行了分组。具体而言，我们依据性别、城乡状况、户籍状况、是否从事非农工作、是否从事体制内工作、是否大学及以上学历进行分组，并在此基础上计算不同组别下各个因素对个体间收入差距的作用，尤其检验和观察发展型数字素养在其中的作用。表 5-6 向我们呈现了依据不同组别对收入差距进行 OB 分解后的估计结果。

表 5-6　发展型数字素养影响收入差距的 OB 分解结果

	模型 1	模型 2	模型 3	模型 4	模型 5	模型 6
组别 1	0.205 ***	0.157 ***	0.114 ***	0.116 ***	0.049 ***	0.078 ***
组别 2	0.260 ***	0.291 ***	0.269 ***	0.352 ***	0.262 ***	0.251 ***
总差异	-0.055 ***	-0.135 ***	-0.155 ***	-0.236 ***	-0.213 ***	-0.173 ***
禀赋特征效应						
发展型数字素养	0.001 ***	-0.006 ***	-0.005 ***	-0.009 ***	-0.000	-0.020 ***
性别		0.001 ***	0.000	-0.001 ***	-0.000 **	-0.000
年龄	-0.003 **	0.005 ***	0.000	0.029 ***	0.007 ***	0.033
年龄$^2/_{100}$	0.004 **	-0.006 ***	-0.002 **	-0.026 ***	-0.008 ***	-0.030
户籍状况	-0.000	-0.001		0.001	-0.003 *	-0.000
城乡状况	0.000 ***		-0.014 ***	0.001	-0.003 ***	-0.004 *
政治面貌	0.002 ***	0.001 **	0.001 *	0.001 ***	0.000	0.002 **
是否高中及以上学历	-0.000	-0.001	0.001	0.002	-0.003 **	0.000
是否大学及以上学历	-0.000	-0.001	-0.005 ***	-0.002 **	-0.001	

续表

	模型 1	模型 2	模型 3	模型 4	模型 5	模型 6
婚姻状况	−0.000	−0.000	−0.000	−0.002 ***	0.000	0.000
是否从事非农工作	−0.021 ***	−0.097 ***	−0.099 ***		−0.003	−0.058 ***
是否从事体制内工作	−0.002 ***	−0.016 ***	−0.032 ***	−0.019 ***		−0.024 ***
自评健康状况	0.000	0.000	−0.000	0.001	−0.000	0.001 *
合计	−0.019 ***	−0.123 ***	−0.154 ***	−0.026 ***	−0.013 ***	−0.101 ***
收入结构效应						
发展型数字素养	−0.000	−0.003 ***	−0.003 ***	0.033 ***	−0.002 ***	−0.002 **
性别		0.011 ***	0.020 ***	−0.023 ***	0.016 ***	0.027 ***
年龄	0.207 ***	−0.024	−0.060	−0.307 ***	−0.134 **	0.059
年龄$^2/_{100}$	−0.108 ***	0.007	0.026	0.171 ***	0.065 **	−0.039
户籍状况	0.001	−0.001 **		−0.000	−0.003 ***	−0.002
城乡状况	0.002		−0.005 *	−0.002 **	0.002	0.002
政治面貌	0.001 ***	−0.001	−0.001	0.002 ***	−0.001 ***	0.002
是否高中及以上学历	0.004 *	−0.001	−0.000	0.000	−0.003 **	−0.002 **
是否大学及以上学历	−0.000	0.001	−0.002 ***	−0.000 *	−0.000	
婚姻状况	−0.012	0.006	0.006	0.005	−0.019 ***	−0.016 *
是否从事非农工作	0.015 ***	−0.018 ***	−0.003		0.176 ***	0.069 ***
是否从事体制内工作	−0.005 ***	−0.002 ***	−0.002 ***	−0.003 ***		0.002 ***
自评健康状况	0.006	−0.003	0.008	0.003	−0.005	0.015 *
合计	−0.036 ***	−0.012 ***	−0.001	−0.210 ***	−0.200 ***	−0.072 ***

注：所有模型的收入差距程度均是在个人收入对数基础上计算的基尼系数。模型 1 代表性别方面的收入差距，组别 1 为男性，组别 2 为女性；模型 2 代表城乡状况方面的收入差距，组别 1 为城镇地区，组别 2 为农村地区；模型 3 代表户籍状况方面的收入差距，组别 1 为城镇户籍，组别 2 为农村户籍；模型 4 代表是否从事非农工作方面的收入差距，组别 1 从事非农工作，组别 2 为从事农业工作；模型 5 代表是否从事体制内工作方面的收入差距，组别 1 为从事体制内工作，组别 2 从事体制外工作；模型 6 代表是否大学及以上学历方面的收入差距，组别 1 为大学及以上学历，组别 2 为大学以下学历。

模型 1 表明，男女两性间的收入差距存在显著差异，其中男性间收入差距水平显著低于女性。估计结果表明，男性间收入差距水平比具有相同特征的女性低 0.055。从收入差距的分解来看，禀赋特征效应所做的贡献仅为 35%，而收入结构效应所做的贡献为 65%。禀赋特征效应表明，年龄、是否从事非农工作和是否从事体制内工作等特征带来的收入回报使得男性群体间收入差距低于女性工作群体；而年龄$^2/_{100}$、城乡状况和政治面貌等特征带来的收入回报使得男性间收入差距高于女性。随着女性发展型数字素养的提高，女性的收入回报能力进一步增强，缩小了女性群体之间的收入差距，也进一步降低了男女两性间收入差距差异。收入结构效应表明，年龄、政治面貌、是否高中及以上学历和是否从事非农工作会缩小男女两性间的收入差距差异，但年龄$^2/_{100}$和是否从事体制内工作会扩大男女两性间的收入差距差异。其中，年龄$^2/_{100}$在收入结构效应中的贡献最大。这表明，对女性的年龄歧视这样的环境因素会进一步扩大男女两性间存在的收入差距差异。相比之下，发展型数字素养在禀赋特征效应中所做的贡献较大，这意味着女性可以通过提升发展型数字素养来缩小与男性间的收入差距。

　　模型2表明，城镇地区和农村地区个体间的收入差距存在显著差异，城镇地区的个体间收入差距水平显著低于农村地区。估计结果表明，城镇地区的个体间收入差距比具有相同特征的农村地区个体低0.135。从收入差距的分解来看，禀赋特征效应能解释收入差距差异的91%，而收入结构效应仅能解释收入差距差异的9%。在禀赋特征效应中，发展型数字素养、年龄$^2/_{100}$、是否从事非农工作和是否从事体制内工作等特征因素使城镇地区个体间收入差距水平低于农村地区个体间收入差距水平。相较之下，性别、年龄、政治面貌等禀赋特征因素则使城镇地区个体间收入差距水平高于农村地区个体。收入结构效应表明，性别、发展型数字素养、户籍状况、是否从事非农工作、是否从事体制内工作等特征因素在城镇地区和农村地区个体间收入差距的形成中发挥着结构性作用。从发展型数字素养在其中做出的贡献来看，它促使城镇地区个体间收入差距水平低于农村地区。从某种程度而言，发展型数字素养进一步扩大了城镇地区个体和农村地区个体间的收入差距差异。这不仅体现在禀赋特征效应中，还体现在收入结构效应中。这表明，发展型数字素养会扩大城镇地区个体和农村地区个体间收入差距不仅是不同地区民众的能力差异导致的，也是发展型数字素养运用过程中对农村地区民众的结构性因素导致的。

　　模型3表明，城镇户籍个体和农村户籍个体之间的收入差距存在显著异质性，其中城镇户籍个体之间的收入差距水平远低于农村户籍个体。估计结果表明，城镇户籍个体之间的收入差距水平比具有相似特征的农村户籍个体低 0.155。从收入差距效应分解来看，禀赋特征效应能解释城镇户籍和农村户籍之间 99% 的收入差距差异。显然，城镇户籍和农村户籍个体之间的收入差距差异几乎没有结构性因素在其中发挥作用。从不同个体因素对禀赋特征的贡献中，发展型数字素养、年龄$^2/_{100}$、城乡状况、是否大学及以上学历、是否从事非农工作、是否从事体制内工作等特征因素使城镇户籍个体之间的收入差距低于农村户籍个体。从发展型数字素养的作用来看，发展型数字素养在某种程度上扩大了城镇户籍和农村户籍个体之间的收入差距差异。显然，发展型数字素养对农村户籍个体之间的收入差距的扩大效应强于城镇户籍个体。

模型 4 表明，个体间收入差距状况在从事非农工作者和从事农业工作者之间存在显著差距，从事非农工作者的收入差距远低于从事农业工作者。估计结果表明，从事非农工作者之间的收入差距水平比具有相似特征的从事农业工作者低 0.236。从收入差距效应分解来看，禀赋特征效应对收入差距差异的贡献仅占 11%，而收入结构效应对收入差距差异的贡献高达 89%。这表明，结构性因素（制度性障碍）是从事农业工作者和从事非农工作者在收入差距方面存在差异的主要原因。在禀赋特征效应中，发展型数字素养对从事非农工作者和从事农业工作者之间收入差距的差异形成具有显著贡献。具体而言，发展型数字素养会进一步扩大从事非农工作者和从事农业工作者之间的收入差距差异。其中，发展型数字素养对从事非农工作者之间的收入差距的扩大效应小于从事农业工作者。收入结构效应表明，发展型数字素养有助于消解结构性因素对从事非农工作者和从事农业工作者之间收入差距的影响。估计结果表明，发展型数字素养进一步缩小了从事非农工作者和从事农业工作者之间的收入差距差异。但从短期来看，发展型数字素养还无法缩小从事非农工作者和从事农业工作者间收入差距差异。

模型 5 表明，不同体制之间的收入差距水平也存在显著的差异。其中，从事体制内工作者之间的收入差距水平显著低于从事体制外工作者之间的收入差距水平。估计结果表明，从事体制内工作者之间的收入差距水平比从事体制外工作者低 0.213。从收入差距效应分解来看，禀赋特征效应仅能解释 6% 的收入差距差异，而收入结构效应对收入差距所做的贡献高达 94%。这意味着，制度差异和其他结构性因素是从事体制内工作者和从事体制外工作者之间收入差距出现显著差异的原因。在禀赋特征效应中，我们发现发展型数字素养在其中并未起显著作用。这意味着，从事体制内工作者和从事体制外工作者在收入差距方面的差异并不因其发展型数字素养能力的高低而出现扩大或缩小。但在收入结构效应分解中，发展型数字素养起着非常重要的作用。具体而言，发展型数字素养的发展进一步固化了业已存在的制度壁垒，维持甚至扩大了从事体制内工作者和从事体制外工作者之间的收入差距差异。随着市场经济的发展，发展型数字素养使从事体制外工作者之间的收入差距进一步呈扩大趋势，而对从事体制内工作者的影响则相对较小。整体而言，发展型数字素养并没能引发较强的技术效应，使收入差距在不同工作体制间出现区别，进而出现从事体制内工作者和从事体制外工作者之间收入差距出现差异。

模型 6 表明，收入差距在大学及以上学历和大学以下学历个体之间存在显著的差异。其中，拥有大学及以上学历个体之间的收入差距显著低于拥有大学以下学历的个体。估计结果表明，拥有大学及以上学历个体之间的收入差距比具有相似特征的大学以下学历个体低 0.173。其中，禀赋特征效应对收入差距差异所做的贡献为 58%，而收入结构效应对收入差距差异所做的贡献为 42%。将禀赋特征效应进行分解会发现，发展型数字素养、城乡状况、是否从事非农工作和是否从事体制内工作等因素对于大学及以上学历个体之间的收入差距的扩大效应低于大学以下个体。这表明，发展型数字素养进一步扩大了大学及以上学历与大学以下学历在收入差距方面的差异。收入结构效应表明，大学及以上学历与大学以下学历个体之间收入差距差异的扩大很大程度上是技术鸿沟导致的，这一技术鸿沟主要是发展型数字素养在不同教育层级的差异分布带来的。

总体而言，发展型数字素养在收入差距的形成发展过程中发挥了重要的作用。第一，发展型数字素养有利于缩小男女两性间的收入差距差异，能有效地消除性别歧视对男女两性间收入差距差异的负面作用。第二，发展型数字素养有利于消除从事非农工作者和从事农业工作者在收入差距差异形成中的制度结构壁垒，为农业工作者赋权。第三，发展型数字素养在发展过程中无形扩大了城乡之间在收入差距方面的差异，不仅存在禀赋特征效应，还存在收入结构效应。第四，发展型数字素养对于扩大城镇户籍和农村户籍个体在收入差距方面的差异有显著的促进作用，不仅存在禀赋特征效应，还存在收入结构效应。第五，发展型数字素养在发展过程中极易形成技术壁垒，并在结构中固化下来，进一步扩大从事体制内工作者和从事体制外工作者在收入差距的差异。第六，发展型数字素养对大学及以上学历个体和大学以下学历个体在收入差距方面的差异有显著的扩大作用，虽然其在收入结构效应中也具有重要作用，但主要是禀赋能力的差异在起作用。

第四节　小结

与过去相比，目前我国的数字环境已经发生了翻天覆地的变化。由于互联网基础设施建设的加快，我国的互联网近几年几乎实现了全面覆盖。由此而来的是，过去因数字接入差异产生的数字鸿沟逐渐消解，而因使用能力差异产生的数字鸿沟逐渐涌现。以往学界普遍认为，数字接入差异是收入差距扩大的根源之一，但随着移动互联网的普及和数字技术的发展，学界研究的注意力逐渐从数字接入转移到数字使用。有学者认为，随着互联网的普及，互联网技术运用上的差异会逐渐成为改变社会经济地位和划分社会阶层的新维度（邱泽奇等，2016）。显然，我们不能忽视数字使用能力差异对收入差距带来的影响。数字使用能力差异亦可称为数字素养差异。尽管在以往研究中，已有文献探讨了数字素养与收入分配之间的关系，但整体而言，关于这方面的研究还有进一步探讨的空间。首先，目前学界并未对数字素养与收入差距之间的关系得出一致的结论，在这种情形下，有必要对二者的关系作进一步探讨。其次，目前研究大多仅将数字使用频率作为衡量数字素养的指标，从某种程度上而言，这很难真实有效地测量出民众的数字素养能力。再次，既有研究更多关注的是城乡或性别间收入差距，很少关注数字素养与民众间收入差距的关系。最后，不同类型的数字素养对收入差距的作用机制还不明晰，需进一步探讨。总的来说，在数字应用场景日益多元和复杂的背景下，有必要进一步厘清数字素养在收入差距形成中的作用。

本章利用 CFPS2014~2018 年三期数据构建的面板数据，实证检验和探讨了数字素养对民众收入差距的影响。为了能进一步厘清不同类型的数字素养对收入差距的作用，我们在研究中将数字素养分为休闲型数字素养和发展型数字素养。

本章研究表明，发展型数字素养能显著地扩大个体间收入差距，而休闲型数字素养与个体间收入差距没有显著的关联。通过稳健性检验和 RIF 回归结果发现，我们的基准回归结果是比较稳健和可靠的。无条件分位数回归结果表明，发展型数字素养对 60% 分位点以下收入差距水平存在显著负向影响，而对 60% 分位点以上的收入差距水平存在显著正向影响。这表明，发展型数字素养能缩小收入差距水平本身较低的个体之间的收入差距，但也扩大了本身收入差距水平较高个体之间的收入差距。OB 分解结果表示，发展型数字素养能缩小男女两性间的收入差距差异；发展型数字素养能扩大城镇地区和农村地区、城镇户籍和农村户籍、从事体制内工作和从事体制外工作以及受教育程度较高和受教育程度较低个体之间在收入差距方面的差异。

上述结论表明，数字资本在数字素养影响收入差距过程中发挥着重要的作用。如果个体将互联网用于社交和娱乐或者业余时间上网，则很难将数字资源转化为有效提升收入回报的数字资本。从某种程度上来讲，休闲型数字活动容易对已有的数字资本造成损耗。相比之下，如果个体将互联网用于学习、工作或从事商业活动，以及线上购物消费或收发电子邮件等发展型数字活动，其数字能力在某种程度上能得到明显的提升，借助这种方式，个体可以相对有效地积攒数字资本。但是，个体拥有数字资本的多少除了与自身的学习适应能力有关之外，还与自身所在的结构性位置存在密切的关联。数字素养"乘数效应"的发挥需要有一定的市场规模和需求规模。随着大数据、人工智能、互联网和物联网等数字技术的深度发展，我国显然已经步入高度复杂的数字社会。在数字社会中，不同地区、行业和个体之间隐藏着丰富的数字节点。一定程度上，数字节点与地区经济发展水平和个体社会经济地位之间存在紧密关联。身处经济发展水平较高的地区或者社会经济地位较高的个体，能接触的数字节点也会更多。这就意味着，发展型数字素养会经由丰富的数字节点转换成丰富的数字资本，进而提升个体的经济回报。但身处经济发展水平较低的地区或者社会经济地位较低的个体，即便拥有相同的数字技能，也很难将其转换成等比例的数字资本。同时，由于市场规模和需求的差异，数字资本在经济发展水平较低的地区或社会经济地位较低的个体中也存在不均衡的分布。在这种情形下，发展型数字素养对收入回报的影响也是不均衡的。因而，数字资本在不同民众和地区间并非均衡分布的。可以说，发展型数字素养是否具有扩大收入差距的效用，取决于数字资本是否均衡分布。

第六章　收入差距中的数字偏好效应

第一节　理论分析与研究假设

一直以来，学界关于数字鸿沟的讨论在数字化发展进程中从未停止。在理论层面，数字鸿沟这个具有隐喻色彩的概念常用来形容在电脑、手机等媒介手段和互联网技术的使用扩散过程中相对优势者与相对劣势者之间存在的"差距"或"沟壑"。在实践层面，数字鸿沟可以体现在多个方面，包括但不限于知识获得、机遇获取、社会资本和政治参与等（冯强、杨喆，2015）。近几年，数字鸿沟与收入回报差异之间的同构关系引起了学界的广泛关注和讨论（戚聿东等，2022）。从 20 世纪 90 年代开始，学界就开始围绕数字鸿沟展开研究和讨论，以期探究数字技术革新和发展所带来的社会问题。严格来讲，以互联网技术进步为主要表征的数字化发展在过去十多年间才开始呈现井喷态势。在那之前，虽然互联网技术有所发展，但发展相对来说是较为缓慢的。在很长一段时间里，数字接入沟一直是数字化进程中的结构性难题。因而，学界一直围绕数字接入差异带来的社会不平等进行探讨和研究。不过，数字鸿沟的研究相较数字化的发展进程稍显滞后。当前，我国基本上已经消除了数字接入差异，而学界仍在花大量的时间和精力研究和探讨数字接入沟。不过，随着互联网技术的全面普及，学界也开始逐渐关注互联网使用方面存在的差距，即数字使用沟。诚如前文所述，数字接入沟和数字使用沟是数字鸿沟的两大阶段性特征，也是当前数字鸿沟研究的中心和焦点。在数字接入差异逐渐缩小的基础上，数字使用沟成为学界解释社会不平等根源的重要视角。但是，数字鸿沟除了包括第一道鸿沟数字接入沟和第二道鸿沟数字使用沟之外，还存在第三道鸿沟，即数字知识沟。之前就有学者表示，大量有关数字鸿沟的研究主要聚焦于第一道和第二道鸿沟，即数字接入沟和数字使用沟，而在一定程度上忽略了第三道鸿沟数字知识沟的研究（韦路、张明新，2006）。数字鸿沟之所以会向数字知识沟延伸，很大程度上是因为数字鸿沟不仅涉及电脑和互联网技术在接入与使用中存在的数量和品质差异，还源于不同群体间存在的社会结构差异（冯强、杨喆，2015）。显然，学界在开展数字鸿沟相关研究时，应将数字知识沟研究置于与数字使用沟研究同等重要的位置。

随着互联网技术的传播与应用，以电脑、手机、平板与智能设备等硬件为代表的新兴媒体构建了多元新媒介传播介质；相应地，以社交、浏览器、搜索引擎、视频、直播、短视频等为主的移动应用则形成了多元新媒介分发渠道。至此，以电视、报纸、期刊等传统媒体为主导的媒体结构逐渐被打破，"万物皆媒"已经成为现实（彭兰，2016；刘强、李本乾，2020）。在媒介产业蓬勃发展的今天，媒介显然已经成为影响生活方式、拓展社会关系和调整社会结构的重要力量。有学者表明，无论是社会组织还是普通民众，从沟通交流到意见表达都无不依赖于大众传播媒介。在很多情形下，媒介都潜移默化地影响和塑造着人们对外部世界的感知（马超，2020）。但是，媒介除了具有信息交流和意见表达的表层意象之外，更具有阶层分化和建构的深层意义。显然，媒介与社会不平等之间存在明显的同构效应。而此前论述提及，数字知识沟与社会不平等也存在型构作用。在这种情形下，与数字技术发展同宗同源的大众媒介与数字知识沟之间存在何种关联呢？有学者指出，数字知识沟可简单理解为人们在数字技术的使用过程中存在的媒介素养差异，而媒介渠道选择对于媒介素养养成抑或数字知识沟的形成而言具有重要的作用（周葆华、陆晔，2008）。显然，媒介渠道选择差异在某种程度上会带来媒介信息处理能力和媒介参与意向的差异，进而使不同社会群体在媒介素养上产生差别，形成学界形容的数字知识沟。

以智能媒介为代表的新兴媒介与传统媒介之间存在完全不同的运作方式。具体来讲，前者是由各种人工智能技术组织起来的空间或场域，它只负责筛选、推送、管理和维护互联网上生产的各种内容，包括新闻、社交信息以及专业媒体生产的信息；而后者是一群内容生产者和一群专业电工组成的内容生产企业，不过传统媒介也开始借助新兴媒介技术在平台媒介上拓展传播范围（胡翼青、李璟，2020）。传统媒介和新兴媒介存在根本差异。同时，新兴媒介的发展一定程度上挤压了传统媒介原有的生存发展空间，导致传统媒介的市场地位出现一定程度下滑。但不得不承认，互联网技术的兴起，促使新媒体和新技术不断重构受众的媒介现实图景，有力推进了"媒介融合"进程。传统媒介在媒介生态重构的驱动下，也积极进行数字化转型。如今，媒介发展已经进入"融媒体"时代，新兴媒介为民众获取信息提供了便利，但传统媒介也成为民众可信赖的权威来源渠道。2024年12月23日，美兰德传播咨询发布了2024年网络电视年度洞察。结果显示，2024年中国居民各类文娱休闲项目接触率中，看电视频道直播排第一，达到91.55%，其次是刷短视频、录短视频为90.95%。2024年中国居民每日文娱消费时长分布数据中，看电视频道直播达110.8分钟，电视仍是家庭娱乐信息获取的重要渠道。很明显，即便在新兴媒介大发展的今天，传统媒介依旧承担着重要的社会功能。一方面，传统媒介对中产阶层的话语建构以及对新兴社会阶层的建设性批判，使得民众向往中产阶层生活，倾向于勤恳劳动和提高技能，努力增加收入；另一方面，传统媒介是民众获取知识信息的重要载体，个体除了通过接受学制教育来获得知识之外，传统媒介也是重要的手段和渠道之一。随着知识型信息的增长，民众的收入回报也随之提高。新兴媒介能有效地提升民众的临场感和沉浸感，为民众营造沟通、交流和工作的氛围，对于收入增长也是非常重要的。而除此之外，新兴媒介在算法的精密控制下，能有效地形成"他律性"力量。这意味着，新兴媒介的信息效能具有显著的叠加优势，能优化个体知觉和行为并有效提升个体对外界的掌控力与自我效能感。因此，新兴媒介也是个体获取外界资源和缩小信息差距的重要手段来源。

在"万物皆媒"的现实情境下，媒介在提升个体收入回报时，能明显降低个体间的收入差距。本章，我们将个体的媒介选择途径视作数字偏好，将个体对不同媒介的重要性认知视作数字偏好程度。在某种程度上，数字偏好就是媒介素养状况或数字知识分布状况。在上述分析基础上，我们提出研究假设 1。

假设 1-1：在给定其他条件不变的情况下，传统媒介偏好能显著地缩小收入差距；

假设 1-2：在给定其他条件不变的情况下，新兴媒介偏好能显著地缩小收入差距。

使用满足理论认为，人们使用媒介的满足程度与媒介所发挥的效果息息相关。显然，媒介偏好对人们产生的影响与媒介偏好发挥的效果存在密切关联。以往研究表明，媒介存在社会经济地位差异。随着社会信息总量的增加，不同社会经济地位的个体之间的媒介素养会逐渐拉大。对于社会经济地位较高的个体而言，他们往往拥有较高的媒介素养和较丰富的媒介资源；而对于社会经济地位较低的个体而言，他们往往拥有较低的媒介素养和较少的媒介资源。在某种程度上，不同分位点存在的数字知识沟是媒介资源拥有的差异导致的。但是，如果位于高分位点的个体和位于低分位点的个体拥有相同的媒介素养时，媒介素养对位于高分位点的个体会表现出更低的边际效应，因而位于高分位点的个体因媒介偏好产生的满足感或自我效能感相较位于低分位点的个体来说更低。基于此，我们提出研究假设 2。

假设 2-1：在给定其他条件不变的情况下，传统媒介偏好对不同分位点个体间收入差距影响存在差异。其中，传统媒介偏好对较低分位点个体间收入差距的缩小效应比较小，而对较高分位点个体间收入差距的缩小效应比较大。

假设 2-2：在给定其他条件不变的情况下，新兴媒介偏好对不同分位点个体间收入差距影响存在差异。其中，新兴媒介偏好对较低分位点个体间收入差距的缩小效应比较小，而对较高分位点个体间收入差距的缩小效应比较大。

媒介与阶层是国外传播研究的经典议题。有研究发现媒介素养在国内存在显著的层级特征（何晶，2014）。传统媒介和新兴媒介偏好在不同层级间存在明显差异。相较于位于较低社会层级的个体而言，较高社会层级的个体一般会具备更高的媒介素养。由于传统媒介在国内的发展已经比较成熟，不同社会层级的个体在使用上一般不会出现明显的差异。在这种情况下，传统媒介偏好在不同社会层级之间的差异主要是满足感差异所致。相较之下，位于较低社会层级的个体比位于较高社会层级的个体更容易得到满足。因而，我们提出研究假设3。

假设3：在给定其他条件不变的情况下，传统媒介偏好能显著地缩小较高社会层级个体与较低社会层级个体间的收入差距差异。

对于新兴媒介而言，也存在相似的效应。新兴媒介对低社会层级的个体来说意味着更多的机会。随着自身媒介素养的提高，他们对信息的处理、思考、批判的能力显著提升，并进一步提升了其在职场中的工作能力、学习能力和人际交往能力。同时，新兴媒介还存在圈层效应，有助于不同社会层级的民众基于媒介偏好建立合适的社交圈或工作圈，对社会资本的积累也大有裨益。在"万物皆媒"的时代，不同社会层级的个体已经不存在明显的数字接入差异。在不同社会层级个体存在相同媒介素养的情况下，低社会层级的需求更容易得到满足，因而对低社会层级的个体间收入差距的缩小效应也更加明显。基于此，我们提出研究假设4。

假设4：在给定其他条件不变的情况下，新兴媒介偏好能显著地缩小较高社会层级个体与较低社会层级个体间的收入差距差异。

虽然媒介技术在我国突飞猛进，人工智能、高清语音直播、虚拟现实等关键技术的突破创新和应用普及，使传媒行业进一步向智能化、智慧化方向发展。但对于新兴媒介偏好而言，还存在地区分布差异，新兴媒介偏好的作用也存在明显的差异。相对来讲，经济发展水平较高的地区比经济发展水平较低的地区拥有更高的新兴媒介偏好。换言之，经济发展水平较高地区的民众拥有更高的媒介素养。但对于拥有相同媒介素养的个体而言，经济发展水平较低地区的个体通过新兴媒介偏好获得的收入回报率要高于经济发展水平较高的地区。这也意味着，新兴媒介偏好对经济发展水平较低地区个体间收入差距的缩小效应要高于经济发展水平较高的地区。基于此，我们提出研究假设5。

假设5：在给定其他条件不变情况下，新兴媒介偏好能显著地缩小经济发展水平较高地区与经济发展水平较低地区之间收入差距的差异。

第二节　数据、变量与分析方法

一　数据来源与样本选择

本章同样采用CFPS 2014～2018年三期数据构建面板数据。由于我们在前述章节中已经对CFPS数据的抽样问题和代表性问题进行了详细的说明和充分的探讨，本章我们不再对相关问题进行重复说明。

二　变量选取

本章使用的被解释变量依旧是个体收入差距，该指标主要利用个人工作总收入进行测算获得。在CFPS成人问卷中，身处劳动力市场的民众会被问及主要工作总收入和一般工作总收入，我们按照基本事实和相应研究逻辑对其进行合并之后，同样对其进行了缩尾处理和取对数处理。在此基础上，我们得到衡量个体收入差距水平的Kakwani指数，以及地区收入差距水平的基尼系数、泰尔指数、分位距和平均对数离差等指标。在实证研究过程中，我们利用这些指标来分析数字偏好与收入差距之间的关系，并进行稳健性检验。

本章使用的解释变量是数字偏好。在CFPS成人问卷中的手机和网络模块中，调查样本会被问及对电视、互联网、报刊、广播、手机短信和他人转告等信息渠道的重要性程度。这些题项都采用 5 点计分的方式，其中取值从 1 到 5 分别表示从非常不重要到非常重要。根据信息获取途径的差异，我们将数字偏好分为传统媒介偏好和新兴媒介偏好。具体来讲，传统媒介偏好主要包括个体对电视、报刊、广播和他人转告等信息获取途径重要性的认知；新兴媒介偏好主要包括个体对互联网和手机短信等信息获取途径重要性的认知。按照以往学界对类似问题的处理方式，我们将个体对电视、报刊、广播以及他人转告等信息获取渠道的重要性程度得分进行加总后取平均值，最终得到传统媒介偏好的综合得分，得分越高表明个体的传统媒介偏好程度越高；同时，我们将个体对互联网和手机短信这两种信息获取渠道的重要性程度得分进行加总后取平均值，最终得到新兴媒介偏好的综合得分，得分越高表明个体的新兴媒介偏好程度越高。

此外，为了排除其他个体特征因素的干扰，我们同样将表征个体特征的变量作为控制变量纳入研究中，包括性别、年龄、年龄$^2/_{100}$、户籍状况、城乡状况、政治面貌、是否高中及以上学历、是否大学及以上学历、婚姻状况、是否从事非农工作、是否从事体制内工作和自评健康状况等。其中，性别、户籍状况、城乡状况、政治面貌、是否高中及以上学历、是否大学及以上学历、婚姻状况、是否从事非农工作和是否从事体制内工作都作为虚拟变量进行处理，取值为 0 分别代表女性、农村户籍、农村地区、非中共党员、高中以下学历、大学以下学历、未婚、从事农业工作和从事体制外工作，而取值为 1 分别代表男性、城镇户籍、城镇地区、中共党员、高中及以上学历、大学及以上学历、已婚、从事非农工作和从事体制内工作。另外，我们把年龄和自评健康状况作为连续变量进行处理。由于前述章节已经对这些变量的操作化过程进行了详细说明，我们在此不再进行详细阐释。

三　实证分析方法

（一）双向固定效应模型

本章依旧将双向固定效应模型作为基准回归模型。前面的章节已经对该模型进行了详细介绍，此部分不再赘述。总的来说，双向固定效应模型可以有效地消减时间层面和个体层面的遗漏变量带来的内生性问题；同时，基于收入差距的数据性质，双向固定效应模型也能准确地对其进行估计。因而，我们使用双向固定效应模型来估计数字偏好对收入差距的影响效应。具体的估计模型如下：

$$RD = \beta_0 + \beta_1 digitpreference_{it} + \beta_2 X_{it} + \beta_3 individual_i + \beta_4 year_t + \varepsilon_{it} \tag{1}$$

其中被解释变量 RD 代表个体 i 在第 t 年的 Kakwani 指数，即个体层面的收入差距状况。解释变量 $digitpreference_{it}$ 代表个体 i 在第 t 年的数字偏好程度，分别用传统媒介偏好和新兴媒介偏好来表示。传统媒介偏好或新兴媒介偏好程度越高，表明个体对传统媒介或新兴媒介的重视程度越高。$individual_i$ 表示个体 i 不随时间变化的个体特征，表示双向固定效应模型中的时间效应。ε_{it} 代表个体 i 在第 t 年的干扰项。同时，为了得到较为稳健的标准误，我们还在个体层面进行了聚类。由传统媒介偏好和新兴媒介偏好表征内容的差异，我们并未将二者一起纳入模型中进行估计。因而，我们在随后的实证分析中分别估计了传统媒介偏好与新兴媒介偏好与收入差距之间的关联。

（二）RIF 回归和 OB 分解

为了更加有效地识别数字偏好与收入差距的关系以及收入差距水平的变动特征，我们利用 RIF 回归重新估计了数字偏好与收入差距的关系，希望借此捕捉到数字偏好的微小变化对收入差距的影响。也是对基准回归模型的稳健性检验。按照学界惯常的做法，我们用分位距、方差、对数离差和基尼系数等收入差距测算指标分别作为被解释变量，来观察数字偏好对收入差距影响的一致性程度。与此同时，为了对收入差距的分布特征进行更加详细的刻画，我们同样利用无条件分位数回归模型估计了数字偏好对不同分位点收入差距的影响效应。基于数据的可及性，我们在具体估计过程中同样利用不同的收入差距指标进行测算，以此从整体上估计数字偏好与收入差距的复杂关联。在此基础上，我们同样用 OB 分解法来识别各影响因素在收入差距形成过程中的作用，借此观察数字偏好在其中的贡献。由于此分解法需要进行不同组别收入差距比较，因而我们按照不同的特征对个体间收入差距进行分类，以此来间接衡量数字偏好的作用。由于前述章节已经对 RIF 回归和 OB 分解法进行了详细的介绍和说明，此部分我们也不再详细介绍。

第三节　数字偏好影响收入差距的实证分析结果

一　数字偏好对收入差距的影响

（一）数字偏好的分组描述统计

为了明晰数字偏好的分布形态，我们在第三章现状描述的基础上，对数字偏好的其他分布特征进一步予以呈现，如表 6-1 所示。

表 6-1　数字偏好的分组描述统计结果

变量名	传统媒介偏好		新兴媒介偏好	
	均值	标准差	均值	标准差
总计	2.41	0.78	2.66	1.27
性别				
男性	2.44	0.79	2.69	1.23
女性	2.38	0.77	2.62	1.32
户籍状况				
城镇户籍	2.49	0.78	3.11	1.71
农村户籍	2.38	0.78	2.48	1.26
政治面貌				
中共党员	2.65	0.79	2.99	1.20
非中共党员	2.39	0.78	2.60	1.27
婚姻状况				
已婚	2.41	0.78	2.54	1.26
未婚	2.42	0.77	3.37	1.05

从表中可以看出，男性的传统媒介偏好和新兴媒介偏好均高于女性。男性的传统媒介偏好和新兴媒介偏好得分均值分别为 2.44 和 2.69，而女性分别为 2.38 和 2.62。此外，无论是男性还是女性，传统媒介偏好的综

合得分都相对较低。这表明，男女两性都普遍认为传统媒介不再那么重要。相比之下，男女两性新兴媒介偏好的综合得分均值均位于五点计分的中位数以上，说明男女两性都普遍认为新兴媒介在数字社会是相对比较重要的。从户籍状况来看，城镇户籍个体的传统媒介偏好和新兴媒介偏好的得分均高于农村户籍个体。样本数据结果显示，城镇户籍个体的传统媒介偏好和新兴媒介偏好综合得分均值分别为 2.49 和 3.11，而农村户籍个体的得分均值分别为 2.38 和 2.48。从横向对比结果可以看出，农村户籍个体与城镇户籍个体在传统媒介偏好和新兴媒介偏好上存在明显的差异。从具体得分来看，无论是农村户籍个体还是城镇户籍个体，都倾向于认为传统媒介不再那么重要，因而整体得分均值均在 2.5 分以下；相对而言，城镇户籍个体和农村户籍个体在新兴媒介偏好上则存在明显的分化。其中，城镇户籍个体认为新兴媒介在数字社会中是比较重要的，而农村户籍个体则认为新兴媒介不那么重要。如果按照政治面貌进行划分的话，中共党员在传统媒介偏好和新兴媒介偏好上的得分均高于非中共党员。具体来看，中共党员在传统媒介偏好和新兴媒介偏好上的得分均值分别为 2.65 和 2.99，而非中共党员分别为 2.39 和 2.60。结果表明，中共党员认为传统媒介和新兴媒介在数字时代都是比较重要的；相比之下，非中共党员仅认为新兴媒介在数字时代是相对比较重要的。从婚姻状况来看，已婚人士和未婚人士在传统媒介偏好上没有显著差异，二者从整体上都倾向于认为传统媒介在数字时代不再那么重要。相比之下，已婚人士和未婚人士在新兴媒介偏好上则存在明显的差异。其中，已婚人士的新兴媒介偏好得分均值仅为 2.54，而未婚人士为 3.37。这表明无论是已婚人士还是未婚人士，都普遍认为新兴媒介作为信息渠道在现代社会中是比较重要的，只不过未婚人士的新型媒介偏好程度更高。

　　如前所述，由于传统媒介偏好和新兴媒介偏好的时空分布和层级分布在第三章中已经详细说明，因而我们在此部分不再进行重复阐述。而除此之外，由于收入差距的分布状况在第三章、第四章和第五章都不同程度地有所涉及，在样本结构未改变的前提下，我们在此章也不再对其另作说明。整体而言，数字偏好在我国的分布具有明显的教育层级和职业差异，而个体之间的收入差距除了明显的教育层级和职业差异之外，还存在明显的空间分布特征。相比之下，受教育程度较高和从事体制内工作的个体之间的收入差距水平显著低于受教育程度较低和从事体制外工作的个体之间存在的收入差距水平，而经济发展较为发达地区的个体之间的收入差距水平显著低于经济发展较为落后地区的个体之间的收入差距水平。

（二）数字偏好与收入差距的相关性分析

表 6-2 向我们呈现了数字偏好与收入差距相关变量的相关关系矩阵结果。从表中可以很明显地看到，在数字偏好与收入差距的关系模型中，传统媒介偏好、新兴媒介偏好、性别、户籍状况、城乡状况、政治面貌、是否高中及以上学历、是否大学及以上学历、是否从事非农工作、是否从事体制内工作以及自评健康状况都与 Kakwani 指数之间存在显著的负向关联。简言之，随着传统媒介偏好或新兴媒介偏好程度的提高，个体之间的收入差距水平趋向于下降；随着自评健康水平的提升，个体之间的收入差距水平也趋向于下降。另外，相比女性、农村户籍、农村地区、非中共党员、高中以下学历、大学以下学历、从事农业工作和从事体制外工作的个体而言，男性、城镇户籍、城镇地区、中共党员、高中及以上学历、大学及以上学历、从事非农工作和从事体制内工作的个体之间的收入差距水平更低。从个体特征因素与传统媒介偏好的关系来看，除了婚姻状况与传统媒介偏好不存在显著相关之外，其他个体特征与传统媒介偏好均存在显著的正相关。从个体特征与新兴媒介偏好的相关关系看，性别与新兴媒介偏好不存在显著关联，年龄、年龄$^2/_{100}$ 和婚姻状况与新兴数字偏好存在显著负向关联，除此之外，其他个体特征与新兴媒介偏好之间都存在显著的正向关联。总而言之，这些个体特征与数字偏好和收入差距水平基本上都存在显著的相关关系。这也意味着，我们在探讨数字偏好与收入差距的关系时，应当将这些与数字偏好和收入差距存在关系的个体特征变量都设定为控制变量纳入模型中，以防止遗漏变量给模型估计结果带来偏误。

（三）数字偏好影响收入差距的基准回归结果

为了有效地评估数字偏好对收入差距的影响，我们利用双向固定效应模型，采用逐步回归的方式，分别对传统媒介偏好和新兴媒介偏好与收入

表6-2 数字偏好与收入差距相关变量的相关关系矩阵结果

	(1)	(2)	(3)	(4)	(5)	(6)	(7)	(8)	(9)	(10)	(11)	(12)	(13)	(14)	(15)
(1) Kakwani指数	1.00	-0.02*	-0.34*	-0.20*	0.24*	0.24*	-0.21*	-0.21*	-0.08*	-0.26*	-0.26*	0.11*	-0.48*	-0.25*	-0.09*
(2) 传统媒介偏好	-0.02*	1.00	0.31*	0.03*	0.01	0.01	0.07*	0.03	0.09*	0.07*	0.04*	-0.01	0.04	0.07*	0.05*
(3) 新兴媒介偏好	-0.31*	0.32*	1.00	0.01	-0.46*	-0.46*	0.22*	0.19*	0.08*	0.36*	0.30*	-0.24*	0.38*	0.20*	0.13*
(4) 性别	-0.13*	0.03*	0.01	1.00	0.05	0.05*	-0.01	-0.03	0.10*	-0.01	-0.05*	-0.05	0.08*	0.02	0.09*
(5) 年龄	0.20*	0.02	-0.45*	0.05*	1.00	0.99*	-0.00	-0.04	0.05	-0.25*	-0.27*	0.54*	-0.28*	-0.03	-0.24*
(6) 年龄²/100	0.21*	0.02*	-0.46*	0.06*	0.99*	1.00	-0.00	-0.04	0.05	-0.25*	-0.27*	0.54*	-0.28*	-0.03	-0.24*
(7) 户籍状况	-0.20*	0.07*	0.22*	-0.01	-0.00	-0.01	1.00	0.47*	0.17*	0.42*	0.37*	-0.00	0.35*	0.38*	-0.02*
(8) 城乡状况	-0.19*	0.03*	0.19*	-0.03	-0.04	-0.05	0.47*	1.00	0.07	0.29*	0.24*	-0.01	0.36*	0.24*	-0.01*
(9) 政治面貌	-0.06*	0.09*	0.08*	0.10*	0.06	0.06*	0.17*	0.07	1.00	0.21*	0.21*	0.02	0.07*	0.24*	0.01
(10) 是否高中及以上学历	-0.22*	0.07*	0.36*	-0.01	-0.25*	-0.25*	0.42*	0.29*	0.21*	1.00	0.61*	-0.23*	0.32*	0.36*	0.05*
(11) 是否大学及以上学历	-0.20*	0.03*	0.30*	-0.05	-0.26*	-0.26*	0.37*	0.24*	0.21*	0.61*	1.00	-0.24*	0.25*	0.34*	0.05*
(12) 婚姻状况	0.11*	-0.00	-0.24*	-0.05	0.55*	0.48*	-0.00	-0.01	0.02	-0.23*	-0.24*	1.00	-0.15*	-0.03	-0.16*
(13) 是否从事非农工作	-0.49*	0.03*	0.37*	0.08*	-0.28*	-0.29*	0.35*	0.36*	0.07*	0.32*	0.25*	-0.15*	1.00	0.28*	0.09*
(14) 是否从事体制内工作	-0.26*	0.07*	0.20*	0.02*	-0.03	-0.04	0.38*	0.24*	0.24*	0.36*	0.34*	-0.03	0.28*	1.00	0.01*
(15) 自评健康状况	-0.08*	0.05*	0.14*	0.09*	-0.25*	-0.24*	-0.01	-0.00	0.01	0.06*	0.05*	-0.16*	0.10*	0.02*	1.00

注：下三角单元格表示皮尔逊相关系数，上三角单元格表示斯皮尔曼相关系数，$p<0.05$。Kakwani 指数通过个人收入对数测算获得，其他变量的处理已在变量说明部分详细介绍，在此不再介绍。

差距之间的关系进行了分析。表6-3向我们呈现了两种类型的数字偏好影响收入差距的回归结果。此部分的收入差距水平主要是利用Kakwani指数进行测算。从表中可以看出，模型1在没有纳入性别、年龄、户籍状况、城乡状况、政治面貌、受教育程度、婚姻状况、是否从事非农工作、是否从事体制内工作和自评健康状况等控制变量，以及地区固定效应和时间固定效应的情况下，传统媒介偏好与收入差距之间存在显著正向关联。这表明，随着个体对传统媒介的重视程度提高，个体之间的收入差距会出现显著扩大。但由于这一模型遗漏了其余个体特征对个体间收入差距的潜在影响，估计结果存在偏误。模型2在纳入了模型1未纳入的控制变量后，传统媒介偏好与收入差距之间的关系由正向转变为负向了，只不过传统媒介偏好与收入差距之间的关系并不显著。这意味着，无论个体对传统媒介的重视程度如何，个体之间的收入差距状况不会随之出现显著变化。但是，这一估计结果会受到模型遗漏变量的影响。在模型2的基础上，模型3纳入了地区固定效应和时间固定效应，并对个体层面的标准误进行聚类之后，传统媒介偏好与收入差距之间依然不存在显著关联。这也再次向我们表明，无论个体对传统媒介的重视程度如何，民众的收入差距水平都不会随之发生显著改变。从模型1到模型3，模型的拟合程度是逐步提高的，这也意味着模型3的设定是更加合理的。模型4到模型6向我们呈现了新兴媒介偏好对收入差距的基准回归结果。模型4表明，在没有纳入任何控制变量的情况下，新兴媒介偏好与收入差距之间存在显著负向关联。这表明，随着个体对新兴媒介重视程度的提高，个体之间的收入差距水平会出现显著下降。但是，这一模型同样遗漏了其余个体特征对收入差距的潜在影响，导致估计结果存在偏误。模型5在模型4的基础上纳入了前述模型中未纳入的与个体特征有关的控制变量后，新兴媒介偏好与收入差距之间依然存在显著负向关联。这表明，个体对新兴媒介的重视程度提高会显著地缩小个体之间的收入差距。同样地，该估计结果因没有有效地将不随时间变化的个体特征和不随个体变化的时间特征纳入模型而存在偏误，因而模型6在模型5的基础上纳入了地区固定效应和时间固定效应，同时对个体层面的标准误进行聚类之后，新兴媒介偏好与收入差距之间依旧存在非常显著的负向关联。这就意味着，新兴媒介偏好与收入差距之间确实存在显著负向关联。换言之，民众对新兴媒介重视程度的提高会显著地缩小个体之间的收入差距。而与此同时，R^2 从 0.019 上升到了 0.197，这意味着模型的解释力是逐步增强的。这表明控制变量、地区固定效应、时间固定效应以及个体层面的标准误聚类都应该纳入模型之中。通过这种方式，模型估计的解释力和可靠程度能得到显著的提高。

表 6-3　基于双向固定效应模型的基准回归结果

	传统媒介偏好			新兴媒介偏好		
	模型 1	模型 2	模型 3	模型 4	模型 5	模型 6
传统媒介偏好	0.005** (2.07)	-0.001 (-0.43)	-0.002 (-0.78)			
新兴媒介偏好				-0.021*** (-13.01)	-0.004** (-2.22)	-0.004** (-2.22)
控制变量	否	是	是	否	是	是
地区固定效应	否	否	是	否	否	是
时间固定效应	否	否	是	否	否	是
个体层面聚类	否	否	是	否	否	是
常数项	0.143*** (25.24)	1.118*** (13.21)	0.430** (1.97)	0.212*** (47.47)	1.116*** (13.28)	0.434** (2.02)
N	29761	27980	27980	29772	27990	27990
R^2	0.000	0.192	0.197	0.019	0.193	0.197

注：表格中的"否"表示"未纳入"，"是"表示"已纳入"。收入差距用 Kakwani 相对剥夺指数衡量。

二　数字偏好影响收入差距的稳健性检验

我们利用双向固定效应模型对数字偏好与收入差距之间的关系进行实证检验后，发现传统媒介偏好与收入差距之间不存在显著关联，而新兴媒介偏好与收入差距之间存在显著负向关联。如前所述，个体对传统媒介的重视程度变化不会显著地扩大或缩小个体之间的收入差距。相反，民众对新兴媒介的重视程度提高会显著地缩小个体之间的收入差距。为了进一步检验结果的可靠程度，我们对估计结果进行了稳健性检验。

在基准回归中，我们主要是利用 Kakwani 指数作为衡量个体间收入差距的指标。在此部分，我们将 Kakwani 指数替换为其他衡量收入差距的指标，包括泰尔指数、基尼系数、平均对数离差和变异系数，在此基础上利用双向固定效应模型重新进行估计。表 6-4 向我们呈现了利用不同收入差距指标进行的数字偏好影响收入差距的稳健性检验结果。当我们利用基于区县层面数据测算的泰尔指数衡量收入差距时，在控制个体特征因素、地区固定效应、时间固定效应以及对个体层面的标准误进行聚类之后，传统媒介偏好和新兴媒介偏好均与收入差距之间存在显著负向关联。当利用基于区县层面数据测算的基尼系数来衡量收入差距时，我们同样纳入了个体特征因素、地区固定效应、时间固定效应，并对个体层面的标准误进行了聚类，结果显示传统媒介偏好与新兴媒介偏好均与收入差距之间存在显著负向关联。当我们利用基于村居层面数据测算的平均对数离差来衡量收入差距时，对相关控制因素做上述同样的处理后，也发现传统媒介偏好和新兴媒介偏好与收入差距之间存在显著负向关联。我们利用基于村居层面数据测算的变异系数来衡量收入差距时，也得到了同样的结论。利用不同的收入差距指标衡量数字偏好与收入差距之间的关系，均发现传统媒介偏好和新兴媒介偏好会缩小个体之间的收入差距。比较稳健性检验结果与此前的基准回归结果可以发现，新兴媒介偏好对收入差距影响的估计结果是相对一致的，都表明民众对新兴媒介重视程度的提高会显著地缩小民众间收入差距。然而，传统媒介偏好与收入差距之间的关联在基准回归结果和稳健性检验结果中却存在显著的差别。在基准回归中传统媒介偏好与收入差距之间不存在显著的关联，而在稳健性检验中传统媒介偏好与收入差距之间存在非常显著的负向关联。由于在稳健性检验中，我们利用不同的收入差距指标进行估计之后，均发现传统媒介偏好与收入差距之间存在显著关联，因而我们更加倾向于认为传统媒介偏好与收入差距之间是存在显著负向关联的。

表 6-4　数字偏好影响收入差距的稳健性检验结果

变量名	泰尔指数	基尼系数	平均对数离差	变异系数	泰尔指数	基尼系数	平均对数离差	变异系数
传统媒介偏好	-0.004 *** (-5.88)	-0.005 *** (-5.49)	-0.004 *** (-4.26)	-0.013 *** (-5.01)				

续表

变量名	泰尔指数	基尼系数	平均对数离差	变异系数	泰尔指数	基尼系数	平均对数离差	变异系数
新兴媒介偏好					-0.004 *** (-6.47)	-0.004 *** (-6.06)	-0.003 *** (-4.63)	-0.010 *** (-5.32)
N	27980	27980	27980	26895	27990	27990	27990	26905
R^2	0.844	0.875	0.753	0.768	0.844	0.875	0.753	0.768

注：$^*p<0.1$，$^{**}p<0.05$，$^{***}p<0.01$。所有模型均已纳入地区固定效应、时间固定效应，并对个体层面的标准误进行了聚类。

三　数字偏好影响收入差距再验证

（一）数字偏好影响收入差距的 RIF 回归

为了进一步识别数字偏好与收入差距之间的关系，按照以往学界的惯常做法，我们利用 RIF 回归再次对数字偏好与收入差距之间的关系进行检验。由于在前述部分已经详细地介绍了 RIF 回归的特征和显著优势，我们在此不再赘述。简言之，RIF 回归是经济学和社会学领域用于探究收入差距分配的重要方法。更确切地讲，它能有效地衡量样本中某一处微小变化对统计量带来的影响。RIF 回归比双向固定效应模型能更加准确地反映数字偏好对收入差距带来的影响和变化。因而，如果 RIF 回归结果和基准回归结果是一致的，说明模型估计是比较稳健的；如果 RIF 回归结果与基准回归结果存在偏差，则应该重新评估解释变量与被解释变量之间的关联。表 6-5 向我们呈现了数字偏好影响收入差距的 RIF 回归结果。估计结果表明，当我们将方差作为衡量收入差距的指标时，传统媒介偏好和新兴媒介偏好均与收入差距存在显著负向关联。这意味着，传统媒介偏好和新兴媒介偏好均能有效地缩小不同个体之间的收入差距。当我们将变异系数作为衡量收入差距的指标时，传统媒介偏好和新兴媒介偏好同样与其存在显著负向关联。这表明个体对传统媒介或新兴媒介的重视程度提高能显著地缩小个体收入之间的差距。当我们将平均对数离差作为衡量收入差距的指标时，我们也得到了相似的结果。随着个体对传统媒介或新兴媒介的重视程度逐步提高，民众的收入差距水平也会出现显著下降。最后，我们利用学界最常用的基尼系数来衡量收入差距时，同样发现传统媒介偏好和新兴媒介偏好与收入差距之间存在显著负向关联。结果表明传统媒介偏好或新兴媒介偏好程度的提高会显著地缩小个体之间的收入差距。

表 6-5　数字偏好影响收入差距的 RIF 回归结果

变量名	方差	变异系数	平均对数离差	基尼系数	方差	变异系数	平均对数离差	基尼系数
传统媒介偏好	-0.415 ***	-0.012 ***	-0.016 ***	-0.007 ***				
	(-6.09)	(-5.43)	(-5.78)	(-5.25)				
新兴媒介偏好					-0.270 ***	-0.014 ***	-0.015 ***	-0.009 ***
					(-5.13)	(-8.26)	(-6.95)	(-8.56)
N	27980	27980	27980	27980	27990	27990	27990	27990
R^2	0.449	0.520	0.490	0.524	0.449	0.521	0.490	0.525

注：$^*\,p<0.1$，$^{**}\,p<0.05$，$^{***}\,p<0.01$。所有模型均已纳入地区固定效应、时间固定效应，并对个体层面的标准误进行了聚类。

　　总的来说，RIF 回归模型的估计结果和双向固定效应模型的估计结果是较为一致的。虽然我们以 Kakwani 指数作为收入差距的测量指标时，并未发现传统媒介偏好与其存在显著的关联。但是，我们利用多个其他衡量收入差距的指标重新估计时，发现传统媒介偏好与收入差距之间存在显著的负向关联，并且这一结果是较为稳健的。无论是利用双向固定效应模型进行估计还是利用 RIF 回归进行估计，我们都发现了相似的规律。因而，我们在某种程度上可以认为，传统媒介偏好与收入差距之间是存在显著关联的。由于衡量收入差距的指标本身存在差异，因而两种类型的数字偏好影响收入差距的弹性系数是存在差异的，这也是合理的现象。从模型拟合度来看，每个模型都有较高的解释力。整体而言，我们倾向于认为传统媒介偏好与新兴媒介偏好程度的提高都会缩小个体之间的收入差距。

　　（二）数字偏好影响收入差距的无条件分位数回归

　　为了观察收入差距随传统媒介偏好和新兴媒介偏好的变动趋势，我们在 RIF 回归基础上进行了无条件分位数回归。图 6-1 向我们呈现了传统媒介偏好影响不同分位点收入差距的边际效应。从图中可以看出，传统媒介偏好与收入差距存在显著的负向关联。很明显，随着个体对传统媒介偏好程度的提高，个体之间的收入差距水平会出现显著的下降。只不过传统媒介偏好对不同分位点收入差距的边际效应是存在较大差异的。具体来看，传统媒介偏好对收入差距的边际效应在 65% 分位点以下是比较趋同的。换言之，传统媒介偏好缩小收入差距的程度并未随着分位点的提高而提高。然而，传统媒介偏好对收入差距的影响在 65% 分位点以上呈明显的"倒 U形"分布。也就是说，随着分位点的提高，传统媒介偏好缩小收入差距的边际效应呈扩大趋势。当分位点达到 75% 之后，随着分位点的继续提高，传统媒介偏好缩小收入差距的边际效应呈缩小趋势。需注意的是，无论边际效应是扩大还是缩小，传统媒介偏好影响 95% 分位点以上收入差距的边际效应均普遍高于 95% 分位点以下收入差距的边际效应。显然，传统媒介偏好更能缩小本身收入差距较大群体的收入差距。

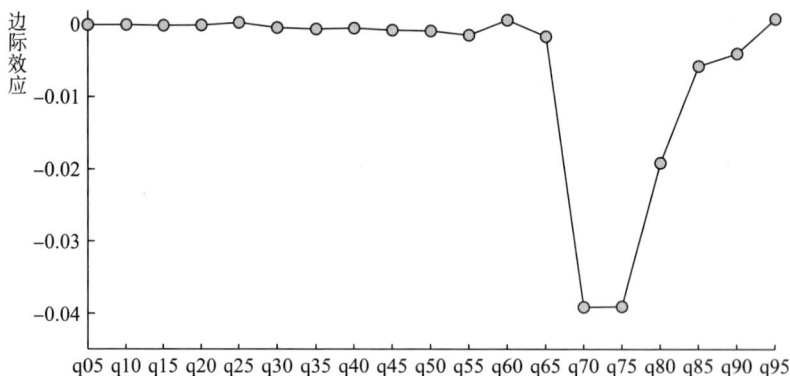

图 6-1　传统媒介偏好影响收入差距的无条件分位数回归

图 6-2 向我们呈现了新兴媒介偏好影响不同分位点收入差距的边际效应。从图中可以看出，新兴媒介偏好对收入差距的边际效应呈现"倒 U形"分布形态。具体来看，新兴媒介偏好对 70% 分位点以下收入差距的边际效应呈明显的扩大趋势。换言之，新兴媒介偏好能显著地缩小个体之间的收入差距，并且缩小效应随收入差距的扩大而提高。而与此同时，新兴媒介偏好对 70% 分位点以上收入差距的边际效应呈明显的缩小趋势。也就是说，新兴媒介偏好能显著地缩小个体之间的收入差距，但缩小效应随本身收入差距水平的提高而降低。值得注意的是，新兴媒介偏好对收入差距的边际影响在 85% 分位点以后由负转正。整体而言，当收入差距分位点位于 85% 以下时，新兴媒介偏好能显著地缩小收入差距；当收入差距分位点

位于 85% 以上时，新兴媒介偏好会显著地扩大收入差距。

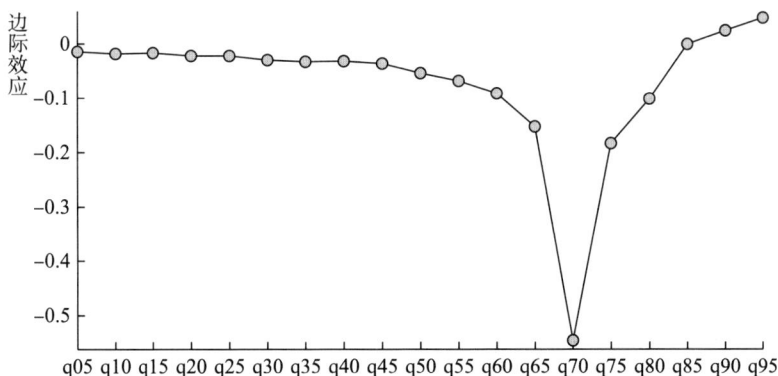

图 6-2　新兴媒介偏好影响收入差距的无条件分位数回归

　　横向比较传统媒介偏好与新兴媒介偏好可以发现，新兴媒介偏好影响收入差距的变动趋势更加明显，而传统媒介偏好对收入差距的影响在 65% 分位点以上更加明显。估计结果均表明，传统媒介偏好和新兴媒介偏好程度的提高整体上会显著缩小个体之间的收入差距。

四　数字偏好影响收入差距的 OB 分解

（一）传统媒介偏好影响收入差距的 OB 分解

　　为了进一步探究传统媒介偏好在收入差距形成中的作用，我们在 RIF 回归和无条件分位数回归的基础上，对收入差距进行了 OB 分解。根据 OB 分解的方法设定，不同因素对收入差距形成的作用可分为可解释部分和不可解释部分，其中可解释部分也就是常说的禀赋特征效应，强调个人禀赋和能力在收入差距中的贡献，而不可解释部分就是常说的收入结构效应，指某种结构性特征或制度性力量对收入差距的形塑作用。因而，我们在此部分主要借助 OB 分解的方式，实证检验传统媒介偏好在收入差距形成发展过程中的贡献。由于 OB 分解需要进行组别比较，因而我们将收入差距根据性别、城乡状况、户籍状况、是否从事非农工作、是否从事体制内工作和是否大学及以上学历进行分组后再进行实证检验，OB 分解结果如表 6-6 所示。

表 6-6　传统媒介偏好影响收入差距的 OB 分解结果

变量名	性别	城乡状况	户籍状况	是否从事非农工作	是否从事体制内工作	是否大学及以上学历
组别 1	0.205 *** (100.28)	0.157 *** (76.52)	0.114 *** (48.61	0.116 ***) (77.88)	0.049 *** (41.07)	0.078 *** (30.75)
组别 2	0.260 *** (114.87)	0.291 *** (152.28)	0.269 *** (156.15)	0.352 *** (446.61)	0.262 *** (160.56)	0.251 *** (153.84)
总差异	−0.055 *** (−18.01)	−0.135 *** (−48.04)	−0.155 *** (−53.34)	−0.236 *** (−139.94)	−0.213 *** (−105.31)	−0.173 *** (−57.56)
禀赋特征效应						
传统媒介偏好	0.000 (1.04)	0.000 (0.68)	0.001 ** (2.31)	0.000 *** (2.96)	0.000 (1.46)	0.000 (1.62)
合计	−0.019 *** (−9.70)	−0.122 *** (−39.26)	−0.153 *** (−22.59)	−0.024 *** (−12.79)	−0.013 *** (−3.95)	−0.089 *** (−8.08)
收入结构效应						
传统媒介偏好	0.009 (1.21)	0.007 (0.98)	0.020 *** (2.61)	0.011 ** (2.24)	0.006 (1.12)	0.015 * (1.67)
合计	−0.036 *** (−13.86)	−0.013 *** (−3.20)	−0.002 (−0.23)	−0.212 *** (−76.77)	−0.201 *** (−51.03)	−0.084 *** (−7.04)

注：* $p<0.1$，** $p<0.05$，*** $p<0.01$。性别组别中，组别 1 代表男性，组别 2 代表女性；城乡状况组别中，组别 1 代表城镇地区，组别 2 代表农村地区；户籍状况组别中，组别 1 代表城镇户籍，组别 2 代表农村户籍；是否从事非农工作组别中，组别 1 代表从事非农工作，组别 2 代表从事农业工作；是否从事体制内工作组别中，组别 1 代表从事体制内工作，组别 2 代表从事体制外工作；是否大学及以上学历组别中，组别 1 代表大学及以上学历，组别 2 代表大学以下学历。

我们按照性别对收入差距进行分组，发现男性群体和女性群体之间的收入差距存在显著差异，其中女性群体的收入差距水平明显高于男性群体。估计结果显示，男性群体和女性群体之间的收入差距差异主要是收入结构效应导致的。但是，传统媒介偏好对收入结构效应并没有显著贡献。同时，传统媒介偏好对个体禀赋也不存在显著影响。因此，传统媒介偏好不会显著扩大或缩小男性和女性在收入差距方面的差异。

如果我们按照城乡状况将收入差距进行分组的话，会发现城镇地区和农村地区个体之间的收入差距存在显著的差异，其中城镇地区个体的收入差距水平显著低于农村地区。估计结果表明，个人禀赋差异是造成城乡之间收入差距存在差异的根源。然而，传统媒介偏好在城乡收入差距差异形成过程中并没有显著的贡献，无论是禀赋特征效应还是收入结构效应皆是如此。这表明，传统媒介偏好不会导致城乡间收入差距差异的扩大或缩小。

如果我们按照户籍状况将收入差距进行分组，会发现城镇户籍个体和农村户籍个体之间的收入差距存在显著的差异，其中城镇户籍个体收入差距水平显著低于农村户籍个体。估计结果表明，城镇户籍个体和农村户籍个体之间收入差距的差异主要是由禀赋特征差异引起的。城镇户籍个体相比农村户籍个体拥有更多的个人禀赋优势，同时城镇户籍个体禀赋资源分布相比农村户籍个体更加均衡，因而农村户籍个体的收入差距水平显著高于城镇户籍个体。传统媒介偏好能显著地缩小城镇户籍个体和农村户籍个体在收入差距方面的差异。显然，对传统媒介的重视可以有效地增强农村户籍个体的个人禀赋，缩小农村户籍个体内部的收入差距。

如果按照是否从事非农工作将收入差距进行分组的话，会发现从事非农工作者与从事农业工作者在收入差距方面存在显著差异，其中从事非农工作者的收入差距水平显著低于从事农业工作者的收入差距水平。估计结果表明，从事非农工作者的收入差距水平远低于从事农业工作者主要是结构性因素导致的。虽然个人能力差异也是从事非农工作者收入差距水平低于从事农业工作者的原因之一，但贡献率仅为10%左右，剩余90%都来自制度性原因。从传统媒介偏好在其中的贡献来看，传统媒介偏好具有显著的禀赋特征效应和收入结构效应。具体而言，传统媒介偏好能显著地消除社会对从事农业工作者的歧视，有效地增加从事农业工作者的收入，并显著缩小从事农业工作者与从事非农工作者在收入差距方面的差异。虽然传统媒介偏好在其中也存在显著的禀赋特征效应，但效应值很小。

如果按照是否从事体制内工作将收入差距进行分组的话，会发现从事体制内工作者和从事体制外工作者在收入差距方面存在显著差异，其中从事体制内工作者的收入差距水平显著低于从事体制外工作者。估计结果表明，二者之间存在的收入差距主要是收入结构效应导致的。具体来看，收入结构效应对从事体制内外工作者之间的收入差距差异的贡献率约为

94%，而禀赋特征效应对差异的贡献率仅为6%左右。但是，传统媒介偏好无论对禀赋特征而言还是对收入结构而言，都不存在显著的贡献。这也意味着，传统媒介偏好对从事体制内工作者和从事体制外工作者在收入差距方面的差异没有显著影响。

如果按照是否大学及以上学历对收入差距进行分组，我们会发现大学及以上学历和大学以下学历的个体在收入差距方面存在显著差异，大学及以上学历的个体间收入差距水平显著低于大学以下学历的个体间收入差距水平。估计结果表明，禀赋特征效应和收入结构效应对不同受教育程度个体之间的收入差距差异贡献率是相当的，其中禀赋特征效应占效应总差异的比例为51%，而收入结构效应占效应总差异的比例为49%。从传统媒介偏好的贡献来看，其仅在收入结构效应中边际显著。这说明，传统媒介偏好存在某种制度性或结构性约束，进而边际显著地缩小大学及以上学历与大学以下学历个体在收入差距方面的差异。

从这些估计结果来看，传统媒介偏好主要在户籍状况以及是否从事非农工作组别的收入差距差异形成中具有明显贡献，前者主要存在禀赋特征效应，而后者主要存在收入结构效应。

（二）新兴媒介偏好影响收入差距的 OB 分解

同样，为了进一步识别新兴媒介偏好在收入差距形成中的作用，我们也对收入差距进行了 OB 分解。表 6-7 向我们呈现了 OB 分解结果。如果我们根据性别将收入差距进行分组的话，我们会发现男性之间的收入差距与女性之间的收入差距存在显著差异，这一结果与前述部分的分析结果一致，这表明性别歧视可能是造成男女性别间存在明显收入差距差异的原因。但从新兴媒介偏好在其中的作用来看，新兴媒介偏好在禀赋特征效应和收入结构效应中均不存在显著贡献。这也意味着，男性群体和女性群体在收入差距上存在显著差异并没有新兴媒介偏好的贡献，无论民众对新兴媒介的重视程度如何，男性群体和女性群体之间的收入差距差异并不会随之发生显著的变化。

表 6-7 新兴媒介偏好影响收入差距的 OB 分解结果

变量名	性别	城乡状况	户籍状况	是否从事非农工作	是否从事体制内工作	是否大学及以上学历
组别 1	0.205 *** (100.29)	0.157 *** (76.52)	0.114 *** (48.62)	0.116 *** (77.88)	0.049 *** (41.07)	0.078 *** (30.75)
组别 2	0.260 *** (114.86)	0.291 *** (152.28)	0.269 *** (156.14)	0.352 *** (447.98)	0.262 *** (160.55)	0.251 *** (153.83)
总差异	−0.055 *** (−18.01)	−0.135 *** (−48.05)	−0.155 *** (−53.35)	−0.236 *** (−140.09)	−0.213 *** (−105.30)	−0.173 *** (−57.55)
禀赋特征效应						
新兴媒介偏好	−0.000 (−1.22)	−0.011 *** (−12.13)	−0.008 *** (−6.07)	−0.015 *** (−10.06)	−0.000 (−0.57)	−0.005 * (−1.65)
合计	−0.020 *** (−9.97)	−0.123 *** (−40.12)	−0.155 *** (−22.84)	−0.031 *** (−14.94)	−0.013 *** (−4.07)	−0.093 *** (−8.24)
收入结构效应						
新兴媒介偏好	0.005 (0.80)	0.015 *** (2.78)	0.043 *** (6.76)	−0.061 *** (−19.25)	0.076 *** (17.30)	0.060 *** (7.24)
合计	−0.035 *** (−13.60)	−0.011 *** (−2.88)	−0.000 (−0.04)	−0.205 *** (−69.40)	−0.200 *** (−50.67)	−0.080 *** (−6.50)

注：* $p<0.1$，** $p<0.05$，*** $p<0.01$。性别组别中，组别 1 代表男性，组别 2 代表女性；城乡状况组别中，组别 1 代表城镇地区，组别 2 代表农村地区；户籍状况组别中，组别 1 代表城镇户籍，组别 2 代表农村户籍；是否从事非农工作组别中，组别 1 代表从事非农工作，组别 2 代表从事农业工作；是否从事体制内工作组别中，组别 1 代表从事体制内工作，组别 2 代表从事体制外工作；是否大学及以上学历组别中，组别 1 代表大学及以上学历，组别 2 代表大学以下学历。

如果按照城乡状况对收入差距进行分组的话，我们会发现城镇地区和农村地区在收入差距方面存在非常显著的差异，其中城镇地区个体的收入差距水平明显低于农村地区。从 OB 分解结果来看，个人禀赋特征的差异是城镇地区个体和农村地区个体之间收入差距存在差异的根源，这与此前的结论一致。从新兴媒介偏好在其中的作用来看，它既存在明显的禀赋特征效应，也存在明显的收入结构效应。在禀赋特征效应中，新兴媒介偏好具有明显的技术偏向性，成为扩大当前城乡收入差距差异的原因之一。但在收入结构效应中，新兴媒介偏好对城乡间收入差距差异存在明显的抑制作用。这意味着，如果从长远来看，新兴媒介偏好具有明显的结构性特征，能有效缩小城镇地区个体和农村地区个体因结构壁垒产生的收入差距差异，从而减轻农村地区内部的收入差距，缩小城镇地区个体和农村地区个体的收入差距差异。

如果按照户籍状况将收入差距进行分组的话，我们会发现城镇户籍个体和农村户籍个体在收入差距上存在显著差异，其中城镇户籍个体的收入差距水平远低于农村户籍个体，此结论在前述分析中也早已被证实。对于新兴媒介偏好而言，其存在明显的禀赋特征效应。OB 分解结果显示，新兴媒介偏好对农村户籍个体和城镇户籍个体在收入差距方面的差异存在显著的扩大作用。这表明，新兴媒介偏好对城镇户籍个体之间的收入差距的缩小效应更加明显。虽然新兴媒介偏好在收入结构效应中也存在显著贡献，但鉴于收入结构效应对总差异的贡献率极低，因而新兴媒介偏好的收入结构效应几乎可以忽略不计。在城镇户籍个体与农村户籍个体之间的收入差距差异的形成中，新兴媒介偏好主要具有禀赋特征效应。

如果按照是否从事非农工作对收入差距进行分组的话，我们会发现从事非农工作者的收入差距水平显著低于从事农业工作者。OB 分解结果显示，新兴媒介偏好在禀赋特征效应和收入结构效应中均有重要贡献。在禀赋特征效应中，新兴媒介偏好能显著地扩大从事非农工作者和从事农业工作者在收入差距方面的差异。这意味着，新兴媒介偏好对从事非农工作者个人禀赋的提升更加明显。从收入结构效应来看，新兴媒介偏好能显著地扩大从事非农工作者和从事农业工作者在收入差距方面的差异。这表明随着新兴媒介偏好程度的提高，从事非农工作者和从事农业工作者之间会形成数字资源获取机会的差距，并让从事非农工作者成为资源获得的优势群体。从某种程度上而言，这无形中将从事非农工作者和从事农业工作者在收入差距方面的显著差异固定下来，不利于缩小收入差距差异。由于收入结构效应对收入差距差异的形成贡献更大，因而应更加警惕新兴媒介偏好对从事农业工作者和从事非农工作者之间收入差距形成的扩大作用。

如果按照是否从事体制内工作将收入差距进行分组的话，我们依然会发现与前述部分分析一致的结论，即从事体制内工作者之间的收入差距水平显著低于从事体制外工作者。OB 分解结果显示，从事体制内和从事体制外工作者在收入差距方面的差异主要是制度性因素导致的。然而，新兴媒介偏好具有消减从事体制内工作者和从事体制外工作者在收入差距方面差异的作用。新兴媒介偏好对从事体制外工作者收入差距的抑制作用要高于从事体制内工作者。

如果按照是否大学及以上学历对收入差距进行分组，我们会发现大学及以上学历的个体间收入差距水平显著低于大学以下学历的个体间收入差距水平。OB 分解结果显示，新兴媒介偏好既具有禀赋特征效应，也具有收入结构效应。禀赋特征效应显示，新兴媒介偏好对大学及以上学历个体的个人禀赋提升效应更加明显，表明新兴媒介偏好无形中扩大了大学及以上学历个体与大学以下学历个体在收入差距方面的差异。收入结构效应显示，新兴媒介偏好的结构性特征更加明显。在一定程度上，新兴媒介偏好能显著缩小大学及以上学历的个体间收入差距与大学以下学历的个体间收入差距之间的差异。新兴媒介偏好能显著缩小收入差距存在的教育层级差异，能在一定程度上弥补大学以下学历个体与大学及以上学历个体之间的收入差距。

第四节　小结

从 20 世纪 90 年代起，学界就围绕数字鸿沟进行了大量探讨和研究。时过境迁，数字鸿沟并未随着数字技术的发展而逐步消亡。相反，数字鸿沟在数字技术的裹挟下进一步发展，并深深地形塑着收入差距。回顾数字鸿沟的形成和演变过程会发现，数字鸿沟是数字化发展的伴生物。在数字化的不同阶段，数字鸿沟显然具有不同的内涵和外延。在数字化早期发展阶段，数字鸿沟主要表现为数字接入沟，即是否使用电脑或互联网技术在不同社会群体间表现出来的差距。随着互联网技术的发展和智能手机的使用，数字接入沟逐渐被"填平"。从某种程度上而言，数字鸿沟在当下社会中更多地表现为数字使用沟和数字知识沟。只不过，学界对数字鸿沟的研究较之数字化的发展存在滞后性。到目前为止，学界关注的重点仍是数字接入沟和数字使用沟，尤其是前者。虽然学界已经意识到数字知识沟是数字鸿沟的第三大构成要件，但很少有学者对此展开细致的探讨。以往的研究即便有所涉猎，学者也更多是从理论和经验层面开展分析，也缺乏实证层面的探讨。数字知识沟可简单化约为不同社会群体间的媒介素养差异，而媒介选择渠道是媒介素养的重要影响因素。从媒介与社会经济地位的关系看，数字知识沟是数字知识掌握情况在不同社会经济地位个体中的反映，而收入差距是反映社会经济地位差异的重要维度。

鉴于媒介选择途径与媒介素养之间的同构关系，我们在本章利用数字偏好来表征媒介素养程度，以此验证收入差距形成过程中是否存在数字知识沟。本章我们继续沿袭前述章节一贯的分析思路和逻辑，利用 CFPS2014～2018 年三期数据构建面板数据，来实证分析和检验数字偏好对收入差距的影响。由于传统媒介和新兴媒介拥有完全不同的运作方式和较为明显的功能差异，因而我们在实证分析过程中根据传统媒介和新兴媒介的差异将数字偏好划分为传统媒介偏好和新兴媒介偏好，以此来检验不同类型的数字偏好对收入差距的影响效应。

经过本章的研究，我们发现数字偏好对于缩小个体间收入差距具有重要意义。对于传统媒介偏好程度较高的个体而言，他们能有效利用传统媒介获取知识和提高自我，弥补工作中的信息和知识差距，进而提升收入回报。对于新兴媒介偏好程度较高的个体而言，他们能充分利用新兴媒介进行便捷的沟通、交流，同时能有效地提升自己对外界的掌控力和自我效能感。除此之外，在"万物皆媒"的情境下，无论是传统媒介还是新兴媒介，都实现了对民众的全面渗透。因而，随着传统媒介偏好和新兴媒介偏好程度的提升，个体之间的收入差距水平显然会有所下降。不过，从传统媒介与新兴媒介的发展历程来看，悠久的传统媒介使用史显然意味着当下个体对传统媒介的使用更加游刃有余，相比之下，新兴媒介的兴起时间较短，不同个体使用新兴媒介的能力显然存在较大差距。因而，我们可以看到，传统媒介偏好对较高社会层级个体之间的收入差距的影响不存在较大差异；而新兴媒介偏好对较高社会层级个体的影响存在较大的差异。从媒介使用满足角度来看，社会层级较低的个体更容易满足于不同媒介渠道所提供的知识和信息。因而，无论是传统媒介偏好还是新兴媒介偏好，对较高社会层级个体收入差距的缩小效应更加明显。

　　传统媒介在我国已经走过了漫长的发展历程，不同群体之间可能并不存在显著差异，本研究的结果也显示，传统媒介偏好对不同性别群体、城镇地区和农村地区个体之间以及从事体制内工作者和从事体制外工作者之间的收入差距差异并不存在显著影响。传统媒介偏好对这些组别收入差距的缩小效应是较为一致的。而对于城镇户籍和农村户籍、从事非农工作和从事农业工作、大学及以上学历和大学以下学历的个体而言，传统媒介偏好对收入差距的影响存在明显的组别差异。结果表明，受教育程度较低、农村户籍和从事农业工作者更容易满足于传统媒介提供的知识和信息。对于受教育程度较高、城镇户籍和从事非农工作者而言，传统媒介偏好的边际效用显然更小。相较之下，传统媒介偏好无形中缩小了不同受教育程度、不同户籍状况和不同工作类型个体之间收入差距的差异。而对于新兴媒介偏好而言，不同群体间存在较为明显的媒介素养差异，虽然媒介选择渠道是影响媒介素养的重要因素，但二者并不能完全画等号。换言之，虽然不同群体具有相同的新兴媒介偏好，优势群体显然具有更高的媒介素养，或者优势群体存在的文化资本优势无形中扩大了新兴媒介带来的收入增长效用。这也预示着，新兴媒介偏好对收入差距的缩小效应在优势群体中更为显著。因而，我们在结果中发现新兴媒介偏好无形中扩大了从事农业工作和从事非农工作、农村户籍和城镇户籍、大学及以上学历和大学以下学历个体之间的收入差距差异。从空间分布来看，城镇地区个体的新兴媒介素养要高于农村地区。当城镇地区和农村地区个体拥有相同的个体特征时，城镇地区和农村地区民众间的收入差距差异在新兴媒介偏好的作用下逐步扩大。同样，随着女性社会地位的提升和受教育程度的提高，男女两性在媒介使用上不存在明显的差异，自然而然地，男女两性在新兴媒介偏好上也存在较小的差异。虽然男女两性间存在收入差距差异，但这跟新兴媒介偏好没有显著的关联。除此之外，虽然新兴媒介偏好短时间内会成为扩大不同群体间收入差距差异的重要因素，但新兴媒介偏好程度的提高对于优化社会结构和消减制度壁垒具有重要的意义和作用。新兴媒介为经济欠发达地区民众提供了获取知识的机会，也为他们描绘了继续向前奋斗和追赶的美好图景。随着新兴媒介的发展，经济欠发达地区民众的媒介素养会得到提升，个体对信息的甄别能力和对知识的获取能力都会有大幅度提升，个体能有效地从纷繁复杂的信息资源中寻找建设性信息，提升自我修养和能力，拓宽知识面，拓展社交圈。这能够更大程度地缩小民众收入差距方面的差异。

上述研究意味着，以数字偏好为表征的数字知识能显著地缩小民众间收入差距。但以传统媒介偏好为表征的数字知识和以新兴媒介偏好为表征的数字知识存在不同的作用和功效。其中，以传统媒介偏好为表征的数字知识能显著缩小不同户籍状况（城镇户籍和农村户籍）和工作类别（从事非农工作和从事农业工作）之间的收入差距。这表明，传统媒介偏好不会导致数字知识沟的出现。然而，以新兴媒介偏好为表征的数字知识能显著扩大除性别以外的其他组别间的收入差距。显然，新兴媒介偏好会产生数字知识沟。不过，随着个体数字素养的提升，新兴媒介偏好产生的数字知识沟会逐渐缩小。

第七章　研究结论与未来展望

　　自改革开放以来，我国在经济和社会发展上取得了举世瞩目的成就。在短短四十多年的时间里，我国民众的生活就发生了根本性转变，民众的收入水平、受教育水平乃至健康水平都得到大幅提升，并且社会保障体系也日益健全。在党和国家的精心组织和周密安排下，中国人民享受着社会进步带来的红利，开始对未来生活抱有更高的期许和向往。与此同时，促进全体人民共同富裕的举措也迈出坚实的步伐。然而，随着经济转型的深入推进，我国收入分配问题愈加凸显。从21世纪初开始，我国就面临着收入差距扩大的问题。在经济新常态下，我国居民收入基尼系数可能会保持在0.45~0.50之间（李实、万海远，2018：61）。基于此，探讨如何缩小收入差距和完善收入分配制度已经成为非常紧迫的现实课题。

　　收入分配是社会学和经济学领域学者关注的经典议题。在以往研究中，学者对影响收入分配的原因进行了探讨，包括政治体制因素和经济体制因素。收入差距是多种因素混合作用的结果，既有结构性因素，也有个体性因素；既有政治性因素，也有经济性因素。但无论收入差距受何种因素影响，都离不开其所处的社会环境。研究者在探讨收入差距的形成机制时也考虑了市场化、地区和行业等社会环境效应。随着移动互联网、物联网、大数据、云计算、人工智能、区块链等数字技术的发展变革，电子商务、社交媒体、搜索引擎、短视频、直播、虚拟现实、金融科技、无人驾驶和智慧医疗等已经与人们的社会生产生活深度融合，个体、群体和组织都进入了数字世界，数字化已成为当今社会的典型特征。收入差距的形成和发展也发生于数字化环境中。因而，在数字时代，学界对收入差距进行探讨时，应关注到数字化在其中的作用。但目前的现实情况是：学界对数字化在收入差距形成中存在何种作用的探讨是不足的。整体而言，数字化与收入差距关系的探讨还停留在理论层面，缺乏实证研究的支持。虽然部分学者关注到数字接入和使用对收入差距的影响，但研究中仍存在诸多不足和亟须丰富与完善的地方。更为重要的是，以往关于数字化对收入差距影响的研究并未对数字化与收入差距的关系进行全面和整体的把握。因而，数字化对收入差距会产生什么影响？数字化的不同特征维度分别起何种作用？数字化在收入差距的形成中处于什么结构性位置？这些问题都需要在研究中进行整体把握，并一一予以解答。本研究使用 CFPS2014~2018年三期数据构建面板数据，从整体上分析了数字化不同特征维度与收入差距的现状，在此基础上，利用实证分析方法探讨了数字化的不同特征维度——数字接入、数字素养和数字偏好——对收入差距的影响效应，递进式地剖析了数字化的不同特征对收入差距的作用，并全景式地探讨了数字化的不同特征对不同组别收入差距差异的影响，以此分析收入分配过程中的数字分配效应。

第一节　研究结论

首先，本研究从整体上描述了数字化与收入差距的发展现状。其次，本研究基于人力资本理论，实证分析和探讨了数字接入对民众收入差距的影响效应，并分析了"数字中国"概念的提出对数字接入与收入差距关系的影响。再次，本研究基于数字资本理论，实证分析和探讨了不同类型的数字素养对收入差距的影响，详细分解了发展型数字素养对不同组别间收入差距差异的贡献。最后，本研究基于媒介使用满足理论，实证分析和探讨了不同类型的数字偏好对收入差距的影响，详细分解了不同类型的数字偏好对收入差距差异的贡献。我们的研究结论如下。

一　收入差距与数字化

整体而言，我国绝大多数民众已经完成数字接入。随着数字接入机会趋于平等，休闲型数字素养和发展型数字素养在民众间呈现出较为明显的分化态势。同时，随着新兴媒介的快速发展，传统媒介偏好和新兴媒介偏好也呈现出分化态势，民众的新兴媒介偏好明显高于传统媒介偏好。具体来看，首先，我国的数字化呈现出明显的时间特征。从 2014 年到 2018 年，我国民众的数字接入经历了从手机接入到互联网接入的过程，目前正朝着更深层次的数字接入方向发展。在这个过程中，我国民众的休闲型数字素养和发展型数字素养也得到了发展，但休闲型数字素养和发展型数字素养在民众间的分布差异随时间推移呈现出明显的扩大趋势。而与此同时，民众的传统媒介偏好呈现下降趋势，而新兴媒介偏好则呈现上升趋势。其次，我国的数字化存在明显的空间差异。数字接入程度、休闲型数字素养、发展型数字素养、新兴媒介偏好都呈现自西部地区向东部地区以及自农村地区向城镇地区逐渐提升的趋势。然而，传统媒介偏好并未呈现明显的区域分布特征和城乡分布规律。再次，我国数字化存在较为明显的代际差异。截止到目前，我国在业民众的数字接入和数字素养都呈现出明显的"亲年轻化"特征。总的来讲，青年人的数字接入程度和数字素养均明显高于中老年人。相比之下，不同类型的数字偏好存在不同的特征。其中，传统媒介偏好呈现出"亲老年化"特征，虽然不同年龄段的偏好程度差别不大。但是，新兴媒介偏好呈现出明显的"亲年轻化"特征。相比中老年人，青年人的新兴媒介偏好程度更高。最后，我国数字化存在明显的教育和职业差异。一方面，相比受教育程度较低的个体，受教育程度较高的个体显然具有更高的数字化水平；另一方面，相比从事农业工作的个体，从事非农工作的个体显然具有更高的数字化水平。

总体而言，我国在业民众的收入差距状况较为良好，但收入差距在不同群体间存在较大差异。具体而言，首先，收入差距呈现"U形"的时间变化趋势。从 2014 年到 2016 年，我国民众的收入差距水平出现了较大幅下降；而从 2016 年到 2018 年，我国民众的收入差距水平出现了小幅上涨。其次，我国民众的收入差距呈现明显的空间分布特征，表现为自西部地区向东部地区以及自农村地区向城镇地区递减的态势。再次，我国民众的收入差距呈现明显的年龄特征。随着年龄的增长，民众的收入差距水平也呈现出缓慢增长的态势。最后，我国民众的收入差距表现出明显的阶层差异。一方面，我国民众收入差距随受教育程度的提高而降低；另一方面，我国民众的收入差距在从事非农工作者中较低，在从事农业工作者中较高。此外，从事体制内工作者和从事体制外工作者在收入差距方面也存在明显差异。

（一）收入分配中数字接入沟逐渐消解

数字接入会显著缩小民众间的收入差距。即便在消除不同民众间个体特征的差异后，数字接入依旧能显著地缩小民众间的收入差距。我们利用多个收入差距指标和倾向得分匹配双重差分法对其进行重复检验，发现数字接入依旧能显著地缩小民众间收入差距。这说明，数字接入能缓解收入差距的结论是比较稳健可靠的。与此同时，随着"数字中国"概念的提出，数字接入对收入差距的抑制作用更加显著。相比概念提出前，数字接入对收入差距的抑制作用在概念提出后相对更大。整体而言，随着互联网技术的普及，数字接入沟逐渐被"填平"，并且数字接入已经成为缩小收入差距的有力助手。但是，基于个体特征差异，数字接入对收入差距的抑制作用在不同特征群组中存在明显的异质性。

具体来讲，数字接入虽然能显著缩小男性间收入差距，但不能显著缩小女性间收入差距；数字接入能显著缩小从事农业工作者之间的收入差距，但不能显著缩小从事非农工作者之间的收入差距；此外，数字接入能显著缩小从事体制外工作者之间的收入差距，但不能显著缩小从事体制内工作者之间的收入差距。另外，数字接入对收入差距的缩小对位于不同收入差距分位点的民众是不同的。我们利用无条件分位数回归发现，随着收入差距分位点的提高，数字接入对收入差距的抑制作用更加凸显。这说明，数字接入对收入差距的抑制作用对农村地区、农村户籍、从事农业工作、从事体制外工作、受教育程度较低的民众更为显著。从影响趋势看，数字接入对收入差距的抑制作用呈"U 形"，即数字接入对收入差距的抑制作用随收入差距分位点的提高呈现"先扩大后缩小"的趋势。

（二）收入分配中数字使用沟逐渐显现

虽然我国过去存在的数字接入沟随着互联网接入机会的增多已逐渐消失，但基于当前差异化的互联网使用，数字使用沟开始逐渐显现。目前来看，数字素养已经成为扩大民众间收入差距的有力推手。只不过，并非所有类型的数字素养皆具有扩大收入差距的作用或效应。确切地讲，发展型数字素养显著地扩大了民众间的收入差距，而休闲型数字素养对民众间收入差距没有显著的影响。在此基础上，利用不同的收入差距指标替代Kakwani指数进行稳健性检验，以及利用RIF回归模型对基准回归模型进行重新估计后，我们同样发现发展型数字素养显著地扩大了民众间的收入差距。这说明，我们的估计结果是比较稳健可靠的。聚焦发展型数字素养，我们发现发展型数字素养对收入差距的影响对于不同收入差距分位点的民众而言具有较大的差异。无条件分位数回归结果表明，对收入差距分位点位于60%以下的民众而言，发展型数字素养对收入差距具有显著的负向影响，而对收入差距分位点位于60%以上的民众而言，发展型数字素养对收入差距具有显著的正向影响。换言之，发展型数字素养会显著地缩小较高社会经济地位民众之间的收入差距。反之，发展型数字素养会明显地扩大较低社会经济地位民众之间的收入差距。此外，对收入差距分位点位于60%以上的民众而言，发展型数字素养对收入差距的扩大效应呈明显的"倒U形"趋势。其中，发展型数字素养对收入差距的扩大效应对收入差距分位点位于60%～75%的民众呈递增效应，对收入差距分位点位于75%～95%的民众呈递减效应。

利用OB分解法对收入差距进行分解后发现，第一，男性的收入差距水平显著低于女性。其中，发展型数字素养主要发挥禀赋特征效应。对于女性群体而言，发展型数字素养的正向赋能作用更加凸显。第二，城镇地区个体的收入差距水平显著低于农村地区。其中，发展型数字素养既有禀赋特征效应也有收入结构效应，但主要发挥禀赋特征效应。对于城镇地区个体而言，发展型数字素养的正向赋能作用更加显著。同时，发展型数字素养还能固化城镇地区的结构性优势。第三，城镇户籍民众之间的收入差距水平显著低于农村户籍。其中，发展型数字素养既有禀赋特征效应也有收入结构效应，但主要发挥禀赋特征效应。相比农村户籍民众，发展型数字素养对城镇户籍民众的正向赋能作用更加显著。第四，从事非农工作者的收入差距水平显著低于从事农业工作者。其中，发展型数字素养主要发挥收入结构效应。这说明，发展型数字素养进一步扩大了从事农业工作者和从事非农工作者之间的结构性差异。第五，从事体制内工作者的收入差距水平显著低于从事体制外工作者。其中，发展型数字素养主要发挥收入结构效应。长远来看，发展型数字素养能在一定程度上消减从事体制外工作者和从事体制内工作者之间的制度壁垒，进而缩小从事体制内工作者和从事体制外工作者在收入差距方面的差异。第六，大学及以上学历民众的收入差距水平显著低于大学以下学历的民众。一方面，发展型数字素养既具有禀赋特征效应，也具有收入结构效应。从禀赋特征效应来看，发展型数字素养对大学及以上学历民众的正向赋能作用更加显著，进而扩大当前业已存在的收入差距差异。另一方面，发展型数字素养具有结构性力量，能进一步巩固大学及以上学历民众已有的数字资本优势，进而扩大较高学历群体和较低学历群体在收入差距方面存在的差异。

（三）收入分配中数字知识沟情境显现

媒介偏好作为数字知识的重要表征，是缩小民众间收入差距的有力工具。具体而言，无论是传统媒介偏好还是新兴媒介偏好，均能显著地缩小民众间的收入差距。虽然以 Kakwani 指数作为收入差距指标时，传统媒介偏好与收入差距之间并无显著关联。但是，当我们使用双向固定效应模型和 RIF 回归模型对其他收入差距指标进行估计时，均能发现传统媒介偏好与收入差距之间存在显著关联。这说明，传统媒介偏好会显著影响民众间收入差距是比较稳健可靠的结论。同样地，在不同收入差距分位点的民众中媒介数字偏好对收入差距的影响是不同的。整体而言，传统媒介偏好与新兴媒介偏好对收入差距的影响呈现较为明显的"倒 U 形"趋势。在传统媒介偏好方面，当收入差距分位点位于 5%~65% 时，虽然传统媒介偏好对收入差距存在非常显著的负向影响，但边际效应比较小且较为平稳。当收入差距分位点位于 65%~70% 时，传统媒介偏好对收入差距的负向边际效应呈递增趋势。当收入差距分位点位于 70%~95% 时，传统媒介偏好对收入差距的边际效应呈递减趋势。对于新兴媒介偏好而言，当收入差距分位点位于 5%~70% 时，新兴媒介偏好对收入差距的负向边际效应呈逐渐递增的趋势，收入差距分位点越高，负向边际效应越大。当收入差距分位点位于 70%～85% 时，新兴媒介偏好对收入差距的负向边际效应呈递减趋势，收入差距分位点越高，负向边际效应越小。当收入差距分位点位于 85%～95% 时，新兴媒介偏好对收入差距的边际效应为正，并随着分位点的提高而呈递增趋势。

我们对传统媒介偏好在收入差距形成中的贡献进行 OB 分解后发现，第一，传统媒介偏好对男性和女性之间的收入差距差异不存在显著贡献。第二，传统媒介偏好对城镇地区民众和农村地区民众之间存在的收入差距差异不存在显著贡献。第三，传统媒介偏好对农村户籍和城镇户籍民众之间的收入差距差异存在显著贡献。并且，传统媒介偏好既存在禀赋特征效应，也存在收入结构效应，但主要起作用的是禀赋特征效应。具体而言，传统媒介偏好对农村户籍民众的正向赋能作用更加明显。第四，传统媒介偏好对从事农业工作者和从事非农工作者之间的收入差距差异具有显著贡献。并且，传统媒介偏好同时具有禀赋特征效应和收入结构效应，但起主要作用的是收入结构效应。结果表明，传统媒介偏好在某种程度上能消减从事非农工作者和从事农业工作者之间存在的制度壁垒，进而缩小从事农业工作者与从事非农工作者间的收入差距差异。第五，传统媒介素养对从事体制内工作者和从事体制外工作者之间的收入差距差异不存在显著的贡献。第六，传统媒介偏好对大学及以上学历者与大学以下学历者的收入差距差异具有明显的收入结构效应。结果显示，传统媒介偏好一定程度上能弱化受教育程度差异，进而缩小不同受教育程度群体之间的收入差距差异。

我们对新兴媒介偏好在收入差距形成中的贡献进行 OB 分解后发现，第一，新兴媒介偏好对男性和女性间的收入差距差异不存在显著贡献。第二，新兴媒介偏好对城镇地区和农村地区之间的收入差距差异存在显著贡献。结果显示，短期来看，新兴媒介偏好对城镇地区的正向赋能作用更加明显，进而扩大了城镇和农村地区之间存在的收入差距差异。从长远来看，新兴媒介偏好能有效地减少城镇地区和农村地区的结构性差异，进而缩小城镇地区和农村地区之间的收入差距差异。第三，新兴媒介偏好对城镇户籍和农村户籍民众的收入差距差异具有显著贡献。结果显示，新兴媒介偏好对城镇户籍民众的正向赋能更加明显，能在短时期内扩大城镇户籍和农村户籍民众的收入差距差异。但长远来讲，新兴媒介偏好能一定程度上消减户籍壁垒对收入差距带来的分化效应，进而缩小城镇户籍和农村户籍民众的收入差距差异。第四，新兴媒介偏好对从事非农工作者和从事农业工作者收入差距的影响具有显著贡献。结果显示，新兴媒介偏好能进一步扩大从事非农工作者和从事农业工作者之间存在的职业壁垒，进而扩大从事非农工作者和从事农业工作者间存在的收入差距差异。第五，新兴媒介偏好对从事体制内工作者和从事体制外工作者之间存在的收入差距差异具有显著贡献。结果显示，新兴媒介偏好具有显著的收入结构效应，能极大地消减体制对收入差距带来的分化效应。第六，新兴媒介偏好对不同受教育程度群体间存在的收入差距差异具有显著贡献。分析结果显示，短期来看，新兴媒介偏好对受教育程度较高民众的正向赋能作用更加明显，进而扩大了受教育程度较高和受教育程度较低民众的收入差距差异。长远来看，新兴媒介偏好能消减受教育程度对收入差距带来的分化效应，缩小不同受教育程度群体间存在的收入差距差异。

二　数字化参与收入分配

通过上述研究，我们发现：首先，数字化作为当前社会的典型特征，已经深深嵌入收入分配的全过程。随着以互联网、大数据、云计算、人工智能、区块链和物联网等为代表的新一代数字技术的发展，我国数字环境发生了明显变化。在此基础上，收入分配格局也出现显著改变。在数字化发展早期，我国还存在较为明显的数字接入沟。如今，数字接入沟随着互联网普及率的提升而逐步消失。相反，数字接入已经成为缩小民众间收入差距的有力工具。随着"数字中国"概念的提出，数字接入对民众间收入差距的缩小效应愈加凸显。其次，虽然数字接入机会的均等化为缩小民众间收入差距创造了契机，但基于数字使用技能的差异，数字使用沟在数字化发展进程中日益显现。目前，将互联网用作学习、工作和从事商业活动，以及线上购物和收发电子邮件为主要表征的发展型数字素养成为扩大民众间收入差距的有力推手。同时，在我国社会发展不平衡不充分的结构性背景下，发展型数字素养尤其会扩大较低社会经济地位民众间的收入差距，以及不同地区、职业类型和教育程度间的收入差距差异。最后，随着媒介技术发展，传统媒介和新兴媒介竞相融合发展。不同媒介偏好作为形塑媒介素养和数字知识的重要表征，会显著缩小民众间收入差距。无论是传统媒介偏好还是新兴媒介偏好，都会成为缩小收入差距的重要砝码。对于社会经济地位较低的民众而言，传统媒介偏好和新兴媒介偏好对收入差距的缩小效应更加明显。横向比较来看，传统媒介偏好依旧能显著缩小不同户籍和不同职业类型民众间的收入差距。而新兴媒介偏好在短期内能显著扩大不同地区、不同户籍、不同职业类型和不同受教育程度群体间的收入差距差异，但长期来看，新兴媒介偏好能消除不同地区、不同户籍、不同职业类型和不同受教育程度群体间存在的制度壁垒，进而缩小收入差距差异。

本研究的结果表明，数字化与收入差距之间存在错综复杂的联系。从长远来看，数字化发展有助于缩小民众间的收入差距；但从短期来看，数字化有时会扩大收入差距。因而，我们应该分阶段地探讨数字化对收入差距的影响。我们也应当意识到，民众间的收入分配是否合理以及收入差距是否扩大与其所处的数字环境紧密相关。目前，仍有学者关注是否接入互联网对社会行为和心理带来的影响（王世强等，2021；许海平等，2021）。但本研究想强调的是，随着移动通信技术和互联网技术的发展革新，我国民众的数字接入程度已经达到很高的水平。在此情形下，数字接入与否带来的结构性差异已经趋于消解。因而，本研究观察到的更多是数字接入带来的收入分配红利。但基于地区发展差异，数字接入机会均衡化并不意味着数字使用能力均等化。一方面，个人禀赋特征会影响数字使用能力；另一方面，地区结构特征也会影响数字使用能力。由于数字使用能力具有"乘数效应"，对于身处不同数字节点的民众，数字素养存在较大的差异。通常社会经济发展水平越高的地区，民众身处的数字节点越复杂，数字资本分布越均衡，数字素养的"乘数效应"越趋同。相较之下，社会经济发展水平越低的地区，民众身处的数字节点设置越简单，数字资本分布越不均衡，数字素养的"乘数效应"分化越大。由于数字资本在不同地区之间的分布并非完全一致的，即便不同个体拥有相同的数字素养，仍会拥有不同的数字资本，进而扩大民众间的收入差距。以往有学者发现，休闲型数字素养和发展型数字素养对收入回报存在不同的功效，以及数字素养会正向显著地影响收入差距（牟天琦等，2021；DiMaggio et al.，2004）。这说明，本书的研究结论与以往研究结果是比较一致的。事实上，除了数字使用之外，数字知识也是反映数字化水平的重要维度。只不过，既有研究更多关注的是数字使用及数字使用差异对人类社会带来的影响，对数字知识的关注相对较少。以往研究表明，不同媒介选择渠道是影响数字知识的重要维度（周葆华、陆晔，2008）。从这点来看，本研究以媒介偏好作为数字知识的表征具有一定的合理性。由于传统媒介在我国已经走过了漫长的发展历程，因而民众的传统媒介素养在不同地区、行业之间不存在显著差异。基于媒介使用满足理论，农村户籍者和从事农业工作者的传统媒介使用需求更加容易满足。传统媒介对他们的正向赋能作用要高于城镇户籍和从事非农工作者。相较之下，新兴媒介在我国的发展时间比较短，民众对新兴媒介的认识和理解仍存在较大的差异。优势群体相比之下具有更高的新兴媒介偏好，对新兴媒介知识的掌握程度也更高。因而，从短期来看，新兴媒介偏好对优势群体收入差距的缩小效应更加明显。但从长远来看，随着新兴媒介的广泛使用和民众新兴媒介素养的提高，新兴媒介偏好能显著地消解不同社会群体间存在的制度性壁垒，进而缩小不同群体间收入差距。

三　数字分配与收入分配差距

本研究的结论表明，数字化参与收入分配的过程极为复杂。在现阶段，我们很难定义数字化对收入差距的作用和影响。诚然，数字化对收入回报的正外部性影响已得到学界的一致认可，但不妨碍本研究对数字化与收入差距之间的关系提出合理怀疑。数字化并非一成不变的事物，随着数字技术的发展变革，数字化的内涵和外延一直在丰富、完善和拓展。从互联网技术出现之日起，在社会发展的进程中，民众的数字环境就一直在调整和改变。收入分配虽然走过了漫长的发展历程，但进入数字时代，也难免受到数字环境的影响和制约。数字化进程总是与阶层、权力和经济耦合在一起。随着数字技术的发展，我国已经在某种程度上形成"数字阶层"。显然，对于身处不同数字阶层的民众而言，他们拥有的数字机会、数字技能和数字知识存在较大差异。本书名义上是回应数字化与收入差距之间的关联，实则是回应数字分配差距与收入分配差距的关联。在数字化发展早期，数字分配差距主要体现为数字接入机会差距。数字接入意味着更多的资源获取和技能提升机会。相比之下，数字接入优势群体显然与数字接入劣势群体存在明显的人力资本差异。通常来讲，人力资本与收入回报具有明显的同构关系，人力资本较高的民众往往有更高的收入。在此情形下，数字接入机会差距对收入差距具有明显的负外部性影响，加剧了不同数字阶层的收入差距。当前，数字接入之所以会缩小民众间的收入差距，很大程度上源于数字接入机会的均等化。从 20 世纪 90 年代开始，我国的数字技术创新一直在向前推进。尤其近十年来，伴随智能手机的使用和普及，数字接入速度和比例明显加快。在这种数字环境中，数字接入机会趋于均等化，大多数民众都能根据自身需求及时地接入互联网。显然，数字接入差距的构成要件在互联网技术不断发展的过程中已经逐渐消失。自然而然地，数字接入不再是收入差距形成的关键。

随着数字接入机会的增多，民众的数字使用能力逐渐分化。因此，数字技术的发展是有偏的。一般而言，数字技术使用往往优先满足优势群体。因而，社会经济地位较高的群体相比社会经济地位较低的群体往往具有更高的数字素养。基于个人禀赋的差异，数字素养在不同民众之间往往存在较大差异。与此同时，数字技术节点分布是不均衡的。相比经济发展水平较低的地区而言，数字技术节点分布在经济发展水平较高的地区往往更加复杂和均衡。在民众数字使用能力和数字技术发展水平的双重叠加下，数字资本在不同地区和民众间出现差异化的分布。对于具有较高数字使用能力，以及身处较高数字技术发展水平地区的民众而言，其数字资本拥有量更大且更加均衡。对于具有较低数字使用能力，以及身处较低数字技术发展水平地区的民众而言，数字资本拥有量更小且更加不均衡。这意味着，数字分配差距已经表现为数字资本分配差距。通常来讲，较高社会经济地位的群体比较低社会经济地位的群体往往拥有更多和更均衡的数字资本。由于数字资本与收入回报的同构效应，较低社会经济地位的群体之间的收入回报差距更大。数字资本获得往往与发展型数字使用更加相关，而与休闲型数字使用关联不大。因而，当前的收入分配差距往往与发展型数字使用差异更加相关。

如果说数字素养更加强调数字资本的话，那么数字偏好则更加强调数字知识。随着民众数字资本的均等化，数字知识也会呈现分化趋势。同样，数字知识与社会阶层也具有同构效应。与较低社会阶层群体相比，较高社会阶层群体往往具有更多的数字知识。从本研究结果来看，数字知识分配差距显然是收入分配差距的重要构成要件。在不同的媒介渠道中，新兴媒介和传统媒介都是数字知识的重要来源。只不过，传统媒介经过多年的发展，民众对传统媒介的认知已经趋于稳定。因而，民众关于传统媒介的数字知识逐渐均等化，除非应用场景的差异，很难将其和数字知识差距联系起来。在此情形下，民众对传统媒介的偏好成为缩小收入差距的有力助手。相比之下，由于新兴媒介的发展时间较短，民众对新兴媒介的认知尚未形成稳定和一致的看法。就目前情形来看，不同特征群体的民众对新兴媒介的认知仍存在较大的结构性差异。换言之，数字分配差距呈现出差异化的数字知识样态。因而，我们可以看到，以新兴媒介偏好为表征的数字知识差距在无形中扩大了不同组别间的收入差距差异。不过，在"万物皆媒"的情境下，传统媒介和新兴媒介已经全面渗透进我们的日常生活。大部分民众都将逐渐具备相应的数字知识，数字知识的均等化趋势也会愈加明显。本研究结果也显示，收入分配差距随着数字知识的发展有明显的缩小趋势。

第二节　研究展望

一　研究贡献

本研究立足于微观，实证研究和探讨了数字化对收入差距的影响。在既有研究基础上，本研究取得了一些进展，也具有一定的创新性。具体来讲，主要表现为以下几个方面。

第一，本研究弥补了目前关于数字接入与收入差距研究的不足。在以往研究中，虽然有学者探讨数字接入对收入差距的影响，但更多的是探讨数字接入对城乡收入差距、性别间收入差距或农户间收入差距的影响。截止到目前，较少有学者探讨数字接入对个体间收入差距的影响。本研究基于个体层面的 Kakwani 指数和其他收入差距指标，综合测量数字接入与个体间收入差距的关联，对既有研究进行了很好的补充。同时，我们还探讨了数字接入对民众间收入差距的非线性影响，而这对于考察数字接入在收入差距的具体作用也提供了有力的证据。此外，数字化是一个不断变动的过程，本研究利用面板数据探讨数字接入与收入差距的关联，能有效地回应当前的数字接入环境对收入差距的影响。

第二，本研究弥补了目前关于数字素养与收入差距研究的不足。在以往研究中，虽然有学者关注到不同的互联网使用用途及使用频率对收入差距产生的影响，但还有待于进一步完善和补充。一方面，以往研究根据不同的互联网使用用途及使用频率测量民众数字素养程度，缺乏一定的解释力，而本研究根据互联网使用用途、使用频率以及民众对不同用途的重视程度来综合测量民众的数字素养状况，有效地弥补了数字素养解释力缺乏的问题。另一方面，虽然以往学者探讨了数字素养与收入差距之间的关联，但在收入差距形成以及不同特征组别收入差距差异形成中，数字素养究竟具有何种作用仍不清楚。而本研究对此进行了有效的补充。此外，数字素养与收入差距之间的非线性关联也得到了再次佐证，有效回应了数字素养对收入差距究竟具有何种作用的问题。

第三，本研究弥补了目前关于数字知识与收入差距研究的不足。在以往研究中，学界更多关注数字接入和数字使用对收入差距的影响，较少关注数字知识在收入差距形成中的作用。本研究将数字偏好作为数字知识的代理变量，尝试性地探讨了数字知识对收入差距的影响，对既有研究进行了有效的补充。我们同样探讨了数字偏好在收入差距形成以及不同特征组别收入差距差异形成中的贡献，丰富和完善了该领域的研究。

第四，本研究突破了既有研究范畴，从整体上刻画和描摹了收入分配过程中的数字化效应，为学界提供了更多关于数字化影响收入差距的有力证据。目前数字化建设和缩小收入差距都是非常重要的任务，厘清数字化参与收入分配过程的具体逻辑，对于利用数字化逐步实现全体人民共同富裕显然大有裨益。以往研究虽然对数字化与收入差距之间的关系有所涉猎，但实证层面的研究还处于起步阶段。本研究立足数字时代，探讨数字化与收入差距之间的关联具有重要的理论意义和现实意义。

第五，本研究创造性地提出了数字化影响收入差距的解释框架。学界目前虽然对数字化与收入差距的关系有所认识，但尚未厘清二者究竟具有何种关联。同时，对数字化如何参与收入分配过程的问题也未进行有效回应。本研究在实证研究基础上，创造性构建了数字化参与收入分配的"数字分配"逻辑。随着数字时代的到来，数字化不断重构资源分配格局。通过数字接入分配、数字素养分配和数字知识分配，完成收入分配格局的全面重塑，为新时代完善收入分配制度提供了重要抓手，对以往研究进行了有效补充，有助于深化对数字时代收入差距问题的理解和认识。

二 研究局限

尽管本研究在既有研究基础上取得了一些进展，但是仍然存在一些不足，需要在未来进行更加深入的研究和探讨。

第一，数字化概念操作尚不成熟。在以往研究的基础上，本研究将数字化操作化为数字接入、数字素养和数字偏好三个指标，这在某种程度上丰富和拓展了既有的研究。但是，学界目前尚未形成有效测量数字化的综合指标，无论是宏观层面还是微观层面，皆是如此。因而，在未来研究中，我们仍需对数字化的内涵和外延进行界定，通过与其他学者共同努力，探讨衡量数字化程度的综合指标。虽然这在一定程度上弱化了数字化的丰富性，但能有效地识别当前社会的数字化程度以及数字化给社会带来的影响。

第二，本研究基于数字化发展的三个层次，分别探讨和回应了数字接入、数字素养和数字偏好在收入差距形成中的作用。但限于篇幅，本研究未进一步探讨数字接入、数字素养和数字偏好影响收入差距的具体机制。

未来我们将在本研究的基础上继续对数字化与收入差距的关系予以深化，利用实证研究方法进一步探讨数字化对收入差距的作用机制。

第三，内生性问题一直是社会科学研究无法忽视的难题。为了尽可能地消除内生性问题对模型估计带来的影响，本研究采用了多种方法，比如倾向得分匹配双重差分法和双向固定效应法。这些方法在一定程度上缓解了模型估计中存在的内生性问题，但基于数据的可及性，内生性问题尚未得到根本解决。这在一定程度上使估计结果存在偏差，弱化了研究的解释力。因而，在未来研究中，我们将致力于解决模型中存在的内生性问题，更加精准有效地测度数字化与收入差距之间的关联，以期有效回答收入分配过程中数字化的作用。

第四，本研究在对收入差距差异的形成进行 OB 分解时，发现数字素养和数字偏好对收入差距差异既可能存在扩大效应，也可能存在缩小效应。虽然我们基于以往研究对其进行了理论分析，但在某种程度上仍缺乏实证研究结果的支持。在未来研究中，我们将继续探讨数字化在不同群体收入差距差异形成中的作用，实证分析和验证数字化缩小和扩大不同群体收入差距差异的机制，丰富和拓展既有的研究。

参考文献

蔡曙山，2001，《论数字化》，《中国社会科学》第 4 期。

曹景林、姜甜，2020，《互联网使用对女性收入的影响——基于 CFPS 数据的经验证据》，《现代财经》（天津财经大学学报）第 12 期。

陈纯槿、李实，2013，《城镇劳动力市场结构变迁与收入不平等：1989～2009》，《管理世界》第 1 期。

陈刚、谢佩宏，2020，《信息社会还是数字社会》，《学术界》第 5 期。

陈光金，2010，《市场抑或非市场：中国收入不平等成因实证分析》，《社会学研究》第 6 期。

陈虹、秦静、李静、郑广嘉，2016，《互联网使用对中国城市居民人际交往的影响：社会认同的中介效应》，《新闻与传播研究》第 9 期。

陈强，2014，《高级计量经济学及 stata 应用》（第二版），高等教育出版社。

陈卫民、万佳乐、李超伟，2021，《互联网使用对离婚风险的影响》，《中国人口科学》第 4 期。

陈啸、陈鑫，2018，《普惠金融数字化对缩小城乡收入差距的空间溢出效应》，《商业研究》第 8 期。

陈鑫、杨红燕，2021，《互联网对农村居民主观幸福感的影响及作用机制分析》，《农林经济管理学报》第 2 期。

陈煜婷、张文宏，2015，《市场化背景下社会资本对性别收入差距的影响——基于 2009 JSNet 全国数据》，《社会》第 6 期。

程诚、王奕轩、边燕杰，2015，《中国劳动力市场中的性别收入差异：一个社会资本的解释》，《人口研究》第 2 期。

程名望、盖庆恩、Jin Yanhong、史清华，2016，《人力资本积累与农户收入增长》，《经济研究》第 1 期。

程名望、张家平，2019，《互联网普及与城乡收入差距：理论与实证》，《中国农村经济》第 2 期。

邓大松、杨晶、孙飞，2020，《收入流动、社会资本与农村居民收入不平等——来自中国家庭追踪调查（CFPS）的证据》，《武汉大学学报》（哲学社会科学版）第 3 期。

邓峰、丁小浩，2012，《人力资本、劳动力市场分割与性别收入差距》，《社会学研究》第 5 期。

迪亚斯，曼努埃尔，2020，《数字化生活：假如未来已经先你而行》，苏蕾译，中国人民大学出版社。

丁述磊、张抗私，2021，《数字经济时代新职业与经济循环》，《中国人口科学》第 5 期。

董志强、魏下海、汤灿晴，2012，《人口老龄化是否加剧收入不平等？——基于中国（1996~2009）的实证研究》，《人口研究》第 5 期。

杜鹏、汪斌，2020，《互联网使用如何影响中国老年人生活满意度?》，《人口研究》第 4 期。

杜庆昊，2021，《数字产业化和产业数字化的生成逻辑及主要路径》，《经济体制改革》第 5 期。

段伟文，2015，《大数据知识发现的本体论追问》，《哲学研究》第 11 期。

冯鹏程、杨虎涛，2021，《我国国民收入分配格局的政治经济学研究》，《政治经济学评论》第 3 期。

冯强、杨喆，2015，《数字沟在信息社会关系中的使用空间》，《学术研究》第 6 期。

冯喜良、高盼盼、罗荣波，2021，《互联网使用对农民工性别工资收入差距的影响》，《人口与经济》第 5 期。

高远东、李华龙、宫梦瑶，2021，《治理能力现代化、社会资本与家庭收入差距》，《西南大学学报》（社会科学版）第 4 期。

郭庆旺、吕冰洋，2012，《论要素收入分配对居民收入分配的影响》，《中国社会科学》第 12 期。

国家统计局，2024，《2024 中国统计年鉴》，中国统计出版社。

国家统计局住户调查办公室，2019，《2019 中国住户调查年鉴》，中国统计出版社。

韩长根、张力，2019，《互联网提高了我国居民收入流动性吗？——基于 CFPS 2010—2016 数据的实证研究》，《云南财经大学学报》第 1 期。

韩民春、韩青江，2020，《机器人技术进步对劳动力市场的冲击——基于动态随机一般均衡模型的分析》，《当代财经》第 4 期。

韩文龙、陈航，2021，《数字化的新生产要素与收入分配》，《财经科学》第 3 期。

何晶，2014，《媒介与阶层——一个传播学研究的经典进路》，《新闻与传播研究》第 1 期。

何泱泱、刘国恩、徐程，2016，《中国职业隔离与性别工资差异的变化趋势研究》，《经济科学》第 4 期。

贺光烨、吴晓刚，2015，《市场化、经济发展与中国城市中的性别收入不平等》，《社会学研究》第 1 期。

贺娅萍、徐康宁，2019，《互联网对城乡收入差距的影响：基于中国事实的检验》，《经济经纬》第 2 期。

洪远朋主编，2018，《新编〈资本论〉导读》（1-4 卷），上海科学技术文献出版社。

胡翼青、李璟，2020，《"第四堵墙"：媒介化视角下的传统媒体媒介融合进程》，《新闻界》第 4 期。

华昱，2018，《互联网使用的收入增长效应：理论机理与实证检验》，《江海学刊》第 3 期。

黄丽娜，2016，《分层与重塑：青年的互联网使用与阶层认同——基于 CGSS 2013 数据的实证研究》，《中国青年研究》第 12 期。

黄旭，2021，《人工智能技术发展背景下收入不平等及政策：理论分析》，《中央财经大学学报》第 7 期。

黄云、任国强、周云波，2019，《收入不平等对农村居民身心健康的影响——基于 CGSS2015 数据的实证分析》，《农业技术经济》第 3 期。

吉登斯，安东尼，1998，《社会的构成 结构化理论纲要》，李康、李猛译，
　　生活·读书·新知三联书店。

姬广绪、周大鸣，2017，《从"社会"到"群"：互联网时代人际交往方式
　　变迁研究》，《思想战线》第 2 期。

贾娟琪，2019，《"数字红利"还是"数字鸿沟"？——兼论数字普惠金融
　　如何缩小收入差距》，《区域金融研究》第 12 期。

蒋琪、王标悦、张辉、岳爱，2018，《互联网使用对中国居民个人收入的
　　影响——基于 CFPS 面板数据的经验研究》，《劳动经济研究》第 5 期。

金双华、于洁、田人合，2020，《中国基本医疗保险制度促进受益公平
　　吗？——基于中国家庭金融调查的实证分析》，《经济学》（季刊）第
　　4 期。

靳永爱、赵梦晗，2019，《互联网使用与中国老年人的积极老龄化——基
　　于 2016 年中国老年社会追踪调查数据的分析》，《人口学刊》第 6 期。

经济合作与发展组织，2012，《经济合作与发展组织 2010 年概况——经
　　济、环境及社会统计》，国家行政学院出版社。

瞿继光、张晓冬，2018，《营业税改增值税后 企业所得税政策解读与案例
　　分析》，立信会计出版社。

李飚，2019，《互联网使用、技能异质性与劳动收入》，《北京工商大学学
　　报》（社会科学版）第 5 期。

李超民、伍山林，2015，《西方经济学》，上海财经大学出版社。

李代，2017，《教育的同型婚姻与中国社会的家庭工资收入不平等：1996—
　　2012》，《社会》第 3 期。

李敏、于津平，2021，《交通基础设施便利化如何影响收入不平等？——
　　基于跨国数据的实证研究》，《经济问题探索》第 6 期。

李升，2006，《"数字鸿沟"：当代社会阶层分析的新视角》，《社会》第
　　6 期。

李实、马欣欣，2006，《中国城镇职工的性别工资差异与职业分割的经验
　　分析》，《中国人口科学》第 5 期。

李实、万海远，2018，《中国收入分配演变 40 年》，格致出版社。

李桐、罗重一，2018，《互联网社交对传统人际交往秩序的影响及规范》，《学习与实践》第 11 期。

李雅楠、谢倩芸，2017，《互联网使用与工资收入差距——基于 CHNS 数据的经验分析》，《经济理论与经济管理》第 7 期。

李彦龙，2020，《创新与收入不平等》，《劳动经济研究》第 5 期。

李怡、柯杰升，2021，《三级数字鸿沟：农村数字经济的收入增长和收入分配效应》，《农业技术经济》第 8 期。

李宇、王沛、孙连荣，2014，《中国人社会认知研究的沿革、趋势与理论建构》，《心理科学进展》第 11 期。

林军，2008，《"数字化"、"自动化"、"信息化"与"智能化"的异同及联系》，《电气时代》第 1 期。

林宗弘、吴晓刚，2010，《中国的制度变迁、阶级结构转型和收入不平等：1978-2005》，《社会》第 6 期。

刘军，2021，《数字经济对城乡收入差距的影响："红利"还是"鸿沟"——基于劳动力流动的分析视角》，《河北农业大学学报》（社会科学版）第 4 期。

刘骏，2017，《城乡数字鸿沟持续拉大城乡收入差距的实证研究》，《统计与决策》第 10 期。

刘蕾、王轶，2022，《数字化经营何以促进农民增收？——基于全国返乡创业企业的调查数据》，《中国流通经济》第 1 期。

刘强、李本乾，2020，《受众选择与媒体生命周期——对媒介感知价值影响机制阶段性演进的实证研究》，《新闻记者》第 3 期。

刘任、眭鑫、王文涛，2022，《互联网使用对农户收入差距影响研究——基于 CGSS 数据的实证分析》，《重庆大学学报》（社会科学版）第 6 期。

刘劼睿、廖梦洁、刘佳丽，2021，《劳动力转移对城乡居民收入差距的非线性影响研究》，《重庆大学学报》（社会科学版）第 6 期。

刘晓光、张勋、方文全，2015，《基础设施的城乡收入分配效应：基于劳动力转移的视角》，《世界经济》第 3 期。

刘晓倩、韩青，2018，《农村居民互联网使用对收入的影响及其机理——基于中国家庭追踪调查（CFPS）数据》，《农业技术经济》第 9 期。

吕明阳、彭希哲、陆蒙华，2020，《互联网使用对老年人就业参与的影响》，《经济学动态》第 10 期。

吕祥伟、张莉娜，2021，《互联网使用、抚幼负担与家庭收入》，《西南民族大学学报》（人文社会科学版）第 7 期。

罗超平、朱培伟、张璨璨、胡猛，2021，《互联网、城镇化与城乡收入差距：理论机理和实证检验》，《西部论坛》第 3 期。

罗楚亮、李实、岳希明，2021，《中国居民收入差距变动分析（2013—2018）》，《中国社会科学》第 1 期。

罗楚亮、史泰丽、李实，2017，《中国收入不平等的总体状况（2017-2013）年》，中国财政经济出版社。

罗楚亮，2018，《收入差距的长期变动特征及其政策启示》，《北京工商大学学报》（社会科学版）第 1 期。

罗青、周宗奎、魏华、田媛、孔繁昌，2013，《羞怯与互联网使用的关系》，《心理科学进展》第 9 期。

马超，2020，《媒介类型、内容偏好与使用动机：媒介素养影响因素的多维探析》，《全球传媒学刊》第 3 期。

马胜楠，2021，《单一税是否会加剧收入不平等？——基于合成控制法的经验证据》，《经济体制改革》第 2 期。

毛宇飞、胡文馨、曾湘泉，2021，《扩大抑或缩小：互联网使用对户籍工资差距的影响——基于 CGSS 数据的经验证据》，《财经论丛》第 2 期。

牟天琦、刁璐、霍鹏，2021，《数字经济与城乡包容性增长：基于数字技能视角》，《金融评论》第 4 期。

尼葛洛庞帝，尼古拉，1997，《数字化生存》，胡泳、范海燕译，海南出版社。

聂爱云、郭莹，2021，《互联网使用与居民社会资本——基于中国家庭追踪调查数据的研究》，《宏观经济研究》第 9 期。

庞瑞芝、张帅、王群勇，2021，《数字化能提升环境治理绩效吗？——来

自省际面板数据的经验证据》，《西安交通大学学报》（社会科学版）
第 5 期。

彭兰，2016，《智媒化：未来媒体浪潮——新媒体发展趋势报告（2016）》，
《国际新闻界》第 11 期。

彭增军，2017，《传统与挑战：网络时代的媒介伦理》，《新闻记者》第 3 期。

戚聿东、丁述磊、刘翠花，2022，《数字经济时代互联网使用对灵活就业
者工资收入的影响研究》，《社会科学辑刊》第 1 期。

卿石松，2019，《中国性别收入差距的社会文化根源——基于性别角色观
念的经验分析》，《社会学研究》第 1 期。

邱泽奇、张樹沁、刘世定、许英康，2016，《从数字鸿沟到红利差异——
互联网资本的视角》，《中国社会科学》第 10 期。

任国强、黄云，2017，《相对剥夺对个体健康影响研究进展》，《经济学动
态》第 2 期。

邵红伟、靳涛，2016，《收入分配的库兹涅茨倒 U 曲线——跨国横截面和
面板数据的再实证》，《中国工业经济》第 4 期。

宋巨盛，2003，《互联网对现代人际交往影响的社会学分析》，《江淮论坛》
第 5 期。

苏岚岚、彭艳玲，2021，《数字化教育、数字素养与农民数字生活》，《华
南农业大学学报》（社会科学版）第 3 期。

粟勤、韩庆媛，2021，《数字鸿沟与家庭财富差距——基于 CHFS 数据的实
证检验》，《云南财经大学学报》第 9 期。

孙根紧、王丹、丁志帆，2020，《互联网使用与居民旅游消费——来自中
国家庭追踪调查的经验证据》，《财经科学》第 11 期。

孙华臣、杨真、张骞，2021，《互联网深化与农户增收：影响机制和经验
证据》，《宏观经济研究》第 5 期。

孙一平、徐英博，2021，《互联网普及对中国居民收入分配的影响研
究——基于 CFPS 数据的实证分析》，《宏观经济研究》第 7 期。

谭燕芝、李云仲、胡万俊，2017，《数字鸿沟还是信息红利：信息化对城
乡收入回报率的差异研究》，《现代经济探讨》第 10 期。

陶源，2020，《城镇化与城乡劳动收入差距——基于中国省级面板数据的实证研究》，《经济问题探索》第 8 期。

王甫勤，2010，《人力资本、劳动力市场分割与收入分配》，《社会》第 1 期。

王国成，2021，《数字化如何影响决策行为》，《经济与管理》第 5 期。

王建康、谷国锋、姚丽，2015，《城市化进程、空间溢出效应与城乡收入差距——基于 2002-2012 年省级面板数据》，《财经研究》第 5 期。

王鹏，2014，《互联网使用对幸福感的影响——基于城镇微观数据的实证研究》，《软科学》第 10 期。

王世强、郭凯林、吕万刚，2021，《互联网使用会促进我国老年人体育锻炼吗？——基于 CGSS2017 数据的实证分析》，《体育学研究》第 5 期。

王仕民、黄诗迪，2020，《互联网技术重塑社会行为的发生逻辑》，《东北大学学报》（社会科学版）第 2 期。

王天夫、王丰，2005，《中国城市收入分配中的集团因素：1986-1995》，《社会学研究》第 3 期。

王文彬、吴海琳，2014，《互联网使用及其对社会认同的影响——基于 CGSS2010 数据的实证分析》，《江海学刊》第 5 期。

王文、刘玉书，2020，《数字中国、区块链、智能革命与国家治理的未来》，中信出版社。

王小洁、聂文洁、刘鹏程，2021，《互联网使用与个体生育意愿——基于信息成本和家庭代际视角的分析》，《财经研究》第 10 期。

王玥、孟婉荣，2020，《互联网赋能城镇居民家庭消费升级研究——基于 CGSS2015 数据分析》，《辽宁大学学报》（哲学社会科学版）第 6 期。

王中华、岳希明，2021，《收入增长、收入差距与农村减贫》，《中国工业经济》第 9 期。

韦路、张明新，2006，《第三道数字鸿沟：互联网上的知识沟》，《新闻与传播研究》第 4 期。

文小洪、马俊龙、王相珺，2021，《互联网使用对收入影响的城乡差异》，《世界农业》第 7 期。

吴磊、刘纠纠、闻海洋，2021，《农村女性创业具有"数字红利"吗？——基于 CGSS2015 数据的实证分析》，《世界农业》第 8 期。

吴晓刚，2008，《1993-2000 年中国城市的自愿与非自愿就业流动与收入不平等》，《社会学研究》第 6 期。

吴晓刚，2021，《数字化赋予社会结构变迁新动力》，《中国社会科学报》，8 月 20 日，第 4 版。

吴晓刚、张卓妮，2014，《户口、职业隔离与中国城镇的收入不平等》，《中国社会科学》第 6 期。

习近平，2020，《关于〈中共中央关于制定国民经济和社会发展第十四个五年规划和二〇三五年远景目标的建议〉的说明》，载本书编写组编著《〈中共中央关于制定国民经济和社会发展第十四个五年规划和二〇三五年远景目标的建议〉辅导读本》，人民出版社。

习近平，2021，《扎实推动共同富裕》，《求是》第 20 期。

向静林，2021，《社会治理数字化转型：问题指向与发展趋势》，《中国社会科学报》8 月 20 日，第 4 版。

肖经建，2020，《消费者经济福利》，东北财经大学出版社。

肖旭、戚聿东，2019，《产业数字化转型的价值维度与理论逻辑》，《改革》第 8 期。

谢宇、胡婧炜、张春泥，2014，《中国家庭追踪调查：理念与实践》，《社会》第 2 期。

徐建炜、马光荣、李实，2013，《个人所得税改善中国收入分配了吗——基于对 1997—2011 年微观数据的动态评估》，《中国社会科学》第 6 期。

徐延辉、赖东鹏，2021，《互联网使用、风险感知与城市居民的健康研究》，《中共中央党校（国家行政学院）学报》第 1 期。

许海平、黄雅雯、刘玲，2021，《互联网使用、疏离感与农村居民幸福感——基于 CGSS 的微观经验证据》，《海南大学学报》（人文社会科学版）第 6 期。

许庆红，2017，《数字不平等：社会阶层与互联网使用研究综述》，《高校图书馆工作》第 5 期。

雅斯贝斯，卡尔，2008，《时代的精神状况》，王德峰译，上海译文出版社。

杨娟、赖德胜、邱牧远，2015，《如何通过教育缓解收入不平等?》，《经济研究》第 9 期。

杨克文、何欢，2020，《互联网使用对居民健康的影响——基于 2016 年中国劳动力动态调查数据的研究》，《南开经济研究》第 3 期。

杨钋、徐颖，2017，《数字鸿沟与家庭教育投资不平等》，《北京大学教育评论》第 4 期。

杨森平、唐芬芬、吴栩，2015，《我国城乡收入差距与城镇化率的倒 U 关系研究》，《管理评论》第 11 期。

杨伟国、王琦，2018，《数字平台工作参与群体：劳动供给及影响因素——基于 U 平台网约车司机的证据》，《人口研究》第 4 期。

杨新铭，2017，《数字经济：传统经济深度转型的经济学逻辑》，《深圳大学学报》（人文社会科学版）第 4 期。

杨一纯、谢宇，2021，《职业特征如何影响性别间的收入差距》，《社会》第 3 期。

姚登权，2011，《论工具改变交往——数字化生存的异化作用》，《湖南师范大学社会科学学报》第 6 期。

姚玉祥，2021，《人口老龄化如何影响城乡收入不平等》，《现代经济探讨》第 4 期。

尹雪华、李翔、尹传存，2021，《基尼系数与洛伦兹曲线的等价分类》，《统计与决策》第 24 期。

游宇、王正绪、余莎，2017，《互联网使用对政治机构信任的影响研究：民主政治的环境因素》，《经济社会体制比较》第 1 期。

余伟如，2020，《"流量社会"的崛起及其政治经济学探析》，《理论与改革》第 5 期。

臧雷振、劳昕、孟天广，2013，《互联网使用与政治行为——研究观点、分析路径及中国实证》，《政治学研究》第 2 期。

曾卓然，2019，《市场化进程下二元经济结构对城乡居民收入差距的影响分析》，《经济问题探索》第 12 期。

张呈磊、郭忠金、李文秀，2021，《数字普惠金融的创业效应与收入不平等：数字鸿沟还是数字红利？》，《南方经济》第 5 期。

张家滋、刘雅婕、何文举，2021，《互联网发展对城市贸易产业和收入差距的影响》，《经济地理》第 2 期。

张京京、刘同山，2020，《互联网使用让农村居民更幸福吗？——来自 CFPS2018 的证据》，《东岳论丛》第 9 期。

张来明、李建伟，2016，《收入分配与经济增长的理论关系和实证分析》，《管理世界》第 11 期。

张茂元，2021，《技术红利共享——互联网平台发展的社会基础》，《社会学研究》第 5 期。

张明新、刘伟，2014，《互联网的政治性使用与我国公众的政治信任——一项经验性研究》，《公共管理学报》第 1 期。

张彤进、蔡宽宁，2021，《数字普惠金融缩小城乡居民消费差距了吗？——基于中国省级面板数据的经验检验》，《经济问题》第 9 期。

张永丽、李青原，2021，《互联网使用对贫困地区农户收入的影响——基于甘肃省 15 个贫困村 1735 个农户的调查数据》，《管理评论》第 1 期。

张羽、王文倩，2021，《金融科技能够缓解收入不平等吗？——基于跨国面板数据的研究》，《上海金融》第 6 期。

张云亮、柳建坤，2021，《互联网使用、社会公平感与医生信任——基于 CSS2013 数据的实证分析》，《新闻大学》第 8 期。

赵建超，2021，《数字化技术与日常生活的张力》，《中国社会科学报》6 月 22 日，第 2 版。

赵建国、刘子琼，2020，《互联网使用对老年人健康的影响》，《中国人口科学》第 5 期。

赵建国、王嘉箐，2021，《互联网使用会影响居民社会信任水平吗？——基于中国综合社会调查数据的分析》，《财经问题研究》第 5 期。

赵林如，2019，《中国市场经济学大辞典》，中国经济出版社。

周葆华、陆晔，2008，《从媒介使用到媒介参与：中国公众媒介素养的基本现状》，《新闻大学》第 4 期。

周骥腾、付埱琪，2021，《互联网使用如何影响居民社区融入》，《社会科学文摘》第 11 期。

周静，2019，《论全媒体时代人际交往的新表征》，《新疆社会科学》第 2 期。

周利、冯大威、易行健，2020，《数字普惠金融与城乡收入差距："数字红利"还是"数字鸿沟"》，《经济学家》第 5 期。

周文彰，2020，《数字政府和国家治理现代化》，《行政管理改革》第 2 期。

周应恒、杨宗之，2021，《互联网使用促进了农村居民消费吗？——基于江西省 739 个农户的调查》，《经济地理》第 10 期。

朱德云、王溪、官锡强，2021，《收入不平等如何影响家庭消费——基于 CFPS 微观数据的分析》，《财政科学》第 5 期。

祝仲坤、冷晨昕，2018，《互联网使用对居民幸福感的影响——来自 CSS2013 的经验证据》，《经济评论》第 1 期。

Bauernschuster, S., Falck, O., and Woessmann, L. 2014. "Surfing Alone? The Internet and Social Capital: Evidence from an Unforeseeable Technological Mistake." *Journal of Public Economics* 117: 73-89.

Bonfadelli, H. 2002. "The Internet and Knowledge Gaps: A Theoretical and Empirical Investigation." *European Journal of Communication* 17 (1): 65-84.

Canh, N. P., Schinckus, C., Thanh, S. D., and Ling, F. C. H. 2020. "Effects of the Internet, Mobile, and Land Phones on Income Inequality and The Kuznets Curve: Cross Country Analysis." *Telecommunications Policy* 44 (10): 102041.

Castellacci, F., and Viñas-Bardolet, C. 2019. "Internet Use and Job Satisfaction." *Computers in Human Behavior* 90: 141-152.

Castro Campos, B., Ren, Y., and Petrick, M. 2016. "The Impact of Education on Income Inequality between Ethnic Minorities and Han in China." *China Economic Review* 41: 253-267.

Cotten, S. R., Ford, G., Ford, S., and Hale, T. M. 2014. "Internet Use and Depression Among Retired Older Adults in the United States: A Longitudinal Analysis. " *The Journals of Gerontology Series B: Psychological Sciences and Social Sciences* 69 (5): 763-771.

Diener, E. , Napa-Scollon, C. K. , Oishi S, Dzokoto, V. , and Suh, E. M. 2000. " Positivity and the Construction of Life Satisfaction Judgments: Global Happiness is not the Sum of its Parts. " *Journal of Happiness Studies* 1 (2): 159-176.

DiMaggio, P. , Hargittai, E. , Celeste, C. , and Shafer, S. 2004. " Digital Inequality: From Unequal Access to Differentiated Use. " In *Social Inequality*, edited by Neckerman, K. New York: Russell Sage Foundation.

Firpo, S. P. , Fortin, N. M. , and Lemieux, T. 2018. " Decomposing Wage Distributions Using Recentered Influence Function Regressions. " *Econometrics, Multidisciplinary Digital Publishing Institute* 6 (2): 28.

Firth, J. , Torous, J. , Stubbs, B. , Firth, J. A. , Steiner, G. Z. , Smith, L. , Alvarez-Jimenez, M. , Gleeson, J. , Vancampfort, D. , Armitage, C. J. , and Sarris, J. 2019. " The ' Online Brain' : How the Internet May Be Changing Our Cognition. " *World Psychiatry* 18 (2): 119-129.

Goldin, C. , and Katz, L. 2007. " The Race between Education and Technology: The Evolution of U. S. Educational Wage Differentials, 1890 to 2005. " *National Bureau of Economic Research*: w12984.

Guha, M. 2016. " Collins English Dictionary. " *Reference Reviews* 30 (4): 20-28.

Gupta, S. , Davoodi, H. , and Alonso-Terme, R. 2002. " Does Corruption Affect Income Inequality and Poverty?" *Economics of governance* 3: 23-45.

Habibi, F. , and Zabardast, M. A. 2020. " Digitalization, Education and Economic Growth: A Comparative Analysis of Middle East and OECD Countries. " *Technology in Society* 63: 101370.

Helland, H. , Bol, T. , and Drange, I. 2017. " Wage Inequality Within and Between Occupation. " *Nordic Journal of Working Life Studies, Nordic*

Journal of Working Life Studies 7（4）：3-27.

Hoffman, D. L., Novak, T. P., and Schlosser, A. E. 2001. "The Evolution of the Digital Divide: Examining the Relationship of Race to Internet Access and Usage over Time." In *The Digital Divide: Facing a Crisis or Creating a Myth?* edited by Compaine, B. M. Cambridge: MIT Press.

Howard, A. 1995. *The Changing Nature of Work.* San Francisco: Jossey-Bass.

Çikrıkci, Ö. 2016. "The Effect of Internet Use on Well-being: Meta-analysis." *Computers in Human Behavior* 65: 560-566.

Jarman, H. K., Marques, M. D., McLean, S. A. Slater, A., and Paxton, S. J. 2021. "Social Media, Body Satisfaction and Well-being Among Adolescents: A Mediation Model of Appearance-ideal Internalization and Comparison." *Body Image* 36: 139-148.

Kakwani, N. C. 1977. "Measurement of Tax Progressivity: An International Comparison." *The Economic Journal* 87（345）：71.

Kanbur, R., Wang, Y., and Zhang, X. 2021. "The Great Chinese Inequality turnaround." *Journal of Comparative Economics* 49（2）：467-482.

Kraut, R., and Burke, M. 2015. "Internet Use and Psychological Well-being: Effects of Activity and Audience." *Communications of the ACM* 58（12）：94-100.

Krueger, A. B. 1993. "How Computers Have Changed the Wage Structure: Evidence from Microdata, 1984-1989." *The Quarterly Journal of Economics* 108（1）：33-60.

Kuznets, S. 1955. "Economic Growth and Income Inequality." *The American Economic Review* 45（1）：1-28.

Lu, H., Tong, P., and Zhu, R. 2020. "Does Internet Use Affect Netizens' Trust in Government? Empirical Evidence from China." *Social Indicators Research*: 149（1）：167-185.

Luo, C., Li, S., and Sicular, T. 2020. "The Long-term Evolution of National Income Inequality and Rural Poverty in China." *China Economic Review*

62：101465.

McQuail, D. 1987. *Mass Communication Theory*: *An Introduction* (*2nd ed.*). US：Sage Publications, Inc.

Mohd Daud, S. N., Ahmad, A. H., and Ngah, W. A. S. W. 2021. "Financialization, Digital Technology and Income Inequality." *Applied Economics Letters* 28 (16)：1339–1343.

Morris, M., and Western, B. 1999. "Inequality in Earnings at the Close of the Twentieth Century." *Annual Review of Sociology* 25 (1)：623–657.

Naslund, J. A., Aschbrenner, K. A., Araya, R., Marsch, L. A., Unützer, J., Patel, V., and Bartels, S. J. 2017. "Digital Technology for Treating and Preventing Mental Disorders in Low-income and Middle-income Countries: A Narrative Review of the Literature." *Lancet Psychiatry* 4 (6)：486–500.

Nee, V., and Cao, Y. 1999. "Path Dependent Societal Transformation: Stratification in Hybrid Mixed Economies." *Theory and Society* 28 (6)：799–834.

Nee, V. 1989. "A Theory of Market Transition: From Redistribution to Markets in State Socialism." *American Sociological Review* 54 (5)：663–681.

Pierrakis, Y., and Collins, L. 2013. "Crowdfunding: A New Innovative Model of Providing Funding to Projects and Businesses." *SSRN Electronic Journal*：2395226.

Pi, J., and Zhang, P. 2016. "Hukou System Reforms and Skilled-unskilled Wage Inequality in China." *China Economic Review* 41：90–103.

Ravallion, M., and Chen, S. 2007. "China's (uneven) Progress against Poverty." *Journal of Development Economics* 82 (1)：1–42.

Rona-Tas, A. 1994. "The First Shall Be Last? Entrepreneurship and Communist Cadres in the Transition from Socialism." *American Journal of Sociology* 100 (1)：40–69.

Roodman, D., and Morduch, J. 2014. "The Impact of Microcredit on the

Poor in Bangladesh: Revisiting the Evidence. " *The Journal of Development Studies* 50 (4): 583-604.

Sparrow, B. and Chatman, L. 2013. "Social Cognition in the Internet Age: Same as It Ever Was?" *Psychological Inquiry* 24 (4): 273-292.

Spears, R. 2021. "Social Influence and Group Identity. " *Annual Review of Psychology* 72 (1): 367-390.

van Eldik, A. K., Kneer, J., and Jansz, J. 2019. "Urban & Online: Social Media Use among Adolescents and Sense of Belonging to a Super-Diverse City. " *Media and Communication* 7 (2): 242-253.

Wang, W., Qian, G., Wang, X., Lei, L., Hu, Q., Chen, J., and Jiang, S. 2021. "Mobile Social Media Use and Self-identity among Chinese Adolescents: The Mediating Effect of Friendship Quality and the Moderating Role of Gender. " *Current Psychology* 40 (9): 4479-4487.

Wong, Y. C., Ho, K. M., Chen, H., Gu, D., and Zeng, Q. 2015. "Digital Divide Challenges of Children in Low-Income Families: The Case of Shanghai. " *Journal of Technology in Human Services* 33 (1): 53-71.

Yang, J., and Gao, M. 2018. "The Impact of Education Expansion on Wage Inequality. " *Applied Economics* 50 (12): 1309-1323.

Yuan, H. 2021. "Internet Use and Mental Health Problems among Older People in Shanghai, China: The Moderating Roles of Chronic Diseases and House-hold Income. " *Aging & Mental Health* 25 (4): 657-663.

Zhang, X., Wan, G., Wang, C., and Luo, Z. 2017. "Technical Change and Income Inequality in China. " *The World Economy* 40 (11): 2378-2402.

Zhou, X., Cui, Y., and Zhang, S. 2020. "Internet Use and Rural Residents' Income Growth. " *China Agricultural Economic Review* 12 (2): 315-327.

图书在版编目（CIP）数据

数字分配：数字化对收入差距的影响研究 / 曾胜著 .
北京：社会科学文献出版社，2025.7. --ISBN 978-7
-5228-5592-9

Ⅰ.F124.7

中国国家版本馆 CIP 数据核字第 2025GJ6032 号

数字分配：数字化对收入差距的影响研究

著　　者 / 曾　胜

出 版 人 / 冀祥德
责任编辑 / 李会肖　谢蕊芬
责任印制 / 岳　阳

出　　版 / 社会科学文献出版社 · 群学分社（010）59367002
　　　　　　地址：北京市北三环中路甲 29 号院华龙大厦　邮编：100029
　　　　　　网址：www.ssap.com.cn
发　　行 / 社会科学文献出版社（010）59367028
印　　装 / 三河市龙林印务有限公司

规　　格 / 开　本：787mm×1092mm　1/16
　　　　　　印　张：13　字　数：201 千字
版　　次 / 2025 年 7 月第 1 版　2025 年 7 月第 1 次印刷
书　　号 / ISBN 978-7-5228-5592-9
定　　价 / 88.00 元

读者服务电话：4008918866